Obras Póstumas

Outras obras do autor editadas
pelo CELD:

- *A Gênese*
- *O Que é o Espiritismo*
- *O Céu e o Inferno*
- *A Passagem (Opúsculo)*
- *Temor da Morte, o Céu (Opúsculo)*
- *O Evangelho Segundo o Espiritismo*
- *O Evangelho Segundo o Espiritismo (Bolso)*
- *O Livro dos Espíritos*
- *O Livro dos Médiuns*
- *A Prece Segundo o Espiritismo*
- *Da Comunhão do Pensamento (Opúsculo)*

CIP-BRASIL. CATALOGAÇÃO-NA-FONTE
SINDICATO NACIONAL DOS EDITORES DE LIVROS, RJ.

K27o   Kardec, Allan, 1804-1869
         Obras póstumas: É preciso propagar a Moral e a Verdade /
       Allan Kardec; tradução de Maria Lucia Alcantara de Carvalho.
       — 2. ed. — Rio de Janeiro: CELD, 2011.
       Tradução de : *ŒUVRES POSTHUMES.*

       388 pp.; il.; 21cm.

       ISBN 978-85-7297-218-5

01-1667.   CDD 133.9
                                                  CDU 133.7

Allan Kardec

Obras Póstumas

*É preciso propagar a
Moral e a Verdade. (Mums)*

Tradução de Maria Lucia Alcantara de Carvalho

2ª Edição

CELD
Rio de Janeiro, 2011

OBRAS PÓSTUMAS
Allan Kardec

1ª Edição: novembro de 2002;
5ª tiragem, até 9º milheiro.
2ª Ediçaõ: fevereiro de 2011;
1ª tiragem, do 10º ao 15º milheiro.

L. 1961101

Capa e diagramação:
Rogério Mota

Arte-final:
Roberto Ratti

Revisão:
Elizabeth Paiva e Teresa Cunha

Para pedidos de livros, dirija-se ao
Centro Espírita Léon Denis
(Distribuidora)
Rua João Vicente, 1.445, Bento Ribeiro,
Rio de Janeiro, RJ. CEP 21610-210
Telefax (21) 2452-7700
E-mail: grafica@leondenis.com.br
Site: leondenis.com.br

Centro Espírita Léon Denis
Rua Abílio dos Santos, 137, Bento Ribeiro,
Rio de Janeiro, RJ. CEP 21331-290
CNPJ 27.291.931/0001-89
IE 82.209.980
Tel. (21) 2452-1846
E-mail: editora@celd.org.br
Site: www.celd.org.br

Remessa via Correios e transportadora.

Todo produto desta edição é destinado à manutenção das
obras sociais do Centro Espírita Léon Denis.

Allan Kardec

1804 -1869

Fac-símile do original francês.

ALLAN KARDEC

OBRAS PÓSTUMAS

É preciso propagar a Moral e a Verdade.

(Mann)

PRIMEIRA EDIÇÃO

Sociedade de Livraria Espírita
Rua Chabanais, 1

PARIS

Tradução do original.

Sumário

PRIMEIRA PARTE

Biografia de Allan Kardec

É sob o impacto da dor profunda causada pela partida prematura do venerável fundador da Doutrina Espírita, que abordamos uma tarefa, simples e fácil para suas mãos sábias e experientes, mas cujo peso e gravidade nos abateriam, se não contássemos com o concurso eficaz dos bons espíritos e com a indulgência de nossos leitores.

Quem, dentre nós, poderia, sem ser tachado de presunçoso, lisonjear-se por possuir o espírito de método e de organização nos quais se iluminam todos os trabalhos do mestre? Somente sua poderosa inteligência poderia concentrar tantos materiais diversos, e triturá-los, transformá-los, para espalhá-los em seguida, como um orvalho benfeitor, sobre as almas desejosas de conhecer e de amar.

Incisivo, conciso, profundo, sabia agradar e fazer-se compreender numa linguagem ao mesmo tempo simples e elevada, tão afastada do estilo familiar, quanto das obscuridades da metafísica.

Multiplicando-se, incessantemente, pudera, até aqui, ser suficiente para tudo. Entretanto, o crescimento quotidiano de suas relações, e o desenvolvimento incessante do Espiritismo, faziam-no sentir a necessidade de associar-se a algumas ajudas inteligentes, e preparava, simultaneamente, a nova organização da Doutrina e dos seus trabalhos, quando deixou-nos para ir para um outro mundo melhor, recolher a sanção da missão cumprida e reunir os elementos de uma nova obra de devotamento e de sacrifício.

Ele estava só!... Nós nos chamaremos de *legião*, e, por mais fracos e inexperientes que sejamos, temos a íntima convicção de que nos manteremos à altura da situação, se, partindo dos princípios estabelecidos e de uma evidência incontestável, propusermonos a executar, tanto quanto nos seja possível, e segundo as necessidades do momento, os projetos do futuro que o Sr. Allan Kardec propunha-se, ele próprio, a executar.

Ainda que estejamos no seu caminho, e que todas as boas vontades se unam num esforço comum para o progresso e a regeneração intelectual e moral da Humanidade, o espírito do grande filósofo estará conosco e nos secundará com sua poderosa influência. Que ele possa suprir nossa insuficiência, e que possamos tornarmo-nos dignos do seu concurso, consagrando-nos à obra com tanto devotamento e sinceridade, pelo menos com tanta ciência e inteligência!

Ele inscrevera na sua bandeira essas palavras: *Trabalho, solidariedade, tolerância.* Sejamos como ele, infatigáveis; sejamos, segundo seus desejos, tolerantes e solidários, e não temamos seguir seu exemplo, retornando vinte vezes aos princípios já discutidos. Apelamos para a ajuda de todos, de todas as inteligências. Tentaremos avançar com mais segurança do que com rapidez e nossos esforços não serão infrutíferos, se, como estamos persuadidos, e como seremos os primeiros a dar o exemplo, cada um se propuser a fazer seu dever, colocando de lado qualquer questão pessoal para contribuir para o bem geral.

Não poderíamos entrar sob auspícios mais favoráveis na nova fase que se abre para o Espiritismo, senão levando ao conhecimento de nossos leitores, num rápido esboço, o que foi, em toda sua vida, o homem íntegro e honrado, o sábio inteligente e fecundo cuja memória propagar-se-á aos séculos futuros, envolvida pela auréola dos benfeitores da Humanidade.

Nascido em Lyon, em 3 de outubro de 1804, numa antiga família que distinguiu-se na magistratura e no tribunal, o Sr. Allan Kardec (Hippolyte-Léon-Denizard Rivail) não seguiu esta carreira. Desde a primeira juventude, sentia-se atraído para o estudo das ciências e da Filosofia.

Educado na Escola de Pestalozzi, em Yverdon (Suíça), tornou-se um dos discípulos mais eminentes desse célebre professor, e um dos propagadores zelosos do seu sistema de educação, que exerceu uma grande influência sobre a reforma dos estudos na Alemanha e na França.

Dotado de uma inteligência notável e atraído para o ensino pelo seu caráter e suas aptidões especiais, desde a idade de 14 anos, ensinava o que sabia àqueles colegas que tinham compreendido menos que ele. Foi nessa escola que se desenvolveram as ideias que deviam, mais tarde, colocá-lo na classe dos homens de progresso e dos livres-pensadores.

Nascido na religião católica, educado, porém, num país protestante, os atos de intolerância que teve que suportar sobre esse assunto fizeram-no, logo cedo, conceber a ideia de uma reforma religiosa, na qual trabalhou, em silêncio, durante longos anos com o pensamento de chegar à unificação das crenças; mas faltava-lhe o elemento indispensável para a solução desse grande problema.

O Espiritismo veio, mais tarde, fornecer-lhe e imprimir uma direção especial aos seus trabalhos.

Terminados os seus estudos, veio para a França. Conhecendo a fundo a língua alemã, traduziu para o alemão diferentes obras de educação e de moral e, o que é característico, as obras de Fénelon, que o haviam particularmente seduzido.

Era membro de várias sociedades eruditas, entre outras, da Academia Real de Arras, que, no seu concurso de 1831, distinguiu-o por uma exposição notável sobre essa questão: *Qual é o sistema de estudos mais em harmonia com as necessidades da época?*

De 1835 a 1840, fundou, em sua residência, na Rua de Sèvres, cursos gratuitos, onde ensinava Química, Física, Anatomia Comparada, Astronomia, etc.; empreitada digna de elogios, em todos os tempos, mas, sobretudo, numa época em que um número reduzido de inteligências arriscava-se a entrar nesse caminho.

Constantemente ocupado em tornar atraentes e interessantes os sistemas de educação, inventou, ao mesmo tempo, um método engenhoso para ensinar a contar, e um quadro mnemônico de História da França, tendo como objetivo fixar, na memória, as datas dos acontecimentos marcantes e descobertas que ilustraram cada reino.

Entre suas numerosas obras de educação, citaremos as seguintes: *Plano Proposto para o Melhoramento da Instrução Pública* (1828); *Curso Prático e Teórico de Aritmética*, segundo o método de Pestalozzi, para uso dos professores e das mães de família (1829); *Gramática Francesa Clássica* (1831); *Manual de Exames para os Certificados de Capacidade; Soluções Resolvidas das Questões e Problemas de Aritmética e de Geometria* (1846); *Catecismo Gramatical da Língua Francesa* (1848); *Programa dos Cursos Comuns de Química, Física, Astronomia, Fisiologia* que ensinava no Liceu Polymatique; *Ditados Normais dos Exames da Prefeitura e da Sorbonne*, acompanhados pelos *Ditados Especiais sobre as Dificuldades Ortográficas* (1849), obra muito considerada na época de sua aparição, e da qual recentemente ainda, faziam-se novas edições.

Antes que o Espiritismo viesse popularizar o pseudônimo de Allan Kardec, ele soubera, como se vê, ilustrar-se pelos trabalhos de uma natureza completamente diferente, mas tendo como objetivo esclarecer as massas e uni-las muito mais à sua família e ao seu país.

"Por volta de 1855, quando da manifestação dos espíritos, o Sr. Allan Kardec entregou-se a observações perseverantes sobre esse fenômeno e dedicou-se, principalmente, a deduzir-lhes as consequências filosóficas. Nelas entreviu, primeiramente, o princípio de novas leis naturais, as que regem as relações do mundo visível e do mundo invisível; reconheceu na ação deste último uma das forças da Natureza, cujo conhecimento devia lançar a luz sobre uma multidão de problemas reputados insolúveis, e compreendeu-lhes o alcance do ponto de vista religioso."

"Suas obras principais sobre essa matéria são: *O Livro dos Espíritos*, para a parte filosófica e cuja primeira edição surgiu em 18 de abril de 1857; *O Livro dos Médiuns*, para a parte experimental e científica (janeiro de 1861); *O Evangelho Segundo o Espiritismo*, para a parte moral (abril de 1864); *O Céu e o Inferno*, ou *A Justiça de Deus Segundo o Espiritismo* (agosto de 1865); *A Gênese. Os Milagres e as Predições Segundo o Espiritismo* (janeiro de 1868); a *Revista Espírita*, jornal de estudos psicológicos, antologia mensal iniciada em 1º de janeiro de 1858. Fundou, em Paris, em 1º de abril de 1858, a primeira *Sociedade Parisiense de Estudos Espíritas*, cujo objetivo exclusivo é o estudo de tudo o que pode contribuir para o progresso dessa nova ciência. O Sr. Allan Kardec defende-se, com justiça, de nada ter escrito sob a influência de ideias preconcebidas ou sistemáticas; homem de um caráter impassível e calmo, observou os fatos, e de suas observações deduziu as leis que os regem; o primeiro, deu-lhe a teoria e com ele formou um corpo metódico e regular."

"Demonstrando que os fatos falsamente qualificados de sobrenaturais estão submetidos a leis, fê-los entrar na ordem dos fenômenos da Natureza, e destruiu, assim, o último refúgio do maravilhoso e um dos elementos da superstição."

"Durante os primeiros anos em que estiveram em questão os fenômenos espíritas, essas manifestações foram muito mais um objeto de curiosidade do que assunto para meditações sérias; *O Livro dos Espíritos* fez encarar a coisa sob um aspecto completamente diferente; então, abandonaram-se as mesas girantes, que tinham sido apenas um prelúdio, e reuniu-se a um corpo de doutrina que abarcava todas as questões que interessam à Humanidade."

"Da aparição de *O Livro dos Espíritos* data a verdadeira fundação do Espiritismo que, até então, apenas possuía elementos esparsos sem coordenação, e cujo alcance não pudera ser compreendido por todo mundo; a partir desse momento também, a Doutrina chamou a atenção dos homens sérios e empreendeu um desenvolvimento rápido. Em poucos anos essas ideias encontraram numerosas adesões em todas as camadas da sociedade e em todos os países. Este sucesso, sem precedente, deveu-se, sem dúvida, às simpatias que essas ideias encontraram, mas deveu-se, também, em grande parte, à clareza, que é uma das características distintivas dos escritos de Allan Kardec."

"Abstendo-se das fórmulas abstratas da metafísica, o autor soube fazer-se ler sem fadiga, condição essencial para a vulgarização de uma ideia. Sobre todos os pontos de controvérsia, sua argumentação, de uma lógica firme, oferece pouco espaço à refutação e predispõe à convicção. As provas materiais que dá o Espiritismo da existência da alma e da vida futura tendem à destruição das ideias materialistas e panteístas. Um dos princípios mais fecundos dessa doutrina, e que decorre do precedente, é o da *pluralidade das existências*, já entrevisto por uma multidão de filósofos antigos e modernos, e, nos últimos tempos, por *Jean Reynaud, Charles Fourier, Eugène Sue* e outros; mas permanecia em estado de hipótese e de sistema, enquanto que o Espiritismo demonstra-lhe a realidade e prova que é um dos atributos essenciais da Humanidade. Desse princípio decorre a solução de todas as anomalias aparentes da vida humana, de todas as desigualdades intelectuais, morais e sociais; o homem sabe, desse modo, de onde vem, para onde vai, para que fim está na Terra e por que aí sofre."

"As ideias inatas explicam-se pelos conhecimentos adquiridos nas vidas anteriores; a marcha dos povos e da Humanidade, pelos homens de antigamente que revivem depois de ter progredido; as simpatias e antipatias, pela natureza das relações anteriores; essas relações, que religam a grande família humana de todas as épocas, têm como base as mesmas leis da Natureza, e não mais uma teoria, os grandes princípios de fraternidade, de igualdade, de liberdade e de solidariedade universal."

"Em vez do princípio: *Fora da Igreja não há salvação*, que mantém a divisão e a animosidade entre as diferentes seitas, e que fez derramar tanto sangue, o Espiritismo tem como máxima: *Fora da Caridade não há salvação*, quer dizer, a igualdade entre os homens diante de Deus, a tolerância, a liberdade de consciência e a indulgência mútua."

"Em vez da fé *cega* que aniquila a liberdade de pensar, ele diz: *"Não há fé inabalável senão a que pode encarar face a face a razão, em todas as épocas da Humanidade.*

A fé necessita de uma base, e essa base, é a inteligência perfeita daquilo em que se deve crer; para crer não basta ver, é preciso sobretudo compreender. A fé cega não é mais deste século; ora, é precisamente o dogma da fé cega que hoje faz o maior número de incrédulos, porque ela quer se impor e porque exige a abdicação de uma das mais preciosas faculdades do homem: o raciocínio e o livre-arbítrio."[1]

(*O Evangelho Segundo o Espiritismo.*)

Trabalhador infatigável, sempre o primeiro a chegar e o último a sair, Allan Kardec sucumbiu, no dia 31 de março de 1869, em meio aos preparativos de uma mudança de local, necessitada pela extensão considerável de suas múltiplas ocupações. Numerosas obras que estava quase terminando, ou que aguardavam o tempo oportuno para surgir, virão, um dia, provar, ainda mais, a extensão e o poder de suas concepções.

Morreu como viveu, trabalhando. Desde muitos anos, sofria de uma enfermidade do coração que só podia ser combatida através do repouso intelectual e uma certa atividade material; mas sempre inteiramente dedicado à sua obra, recusava-se a tudo o que pudesse absorver um de seus instantes, em detrimento de

---

[1] Ver cap. XIX, item 7, Edição CELD. (**Nota do Editor.**)

suas ocupações preferidas. Nele, como em todas as almas fortemente temperadas, a lâmina desgastou a *capa*.

Seu corpo pesava e recusava-lhe seus serviços, mas seu
espírito, mais vivo, mais enérgico, mais fecundo, estendia sempre
muito mais o círculo de sua atividade.

Nessa luta desigual, a matéria não podia resistir eterna-
mente. Um dia, ela foi vencida; o aneurisma rompeu-se, e Allan
Kardec caiu fulminado. Faltava um homem na Terra; porém, um
grande nome tomava o lugar entre as ilustrações deste século,
um grande espírito iria se retemperar no infinito, onde todos aqueles
que ele havia consolado e esclarecido aguardavam, impaciente-
mente, sua vinda!

"A morte, dizia ele, recentemente ainda, a morte golpeia
redobrado nas classes ilustres!... A quem ela virá, agora, libertar?"

Ele veio, depois de tantos outros, retemperar-se no Espaço,
procurar novos elementos para renovar seu organismo desgastado
por uma vida de labores incessantes. Partiu com aqueles que serão os faróis da nova geração, para retornar em breve com eles
para continuar e terminar a obra deixada entre mãos devotadas.

O homem não existe mais, porém, a alma permanecerá entre
nós; é um protetor seguro, uma luz a mais, um trabalhador infatigável a que se acrescentaram as falanges do Espaço. Como na
Terra, sem ferir ninguém, saberá fazer ouvir, a cada um, os conselhos convenientes; temperará o zelo prematuro dos ardentes,
secundará os sinceros e os desinteressados, e estimulará os
mornos. Ele vê, ele sabe, hoje, de tudo que havia previsto recentemente ainda! Não há mais razão nem para as incertezas, nem para
os desfalecimentos, e ele nos fará repartir sua convicção, fazendo-
nos tocar com o dedo o objetivo, designando-nos o caminho, nessa
linguagem clara, precisa, que o caracteriza nos anais literários.

O homem não existe mais, repetimos, mas Allan Kardec é
imortal, e sua lembrança, seus trabalhos, seu espírito estarão sempre com aqueles que mantiverem firme e altamente a bandeira
que ele sempre soube fazer respeitar.

Uma individualidade poderosa constituiu a obra; era o guia e a luz de todos. A obra, na Terra, tomará o lugar do indivíduo. Não nos reuniremos em torno de Allan Kardec; reunir-nos-emos em torno do Espiritismo, tal como o constituiu, e através de seus conselhos, sob sua influência, avançaremos com passos seguros em direção às fases felizes prometidas à Humanidade regenerada. (*Revista Espírita*, maio de 1869.)

Discurso pronunciado sobre
o túmulo de Allan Kardec

Por Camille Flammarion

Senhores,

Rendendo-me com deferência ao simpático convite dos amigos do pensador laborioso, cujo corpo terrestre jaz agora aos nossos pés, lembro-me de uma sombria manhã do mês de dezembro de 1865. Pronunciava, então, palavras supremas de adeus sobre o túmulo do fundador da Livraria Acadêmica, do honorável Didier, que foi, como editor, o colaborador convicto de Allan Kardec na publicação das obras fundamentais de uma doutrina que lhe era cara, e que morreu, subitamente também, como se o céu houvesse querido agraciar a esses dois espíritos íntegros, da dificuldade filosófica de sair dessa vida através de um caminho diferente do caminho comumente feito. — A mesma reflexão aplica-se à morte do nosso antigo colega Jobard, de Bruxelas.

Hoje, minha tarefa é maior ainda, pois gostaria de poder apresentar ao pensamento dos que me ouvem, e ao dos milhões de homens que, na Europa inteira e no Novo Mundo, ocuparam-se com o problema ainda misterioso dos fenômenos chamados espíritas; — gostaria, digo, de poder apresentar-lhes o interesse científico e o futuro filosófico do estudo desses fenômenos (ao qual se dedicaram, como ninguém ignora, homens eminentes entre nossos contemporâneos). Gostaria de fazê-los entrever que horizontes desconhecidos o pensamento humano verá abrir-se diante de si, à medida que estender seu conhecimento positivo das forças naturais em ação em torno de nós; mostrar-lhes que tais constatações são o antídoto mais eficaz contra a lepra do ateísmo, que parece atacar, particularmente, nossa época de transição; e testemunhar, enfim, publicamente, aqui, o eminente serviço que o autor de *O Livro dos Espíritos* prestou à Filosofia, *chamando a atenção e à discussão* sobre fatos que, até então, pertenciam ao domínio mórbido e funesto das superstições religiosas.

Seria, com efeito, um ato importante o de estabelecer, aqui, diante desse túmulo eloquente, que o exame metódico dos fenômenos chamados, por engano, sobrenaturais, longe de renovar o espírito supersticioso e de enfraquecer a energia da razão, afasta, ao contrário, os erros e as ilusões da ignorância, e *serve melhor ao progresso* do que a negação ilegítima daqueles que não querem, absolutamente, dar-se ao trabalho de ver.

Mas não é aqui o lugar de abrir uma arena para a discussão desrespeitosa. Deixemos somente descer dos nossos pensamentos, sobre a face impassível do homem deitado diante de nós, testemunhos de afeição e sentimentos de saudade, que permanecem em torno dele, no seu túmulo, como um embalsamamento do coração! E já que sabemos que sua alma eterna sobrevive a esse despojo mortal, assim como ela o preexistiu; já que sabemos que laços indestrutíveis prendem nosso mundo visível ao mundo invisível; já que esta alma existe hoje, tanto quanto há três dias, e que não é impossível que se encontre atualmente aqui, diante de mim; digamos a ele que não quisemos ver dissipar sua imagem corporal e encerrá-la no seu sepulcro, sem honrar, unanimemente, seus trabalhos e sua memória, sem pagar um tributo de reconhecimento à sua encarnação terrestre, tão útil e dignamente preenchida.

Traçarei primeiro, num esboço rápido, as linhas principais da sua carreira literária.

Morto com a idade de 65 anos, Allan Kardec havia consagrado a primeira parte de sua vida a escrever obras clássicas, elementares, destinadas, sobretudo, ao uso dos professores dos jovens. Quando, por volta de 1855, as manifestações, aparentemente novas das mesas girantes, pancadas sem causa ostensiva, movimentos insólitos dos objetos e dos móveis, começaram a chamar a atenção pública, e determinaram, mesmo nas imaginações aventureiras, uma espécie de febre, devido à novidade dessas experiências, Allan Kardec, estudando, ao mesmo tempo, o magnetismo e seus efeitos estranhos, seguiu com a maior paciência e uma judiciosa clarividência as experiências e as tentativas tão numerosas feitas, então, em Paris. Recolheu e ordenou os resultados obtidos por essa longa observação, e com ele compôs o corpo de doutrina publicado em 1857, na primeira edição de *O Livro dos Espíritos*. Todos vocês sabem que sucesso teve essa obra, na França e no estrangeiro.

Tendo chegado, hoje, à sua 15ª edição, espalhou, em todas as classes, esse corpo de doutrina elementar, que não é absolutamente novo na sua essência, já que a escola de Pitágoras, na Grécia, ensinava-lhe os princípios, mas que revestia uma verdadeira forma de atualidade através da sua correspondência com os fenômenos.

Depois desta primeira obra, apareceram, sucessivamente, *O Livro dos Médiuns* ou *Espiritismo Experimental*; — *O Que é o Espiritismo?* ou breviário sob a forma de perguntas e de respostas; — *O Evangelho Segundo o Espiritismo*; — *O Céu e o Inferno*; — *A Gênese;* — e a morte acaba de surpreendê-lo no momento em que, na sua atividade infatigável, trabalhava numa obra sobre as relações do magnetismo e do Espiritismo.

Através da *Revista Espírita* e da Sociedade de Paris das quais era o presidente, constituíra-se, de alguma forma, o centro onde tudo acontecia, o traço de união de todos os experimentadores. Há alguns meses, sentindo próximo o seu fim, preparou as condições de vitalidade desses mesmos estudos, depois da sua morte, e estabeleceu a Comissão Central que lhe sucede.

Suportou rivalidades; fez escola sob uma forma um pouco pessoal; há, ainda, alguma divisão entre "espiritualistas" e "espíritas".

Doravante, senhores (tal é, pelo menos, o desejo dos amigos da verdade), devemos estar todos reunidos por uma solidariedade confraterna, pelos mesmos esforços, para a elucidação do problema, pelo desejo geral e impessoal do verdadeiro e do bem.

Censuraram, senhores, ao nosso digno amigo ao qual rendemos, hoje, os últimos deveres, censuraram-no de não ser, absolutamente, o que se chama de *um sábio*, de não ter sido primeiramente um físico, naturalista ou astrônomo, de ter preferido constituir um corpo de doutrina moral, antes de ter aplicado a discussão científica à realidade e à natureza dos fenômenos.

Talvez, senhores, tenha sido preferível que as coisas tenham começado assim. Não se deve rejeitar sempre o valor do sentimento. Quantos corações foram primeiramente consolados através dessa crença religiosa! Quantas lágrimas foram secadas! Quantas consciências abertas para as luzes da beleza espiritual! Ninguém é feliz aqui. Muitas afeições foram desfeitas! Muitas almas foram adormecidas pelo cepticismo. Não significa nada ter conduzido ao espiritualismo tantos seres que flutuavam na dúvida, e que não amavam mais a vida, nem física nem intelectual?

Allan Kardec foi homem de ciência, que, sem dúvida, não teria podido prestar esse primeiro serviço, e espalhá-lo, assim, a distância como um convite a todos os corações. Mas era o que eu chamaria, simplesmente, de "o bom senso encarnado". Razão reta e judiciosa, aplicava, sem esquecimento, à sua obra permanente as indicações íntimas do senso comum. Não estava, ali, uma qualidade menor, na ordem das coisas que nos ocupam. Ele era, pode-se afirmá-lo, a primeira de todas e a mais preciosa, sem a qual a obra não teria podido tornar-se popular, nem lançar suas imensas raízes no mundo. A maioria daqueles que se dedicaram a esses estudos, lembraram-se de ter sido na sua juventude, ou em certas circunstâncias especiais, testemunhas, eles próprios, de manifestações inexplicáveis; há poucas famílias que não tenham observado na sua história testemunhos dessa ordem. O primeiro ponto era aplicar a razão firme do simples bom senso, e de examiná-los, segundo os princípios do método positivo.

Como o organizador desse estudo lento e difícil o previu, ele próprio, esse estudo complexo que deve entrar, agora, no seu período científico. Os fenômenos físicos sobre os quais não se insistiu, a princípio, devem tornar-se objeto da crítica experimental, à qual devemos a glória do progresso moderno e as maravilhas da eletricidade e do vapor; esse método deve tomar os fenômenos de ordem ainda misteriosa aos quais assistimos, dissecá-los, medi-los, e defini-los.

Pois, senhores, o Espiritismo não é uma religião, mas uma ciência, ciência da qual conhecemos apenas o *abc*. O tempo dos dogmas terminou. A Natureza abarca o Universo, e Deus, ele próprio, que fizemos outrora à imagem do homem, só pode ser considerado pela metafísica moderna como *um espírito na Natureza*. O sobrenatural não existe. As manifestações obtidas através dos médiuns, como as do magnetismo e do sonambulismo, *são de ordem natural*, e devem ser severamente submetidas ao controle da experiência. Não há mais milagres. Assistimos à aurora de uma ciência desconhecida. Quem poderia prever a que consequências conduziria no mundo do pensamento o estudo positivo dessa nova psicologia?

A Ciência rege o mundo de agora em diante; e, senhores, não será estranho a esse discurso fúnebre observar sua obra atual e as induções novas que ela nos descobre, precisamente do ponto de vista das nossas pesquisas.

Em nenhuma época da História, a Ciência desenvolveu, diante do olhar espantado do homem, horizontes tão grandiosos. Sabemos, agora, que a *Terra é um astro*, e que *nossa vida atual efetua-se no céu*. Pela análise da luz, conhecemos os elementos que queimam no Sol e nas estrelas, a milhões e trilhões de léguas do nosso observatório terrestre. Pelo cálculo, possuímos a história do céu e da Terra no seu passado distante, como no seu futuro, passado e futuro que não existem para as leis imutáveis. Pela observação, pesamos as terras celestes que gravitam na imensidão.

O globo onde estamos tornou-se um átomo estelar voando no Espaço no meio das profundezas infinitas, e nossa própria existência sobre esse globo tornou-se uma fração infinitesimal de nossa vida eterna. Porém, o que pode a justo título chocar-nos mais vivamente ainda, é esse espantoso resultado dos trabalhos físicos, operados nesses últimos anos: que *vivemos no meio de um mundo invisível* agindo, incessantemente, em torno de nós. Sim, senhores, aí está para nós uma revelação imensa. Contemplem, por exemplo, a luz espalhada, a essa hora, na atmosfera por esse brilhante Sol, contemplem esse azul tão suave da abóbada celeste, observem esses eflúvios de ar tépido que vêm acariciar nossos rostos, olhem esses monumentos e essa terra: pois bem, apesar dos nossos olhos arregalados, não vemos o que se passa aqui! Sobre cem raios emanados do Sol, apenas um terço é acessível à nossa vista, seja diretamente, seja refletido por todos esses corpos; os dois terços existem e agem em torno de nós, mas de uma maneira invisível, embora real. São quentes, sem serem luminosos para nós, e são, entretanto, muito mais ativos do que aqueles que nos tocam, pois são eles que atraem as flores para o lado do Sol, que produzem todas as ações químicas,[2] e são eles, também que elevam, sob uma forma igualmente invisível, o vapor da água na atmosfera para com ele formar as nuvens; — exercendo assim, incessantemente, em torno de nós, de uma maneira oculta e silenciosa, uma força colossal, mecanicamente estimada ao trabalho de vários milhões de cavalos!

Se os raios caloríficos e os raios químicos que agem constantemente na Natureza são invisíveis para nós, é porque os primeiros não chocam muito rápido nossa retina, e porque os segundos a chocam mais rápido. Nosso olho apenas vê as coisas entre dois limites, além e aquém dos quais não vê mais. Nosso organismo terrestre pode ser comparado a uma harpa de duas cordas,

---

[2] Nossa retina é insensível a esses raios; mas outras substâncias os *veem*, por exemplo, o iodo e os sais de prata. Fotografou-se o espectro solar químico, que nosso olho não vê. A placa do fotógrafo, de resto, jamais oferece qualquer imagem visível saindo da câmara escura, embora a *possua*, já que uma operação química a fez aparecer. (**Nota do Original Francês.**)

que são o nervo óptico e o nervo auditivo. Uma certa espécie de movimentos coloca em vibração a primeira, e uma outra espécie de movimentos coloca em vibração a segunda: eis aí *toda a sensação humana*, mais restrita aqui do que em alguns seres vivos, em alguns insetos, por exemplo, nos quais essas mesmas cordas da vista e do ouvido são mais delicadas. Ora, existe, na realidade, na Natureza, não dois, porém, dez, cem, mil espécies de movimentos. A Ciência física nos ensina, então, que vivemos, assim, no meio de um mundo invisível para nós, e que não é impossível que seres (invisíveis, igualmente, para nós) vivam igualmente sobre a Terra, numa ordem de sensações absolutamente diferente da nossa, e sem que possamos apreciar sua presença, a menos que se manifestem a nós, através de fatos, entrando na ordem de sensações.

Diante de tais verdades, que não fazem senão entreabrir-se ainda, como negação *a priori*, parece absurda e sem valor! Quando se compara o pouco que sabemos, e a exiguidade da nossa esfera de percepção à quantidade do que existe, não podemos impedir-nos de concluir que nada sabemos, e que nos resta tudo para saber. Com que direito pronunciaríamos, então, a palavra "impossível" diante dos fatos que constatamos, sem poder descobrir-lhes a causa única?

A Ciência abre-nos as vistas tão autorizadas quanto as precedentes sobre os fenômenos da vida e da morte, e sobre a força que nos anima. Basta-nos observar a circulação das existências.

Tudo é apenas metamorfose. Conduzidos no seu curso eterno, os átomos constitutivos da matéria passam, incessantemente, de um corpo a outro, do animal à planta, da planta à atmosfera, da atmosfera ao homem, e nosso próprio corpo, durante a vida inteira, muda, incessantemente, de substância constitutiva, como a chama que só brilha através dos elementos renovados constantemente; e, quando a alma voa, esse mesmo corpo, tantas vezes transformado já durante a vida, devolve, definitivamente, à Natureza todas as moléculas, para não mais retomá-las. O dogma inadmissível da ressurreição da carne foi substituído pela elevada doutrina da transmigração das almas.

Eis o Sol de abril que brilha nos céus, e nos inunda com seu primeiro orvalho aquecedor. Os campos já despertam, os primeiros botões entreabrem-se, a primavera já floresce, o azulceleste sorri, e a ressurreição se opera; e, entretanto, essa vida nova é formada apenas pela morte e não recobre senão ruínas! De onde vem a seiva destas árvores que verdejam neste campo dos mortos? De onde vem esta umidade que nutre suas raízes? De onde vêm todos os elementos que vão fazer surgir, sob as carícias de maio, as florzinhas silenciosas e os pássaros cantores? — Da morte!... senhores..., desses cadáveres enterrados na noite sinistra dos túmulos!... Lei suprema da Natureza, o corpo material não é senão um conjunto transitório de partículas, que absolutamente não lhe pertencem, e que a alma agrupou, segundo seu próprio tipo, para criar para si órgãos, colocando-a em relação com nosso mundo físico. E, quando nosso corpo renova-se, assim, peça por peça, pela troca perpétua das matérias, quando, um dia, cai, massa inerte, para não mais levantar-se, nosso espírito, ser pessoal, guardou constantemente sua *identidade* indestrutível, reinou como soberano sobre a matéria da qual se revestira, estabelecendo, assim, por esse fato constante e universal, sua personalidade independente, sua essência espiritual não submetida ao império do espaço e do tempo, sua grandeza individual, *sua imortalidade.*

Em que consiste o mistério da vida? Através de que laços a alma se prende ao organismo? Através de que desfecho ela escapa? Sob que forma e em que condições existe depois da morte? Que recordações, que afeições ela guarda? Como se manifesta? — Aqui estão, senhores, tantos problemas que estão longe de serem resolvidos, e cujo conjunto constituirá a ciência psicológica do futuro. Alguns homens podem negar a existência mesma da alma, como a de Deus, afirmar que a vida moral não existe, que não há absolutamente leis inteligentes na Natureza, e que nós, espiritualistas, somos vítimas de uma imensa ilusão. Outros podem, ao contrário, declarar que conhecem, por um privilégio especial, a essência da alma humana, a forma do Ser supremo, o estado da vida futura, e tratar-nos como ateus porque nossa razão recusa-se à sua fé. Uns e outros, senhores, não impedirão que estejamos, aqui, diante dos maiores problemas, que não nos interessemos por essas coisas (que longe de nós estão de serem estranhas), e que não tenhamos o direito de aplicar o método experimental da Ciência contemporânea à procura da verdade. É pelo estudo positivo dos efeitos que se remonta à apreciação das causas. Na ordem dos estudos reunidos sob a denominação genérica de "espiritualismo", *os fatos existem*. Mas ninguém conhece seu modo de produção. Existem, tanto quanto os fenômenos elétricos, luminosos, caloríficos; mas, senhores, não conhecemos nem a Biologia, nem a Fisiologia. O que é o corpo humano? O que é o cérebro? Qual a ação absoluta da alma? Nós o ignoramos. Ignoramos, igualmente, a essência da eletricidade, a essência da luz; é, portanto, prudente observar, sem tomar partido, todos esses fatos, e tentar determinar-lhes as causas, que são, talvez, de espécies diversas e mais numerosas do que supúnhamos até aqui.

Que aqueles cuja visão é limitada pelo orgulho ou pelo preconceito não compreendam, absolutamente, esses ansiosos desejos dos nossos pensamentos ávidos de conhecer; que lancem sobre esse gênero de estudos o sarcasmo ou o anátema; elevamos mais alto nossas contemplações!... Tu foste o primeiro, oh! Mestre e amigo! Tu foste o primeiro que, desde o princípio da minha carreira astronômica, testemunhaste uma viva simpatia pelas minhas deduções relativas à existência das humanidades celestes; pois, tomando nas mãos o livro da *Pluralidade dos Mundos Habitados*, tu o colocaste logo na base do edifício doutrinário com o qual sonhavas. Com muita frequência, nós nos entretínhamos juntos sobre essa vida celeste tão misteriosa; agora, oh alma! Sabes através de uma visão direta em que consiste essa vida espiritual, à qual retornaremos todos, e que esquecemos durante esta existência.

Agora, voltaste a esse mundo de onde viemos, e recolhes o fruto de teus estudos terrestres. Teu envoltório dorme aos nossos pés, teu cérebro apagou-se, teus olhos estão fechados para não mais abrir, tua palavra não se fará mais ouvir... Sabemos que todos chegaremos a esse mesmo último sono, à mesma inércia, ao mesmo pó. Porém, não é nesse envoltório que colocamos nossa glória e nossa esperança. O corpo cai, a alma permanece e retorna ao Espaço. Nós nos encontraremos num mundo melhor, e no céu imenso onde se exercerão nossas faculdades mais poderosas, continuaremos os estudos em que a Terra é apenas um teatro muito estreito para contê-los.

Preferimos saber esta verdade, do que crer que jazes inteiramente nesse cadáver e que tua alma tenha sido destruída pela cessação do movimento de um órgão. A imortalidade é a luz da vida, como esse Sol resplandecente é a luz da Natureza.

Adeus, meu querido Allan Kardec, adeus.

Aos assinantes
da Revista Espírita

Até esse dia, a *Revista Espírita* foi, essencialmente, a obra, a criação de Allan Kardec, como de resto, todas as obras doutrinárias que publicou.

Quando a morte o surpreendeu, a multiplicidade de suas ocupações e a nova fase na qual entrava o Espiritismo, faziam-no desejar agrupar-se a alguns colaboradores convictos, para executar, sob sua direção, trabalhos aos quais não podia mais satisfazer.

Acordamos em não nos afastar do caminho que nos traçou; mas pareceu-nos ser do nosso dever consagrar aos trabalhos do mestre, sob o título de *Obras Póstumas*, algumas páginas que ficariam reservadas, se ele tivesse permanecido, corporalmente, entre nós. A abundância de documentos acumulados no seu gabinete de trabalho permitir-nos-á, durante vários anos, publicar, em cada número, além das instruções que quiser nos dar como espírito, um desses interessantes artigos que sabia tão bem tornar compreensível a todos.

Estamos persuadidos de satisfazer, assim, os desejos de todos aqueles a quem a filosofia espírita reuniu nas nossas fileiras, e que souberam apreciar no autor de *O Livro dos Espíritos*, o homem de bem, o trabalhador infatigável e devotado, o espírito convicto, que aplicava-se na sua vida privada em colocar em prática os princípios que ensinava nas suas obras. (*Revista Espírita*, 12º ano, junho de 1869.)

Profissão de fé espírita raciocinada

§ I. Deus

1. *Há um Deus, inteligência suprema, causa primária de todas as coisas.*

A prova da existência de Deus está neste axioma: *Não há, absolutamente, efeito sem causa.* Vemos incessantemente uma multidão inumerável de efeitos, cuja causa não está na Humanidade, já que a Humanidade é impotente para produzi-los, e mesmo para explicá-los; a causa está, portanto, acima da Humanidade. É esta causa a que se chama *Deus, Jeová, Alá, Brahma, Fo-Hi, Grande Espírito*, etc., segundo as línguas, os tempos e os lugares.

Esses efeitos não se produzem absolutamente ao acaso, fortuitamente e sem ordem; desde a organização do menor inseto e do menor grão, até a lei que rege os mundos que circulam no Espaço, tudo atesta um pensamento, uma combinação, uma previdência, uma solicitude que ultrapassam todas as concepções humanas. Esta causa é, portanto, soberanamente inteligente.

2. *Deus é eterno, imutável, imaterial, único, todo-poderoso, soberanamente justo e bom.*

Deus é *eterno*; se houvesse tido um começo, alguma coisa teria existido antes dele; teria saído do nada, ou melhor, teria

41

criado a si próprio através de um ser anterior. É assim que, pouco a pouco, remontamos ao infinito na eternidade.

Ele é *imutável*; se estivesse sujeito a mudanças, as leis que regem o Universo não teriam nenhuma estabilidade.

Ele é *imaterial*; quer dizer, que sua natureza difere de tudo o que chamamos matéria, de outro modo, ele estaria sujeito às flutuações e às transformações da matéria, e não seria *imutável*.

Ele é *único*; se houvesse vários Deuses, haveria várias vontades, e desde então, não haveria nem unidade de vistas, nem unidade de poder na ordenação do Universo. Ele é *todo-poderoso*, porque é *único*. Se não tivesse o soberano poder, haveria alguma coisa mais poderosa que ele; ele não teria feito todas as coisas, e as que não tivesse feito seriam a obra de um outro Deus.

Ele é *soberanamente justo e bom*. A sabedoria providencial das leis divinas se revela nas menores coisas como nas maiores, e essa sabedoria não permite duvidar nem da sua justiça, nem da sua bondade.

3. *Deus é infinito em todas as suas perfeições.*

Se supuséssemos imperfeito um só dos atributos de Deus, se subtraíssemos a menor parcela de *eternidade*, de *imutabilidade*, de *imaterialidade*, de *unidade*, de *todo-poder*, da *justiça* e da *bondade* de Deus, poderíamos supor um ser que possuísse o que lhe faltasse, e este ser, mais perfeito que ele, seria Deus.

§ II. A alma

4. *Há no homem um princípio inteligente a que chamamos ALMA ou ESPÍRITO, independente da matéria, e que lhe dá o senso moral e a faculdade de pensar.*

Se o pensamento fosse uma propriedade da matéria, ver-se-ia a matéria bruta pensar; ora, como nunca se viu a matéria inerte dotada de faculdades intelectuais; e quando o corpo está morto, ele não pensa mais, é preciso concluir que a alma é independente da matéria, e que os órgãos são apenas instrumentos com a ajuda dos quais o homem manifesta seu pensamento.

5. *As doutrinas materialistas são incompatíveis com a moral e subversivas da ordem social.*

Se, segundo os materialistas, o pensamento fosse secretado pelo cérebro, como a bile é secretada pelo fígado, resultaria que, com a morte do corpo, a inteligência do homem e todas as suas qualidades morais retornariam ao nada; que os pais, os amigos e todos aqueles a quem fomos afeiçoados, estariam perdidos, sem retorno; que o homem de gênio não teria mérito, já que deveria suas faculdades transcendentais apenas ao acaso de sua organização; que não haveria entre o imbecil e o sábio, senão a diferença de mais ou menos cérebro.

As consequências dessa doutrina seriam de que o homem, não esperando nada além dessa vida, nenhum interesse teria de fazer o bem; que seria muito natural procurar para si os maiores prazeres possíveis, mesmo que fosse à custa de outrem; que haveria estupidez em privar-se em favor dos outros; que o egoísmo seria o sentimento mais racional; que aquele que é obstinadamente infeliz na Terra, nada teria de melhor a fazer do que matar-se, já que, devendo cair no nada, tanto faria para ele, e que abreviaria seus sofrimentos.

A doutrina materialista é, portanto, a sanção do egoísmo, fonte de todos os vícios; a negação da caridade, fonte de todas as virtudes e base da ordem social, e a justificação do suicídio.

6. *A independência da alma é provada pelo Espiritismo.*

A existência da alma é provada pelos atos inteligentes do homem, que devem ter uma causa inteligente e não uma causa inerte. Sua independência da matéria é demonstrada de uma maneira patente pelos fenômenos espíritas que a mostram agindo por si própria e, sobretudo, pela experiência de seu isolamento *durante a vida*, o que lhe permite manifestar-se, pensar e agir na ausência do corpo.

Pode-se dizer que, se a química separou os elementos da água, se ela colocou por isso suas propriedades a descoberto, e se ela pode à vontade desfazer e refazer um corpo composto, o Espiritismo pode, igualmente, isolar os dois elementos constitutivos do homem: *o espírito e a matéria, a alma e o corpo*, separá-los e reuni-los à vontade, o que não pode deixar dúvida sobre sua independência.

7. *A alma do homem sobrevive ao corpo e conserva sua individualidade depois da morte.*

Se a alma não sobrevivesse ao corpo, o homem não teria como perspectiva senão o nada, assim como, se a faculdade de pensar fosse o produto da matéria; se não conservasse sua individualidade, quer dizer, se fosse perder-se no reservatório comum chamado o *grande todo*, como as gotas de água no oceano, seria, igualmente, para o homem, o nada do pensamento, e as consequências seriam absolutamente as mesmas do que se não tivesse alma.

A sobrevivência da alma após a morte é provada de uma maneira irrecusável e, de alguma sorte palpável, pelas comunicações espíritas. Sua individualidade é demonstrada pelo caráter e as qualidades próprias a cada um; essas qualidades que distinguem as almas umas das outras, constituem sua personalidade; se fossem confundidas num todo comum, teriam apenas qualidades uniformes.

Além dessas provas inteligentes, há ainda a prova material das manifestações visuais ou aparições, que são tão frequentes e tão autênticas, que não é permitido colocá-las em dúvida.

8. *A alma do homem é feliz ou infeliz após a morte, segundo o bem ou o mal que tenha feito durante a vida.*

Desde que se admita um Deus soberanamente justo, só se pode admitir que as almas tenham um destino comum. Se a posição futura do criminoso e do homem virtuoso devesse ser a mesma, isto excluiria qualquer utilidade em procurar fazer o bem; ora, supor que Deus não faz diferença entre aquele que faz o bem e aquele que faz o mal, seria negar sua justiça. O mal, não recebendo sempre sua punição, nem o bem, sua recompensa durante a vida terrestre, é necessário daí concluir que a justiça será feita depois, sem o que, Deus não seria justo.

As penas e as alegrias futuras são, além disso, materialmente provadas pelas comunicações que os homens podem estabelecer com as almas daqueles que viveram, e que vêm descrever seu estado feliz ou desgraçado, a natureza de suas alegrias ou de seus sofrimentos, e dizer-lhes a causa.

9. *Deus, a alma, a sobrevivência e a individualidade da alma depois da morte do corpo, penas e recompensas futuras, são os princípios fundamentais de todas as religiões.*

O Espiritismo vem acrescentar às provas morais desses princípios, as provas materiais dos fatos e da experimentação, e arrasar com os sofismas do materialismo. Em presença dos fatos, a incredulidade não tem mais razão de ser; é assim que o Espiritismo vem devolver a fé àqueles que a perderam, e tirar as dúvidas dos incertos.

§ III. Criação

10. *Deus é o criador de todas as coisas.*

Esta proposição é a consequência da prova da existência de Deus (n° 1).

11. *O princípio das coisas está nos segredos de Deus.*

Tudo diz que Deus é o autor de todas as coisas, mas quando e como as criou? A matéria é como ele de toda a eternidade? É isso que ignoramos. Sobre tudo o que não julgou revelar-nos a respeito, só se pode estabelecer sistemas mais ou menos prováveis. Pelos efeitos que vemos, podemos remontar a certas causas; mas há um limite que nos é impossível ultrapassar, e seria ao mesmo tempo perder seu tempo e expor-se a equivocar-se, querer ir além.

12. *O homem tem como guia na busca do desconhecido, os atributos de Deus.*

45

Na busca dos mistérios que nos é permitido sondar pelo raciocínio, há um critério certo, um guia infalível: são os atributos de Deus.

Desde que se admita que Deus deve ser *eterno, imutável, imaterial, único, todo-poderoso, soberanamente justo e bom,* que é infinito nas suas perfeições, qualquer doutrina ou teoria, científica ou religiosa, que tendesse a suprimir-lhe uma parcela de um só de seus atributos, seria necessariamente falsa, já que tenderia à negação da própria divindade.

13. *Os mundos materiais tiveram um começo e terão um fim.*

Que a matéria seja de toda a eternidade como Deus, ou que tenha sido criada numa época qualquer, é evidente, segundo o que acontece quotidianamente sob os nossos olhos, que as transformações da matéria são temporárias, e que dessas transformações resultam os diferentes corpos que nascem e se destroem incessantemente.

Os diferentes mundos, sendo produtos da aglomeração e da transformação da matéria, devem, como todos os corpos materiais, ter tido um começo e ter um fim, segundo leis que nos são desconhecidas. A Ciência pode, até um certo ponto, estabelecer as leis de sua formação e remontar ao seu estado primitivo. Toda teoria filosófica em contradição com os fatos demonstrados pela Ciência, é, necessariamente, falsa, a menos que prove que a Ciência está errada.

14. Criando os mundos materiais, Deus criou, também, seres inteligentes a que chamamos espíritos.

15. A origem e o modo de criação dos espíritos nos são desconhecidos; sabemos somente que foram criados simples e ignorantes, quer dizer, sem Ciência e sem conhecimento do bem e do mal, mas perfectíveis e com uma igual aptidão para tudo conquistar e tudo conhecer, com o tempo. No princípio, estão numa espécie de infância, sem vontade própria e sem consciência perfeita de sua existência.

16. À medida que o espírito se afasta do ponto de partida, as ideias nele se desenvolvem, como na criança, e com as ideias, o livre-arbítrio, quer dizer, a liberdade de fazer ou não fazer, de seguir tal ou qual caminho para o seu adiantamento, o que é um dos atributos essenciais do espírito. **17.** O objetivo final de todos os espíritos é de atingir a perfeição da qual é suscetível a criatura; o resultado dessa perfeição é a alegria da felicidade suprema que é a consequência, e a que chegam mais ou menos prontamente, segundo o uso que fazem do seu livre-arbítrio. **18.** Os espíritos são agentes do poder divino; constituem a força inteligente da Natureza e concorrem para a execução das visões do Criador para a manutenção da harmonia geral do Universo e das leis imutáveis da criação. **19.** Para concorrer, como agentes do poder divino, na obra dos mundos materiais, os espíritos revestem, temporariamente, um corpo material.

Os espíritos encarnados constituem a Humanidade. A alma do homem é um espírito encarnado. **20.** A vida espiritual é a vida normal do espírito: ela é eterna; a vida corporal é transitória e passageira: é apenas um instante na eternidade. **21.** A encarnação dos espíritos está nas leis da Natureza; é necessária ao seu adiantamento e à execução das obras de Deus. Pelo trabalho que sua existência corporal necessita, eles aperfeiçoam sua inteligência e adquirem, observando a lei de Deus, os méritos que devem conduzi-los à felicidade eterna.

Daí resulta que, concorrendo para a obra geral da criação, os espíritos trabalham para seu próprio adiantamento. **22.** O aperfeiçoamento do espírito é o fruto de seu próprio trabalho; progride na razão da sua maior ou menor atividade ou da boa vontade para adquirir as qualidades que lhe faltam. **23.** Não podendo o espírito adquirir numa só existência corporal todas as qualidades morais e intelectuais que devem conduzi-lo ao objetivo, ele aí chega através de uma sucessão de existências, em cada uma das quais dá alguns passos adiante, no caminho do progresso, e purifica-se de algumas de suas imperfeições.

24. A cada nova existência, o espírito traz o que adquiriu em inteligência e em moralidade, nas suas existências precedentes, assim como os germens das imperfeições das quais ainda não se despojou.

25. Quando uma existência foi mal empregada pelo espírito, quer dizer, se nenhum progresso fez no caminho do bem, ela não tem proveito para ele, e ele deve recomeçá-la em condições mais ou menos penosas, em razão da sua negligência e de seu malquerer.

26. Devendo o espírito a cada existência corporal adquirir alguma coisa de bem e despojar-se de alguma coisa de mal, daí resulta que, após um certo número de encarnações, encontra-se depurado e chega ao estado de puro espírito.

27. O número das existências corporais é indeterminado; depende da vontade do espírito abreviá-lo, trabalhando ativamente para seu aperfeiçoamento moral.

28. No intervalo das existências corporais, o espírito é *errante* e vive a vida espiritual. A erraticidade não tem duração determinada.

29. Quando os espíritos adquiriram num mundo a soma de progresso que comporta o estado desse mundo, deixam-no para encarnar num outro mais adiantado, onde adquirirão novos conhecimentos, e, assim, sucessivamente, até que a encarnação num corpo material não lhe sendo mais útil, vivem exclusivamente a vida espiritual, onde progridem ainda num outro sentido e através de outros meios. Tendo chegado ao ponto culminante do progresso, desfrutam da suprema felicidade; admitidos nos conselhos do Todo-Poderoso, têm seu pensamento e tornam-se seus mensageiros, seus ministros diretos para o governo dos mundos, tendo sob suas ordens os espíritos de diferentes graus de adiantamento.

Manifestações dos espíritos

Caráter e consequências religiosas
das manifestações espíritas

1. As almas ou espíritos daqueles que viveram, constituem o mundo invisível que povoa o Espaço e no meio em que vivemos; daí resulta que, desde que haja homens, há espíritos, e que se estes últimos têm o poder de se manifestar, puderam fazê-lo em todas as épocas. É o que constatam a História e as religiões de todos os povos. Entretanto, nesses últimos tempos, as manifestações dos espíritos tiveram um grande desenvolvimento, e adquiriram um caráter maior de autenticidade, porque estava no entendimento da Providência colocar um fim à chaga da incredulidade e do materialismo, através das provas evidentes, permitindo àqueles que deixaram a Terra vir provar sua existência e revelar-nos sua situação de felicidade ou de infelicidade.

2. Vivendo o mundo visível no meio do mundo invisível, com o qual está em contato perpétuo, daí resulta que reagem, incessantemente, um sobre o outro. Esta reação é a fonte de uma multidão de fenômenos que vimos como sobrenaturais, por não lhes conhecer a causa.

A ação do mundo invisível sobre o mundo visível, e reciprocamente, é uma das leis, uma das forças da Natureza, necessária à harmonia universal como a lei de atração; se terminasse, a

49

harmonia seria perturbada, como um mecanismo cuja peça fosse suprimida. Essa ação tendo sido fundada sobre uma lei da Natureza, daí resulta que todos os fenômenos que ela produz nada têm de sobrenatural. Assim pareceram porque não se conhecia a causa destes; como aconteceu com certos efeitos da eletricidade, da luz, etc.

3. Todas as religiões têm por base a existência de Deus e por objetivo o futuro do homem após a morte. Esse futuro que tem para o homem um interesse capital, está necessariamente ligado à existência de um mundo invisível; assim como o conhecimento desse mundo foi de todos os tempos, o objeto de suas pesquisas e de suas preocupações. Sua atenção foi naturalmente levada para os fenômenos que tendem provar a existência desse mundo, e não havia mais concludentes, senão estes da manifestação dos espíritos, pelos quais os próprios habitantes desse mundo revelavam sua existência; é por isso que esses fenômenos tornaram-se a base da maioria dos dogmas de todas as religiões.

4. Tendo o homem, instintivamente, a intuição de um poder superior, foi levado, em todos os tempos, a atribuir à ação *direta* dessa potência os fenômenos cuja causa lhe era desconhecida, e que passavam, aos seus olhos, como prodígios e efeitos sobrenaturais. Essa tendência foi considerada pelos incrédulos como a consequência do gosto do homem pelo maravilhoso, não procuram, porém, a fonte desse amor pelo maravilhoso; ela está simplesmente na intuição mal definida de uma ordem de coisas extracorporal. Com o progresso da Ciência e o conhecimento das leis da Natureza, esses fenômenos têm pouco a pouco passado do domínio do maravilhoso para o dos efeitos naturais, de tal maneira que o que parecia sobrenatural outrora, hoje não o é mais, e o que ainda o é hoje, não o será mais amanhã.

Os fenômenos, dependendo da manifestação dos espíritos, pela sua própria natureza, tiveram que fornecer um grande contingente aos fatos reputados como maravilhosos; mas devia vir um tempo em que a lei que os rege, sendo conhecida, eles voltariam, como os outros, para a ordem dos fatos naturais. Esse tempo chegou, e o Espiritismo, fazendo conhecer essa lei, dá a chave para a maioria das passagens incompreendidas das Escrituras Sagradas fazendo-lhes alusão, e dos fatos vistos como miraculosos. **5.** O caráter do fato miraculoso é de ser insólito e excepcional; é uma derrogação das leis da Natureza; desde que um fenômeno se reproduza em condições idênticas, é que está sujeito a uma lei e não é miraculoso. Esta lei pode ser desconhecida, mas nem por isso deixa de existir; o tempo encarrega-se de fazê-la conhecida.

O movimento do Sol, ou melhor, da Terra, estancado por Josué seria um verdadeiro milagre, pois seria uma derrogação manifesta à lei que rege o movimento dos astros; mas se o fato pudesse reproduzir-se em dadas condições, é que estaria submetido a uma lei, e deixaria, por conseguinte, de ser miraculoso. **6.** É por engano que a Igreja teme ver restringir-se o círculo dos fatos miraculosos, pois Deus prova melhor sua grandeza e seu poder pelo admirável conjunto de suas leis, do que por algumas infrações a essas mesmas leis, e isso tanto quanto ela atribui ao demônio o poder de fazer prodígios, o que implicaria em que o demônio, podendo interromper o curso das leis divinas, seria tão poderoso quanto Deus. Ousar dizer que o espírito do mal pode suspender a ação das leis de Deus, é uma blasfêmia e um sacrilégio.

A religião, longe de perder sua autoridade quando fatos reputados miraculosos passam para a ordem dos fatos naturais, só pode ganhar com isso; primeiro porque, se um fato é, por engano, reputado como miraculoso, é um erro, e a religião só pode perder apoiando-se sobre um erro, e sobretudo ela se obstinava em ver como um milagre o que não seria; em segundo lugar, que muitas pessoas, não admitindo a possibilidade dos milagres, negam os fatos reputados como maravilhosos, e, por conseguinte, a religião que se apoia sobre esses fatos; se, ao contrário, a possibilidade desses fatos for demonstrada como consequência das leis naturais, não há mais como rejeitá-los, não mais do que a religião que os proclama.

7. Os fatos constatados pela Ciência de uma maneira peremptória, não podem ser infirmados por nenhuma crença religiosa contrária. A religião só pode ganhar em autoridade seguindo o progresso dos conhecimentos científicos, e perder em permanecer para trás, ou em protestar contra esses mesmos conhecimentos em nome dos dogmas, pois nenhum dogma poderá prevalecer contra as leis da Natureza, nem anulá-las; um dogma fundado sobre a negação de uma lei da Natureza não pode ser a expressão da verdade.

O Espiritismo, fundamentado no conhecimento das leis incompreendidas até hoje, não vem absolutamente destruir os fatos religiosos, mas sancioná-los, dando-lhes uma explicação racional; vem destruir apenas as falsas consequências que foram deduzidas, em decorrência da ignorância dessas leis, ou de sua interpretação errônea.

8. A ignorância das leis da Natureza, levando o homem a procurar causas fantásticas para os fenômenos que não compreende, é a fonte das ideias supersticiosas, das quais algumas são devidas aos fenômenos espíritas malcompreendidos: o conhecimento das leis que regem os fenômenos destrói essas ideias supersticiosas, reconduzindo as coisas à realidade, e demonstrando o limite do possível e do impossível.

§ I. O perispírito, princípio das manifestações

9. Os espíritos, como foi dito, têm um corpo fluídico ao qual se dá o nome de *perispírito*. Sua substância é tomada do fluido universal ou cósmico que o forma e o alimenta, como o ar forma e alimenta o corpo material do homem. O perispírito é mais ou menos etéreo, segundo os mundos e segundo o grau de depuração do espírito. Nos mundos e nos espíritos inferiores, sua natureza é mais grosseira e aproxima-se muito mais da matéria bruta.

10. Na encarnação, o espírito conserva seu perispírito: o corpo não é para ele senão um segundo envoltório mais grosseiro, mais resistente, apropriado às funções que deve preencher, e do qual despoja-se com a morte.

O perispírito é o intermediário entre o espírito e o corpo; é o órgão de transmissão de todas as sensações. Para as que vêm do exterior, pode-se dizer que o corpo recebe a impressão; o perispírito a transmite, e o espírito, ser sensível e inteligente, recebe-a; quando o ato parte da iniciativa do espírito, pode-se dizer que o espírito quer, o perispírito transmite, e o corpo executa.

11. O perispírito não está absolutamente fechado nos limites do corpo como numa caixa; pela sua natureza fluídica, ele é expansível; irradia para fora e forma em torno do corpo uma espécie de atmosfera que o pensamento e a força de vontade podem ampliar mais ou menos; donde se segue que pessoas que não estão absolutamente em contato corporalmente, podem estar, através de seu perispírito e transmitirem-se, sem ter consciência, suas impressões, algumas vezes mesmo a intuição de seus pensamentos.

12. O perispírito sendo um dos elementos constitutivos do homem, representa um papel importante em todos os fenômenos psicológicos e, até um certo ponto, nos fenômenos fisiológicos e patológicos. Quando as ciências médicas levarem em conta a influência do elemento espiritual na economia, terão dado um grande passo, e horizontes completamente novos abrir-se-ão diante delas; muitas causas de doenças serão, então, explicadas e poderosos meios de combatê-las serão encontrados.

13. É por meio do perispírito que os espíritos agem sobre a matéria inerte e produzem os diferentes fenômenos das manifestações. Sua natureza etérea não poderia ser um obstáculo, já que se sabe que os motores mais potentes encontram-se nos fluidos mais rarefeitos e nos fluidos imponderáveis. Não há absolutamente, portanto, como se espantar de ver, com a ajuda dessa alavanca, os espíritos produzirem certos efeitos físicos, como batidas e ruídos de todas as espécies, objetos suspensos, transportados ou projetados no espaço. Nenhuma necessidade há para se convencer, de recorrer ao maravilhoso ou aos efeitos sobrenaturais.

14. Os espíritos, agindo sobre a matéria, podem manifestar-se de várias maneiras diferentes: através dos efeitos físicos, tais como os ruídos e o movimento dos objetos; através da transmissão do pensamento, através da visão, da audição, da palavra, do toque, da escrita, do desenho, da música, etc., numa palavra, através de todos os meios que podem servir para colocá-los em relação com os homens. **15.** As manifestações dos espíritos podem ser espontâneas ou provocadas. As primeiras, acontecem inopinadamente e de improviso; produzem-se, frequentemente, nas pessoas mais estranhas às ideias espíritas. Em certos casos e sob o império de certas circunstâncias, as manifestações podem ser provocadas pela vontade, sob a influência de pessoas dotadas, para esse efeito, de faculdades especiais.

As manifestações espontâneas aconteceram em todas as épocas e em todos os países; o meio de provocá-las era certamente também conhecido na Antiguidade, mas era um privilégio de algumas castas que não o revelavam senão, a raros iniciados, sob condições rigorosas, escondendo-o do vulgo, a fim de dominá-lo pelo prestígio de um poder oculto. Perpetuou-se, entretanto, até nossos dias em alguns indivíduos, mas quase sempre desfigurado pela superstição ou misturado às práticas ridículas da magia, o que contribuíra para desacreditá-las. Até agora, isto não passara de germens lançados aqui e ali; a Providência reservara à nossa época o conhecimento completo e a vulgarização desses fenômenos, para desligá-los de suas más alianças e fazê-los servir para o melhoramento da Humanidade, hoje, madura para compreender e tirar destes as consequências.

§ II. Manifestações visuais

16. Pela sua natureza e no seu estado normal, o perispírito é invisível, e tem isto de comum com uma multidão de fluidos que sabemos existir e que, entretanto, jamais vimos; mas ele pode também, assim como certos fluidos, sofrer modificações que o tornam perceptível à vista, seja por uma espécie de condensação, seja por uma mudança na disposição molecular; ele pode mesmo adquirir as propriedades de um corpo sólido e tangível, mas pode, instantaneamente, retomar seu estado etéreo e invisível. Pode-se compreender esse efeito pelo do vapor, que pode passar da invisibilidade ao estado brumoso, depois líquido, depois sólido, e vice-versa.

Esses diferentes estados do perispírito são o resultado da vontade do espírito, e não de uma causa física exterior, como nos gases. Quando um espírito aparece, é que coloca seu perispírito no estado necessário para torná-lo visível. Mas sua vontade não é sempre suficiente; é preciso, para que essa modificação do perispírito possa se operar, um concurso de circunstâncias independentes dele; é preciso, além disso, que o espírito tenha a permissão de se fazer ver a tal pessoa, o que não lhe é sempre permitido, ou só o é em certas circunstâncias, por motivos que não podemos apreciar. (Ver em *O Livro dos Médiuns*.)[3]

Uma outra propriedade do perispírito e que pertence à sua natureza etérea, é a *penetrabilidade*. Nenhuma matéria lhe causa obstáculo; atravessa-as todas, como a luz atravessa os corpos transparentes. É por isso que não há prisão que possa opor-se à entrada dos espíritos; eles vão visitar o prisioneiro na sua cela, tão facilmente, quanto o homem que está no meio dos campos.

17. As manifestações visuais mais comuns acontecem durante o sono, através dos sonhos: são as *visões*. As *aparições*, propriamente ditas, acontecem no estado de vigília; é, então, que se desfruta da plenitude e da inteira liberdade de suas faculdades. Apresentam-se, geralmente, sob uma forma vaporosa e diáfana, algumas vezes vaga e indecisa; frequentemente, à primeira vista, é uma luz esbranquiçada, cujos contornos desenham-se pouco a pouco. De outras vezes, as formas são claramente acentuadas, e distinguem-se os menores traços do rosto, a ponto de se poder fazer uma descrição muito precisa. As aparências, o aspecto são semelhantes ao que era o espírito, enquanto vivo.

---

[3] Ver Segunda parte, cap. VI. (N.E.)

18. Podendo tomar todas as aparências, o espírito apresenta-se sob aquela que pode melhor fazê-lo ser reconhecido, se assim é o seu desejo. Ainda que, como espírito, não tenha mais nenhuma enfermidade corporal, mostrar-se-á estropiado, manco, ferido, com cicatrizes, se isso for necessário, para constatar sua identidade. Acontece o mesmo com as roupas; aqueles dentre os espíritos que nada conservaram das quedas terrestres, compõem-se mais comumente de uma vestimenta ampla, longa com dobras esvoaçantes, com uma cabeleira ondulante e graciosa.

Frequentemente, os espíritos se apresentam com os atributos característicos de sua elevação, como uma auréola, asas para aqueles que podemos considerar como anjos, um aspecto luminoso resplandecente, enquanto que outros têm aspectos que lembram suas ocupações terrestres; assim, um guerreiro poderá aparecer com sua armadura, um sábio com livros, um assassino com um punhal, etc. Os espíritos superiores têm uma bela figura, nobre e serena; os mais inferiores têm qualquer coisa de selvagem e de bestial, e, algumas vezes, trazem ainda os traços dos crimes que cometeram ou dos suplícios que suportaram; para eles, essa aparência é uma realidade; quer dizer que eles creem ser tais quais parecem; para eles é um castigo.

19. O espírito que quer ou pode aparecer, reveste algumas vezes uma forma mais clara ainda, tendo todas as aparências de um corpo sólido, a ponto de produzir uma ilusão completa, e de fazer crer que se tem diante de si um ser corporal.

Em alguns casos, e sob o império de certas circunstâncias, a tangibilidade pode tornar-se real, quer dizer, que se pode tocar, apalpar, sentir a mesma resistência, o mesmo calor que parte de um corpo vivo, o que não impede de dissipar-se com a rapidez de um relâmpago. Poder-se-ia, portanto, estar na presença de um espírito com o qual trocaríamos palavras e atos da vida, crendo tratar-se de um simples mortal e sem supor, que é um espírito.

20. Qualquer que seja o aspecto sob o qual se apresenta um espírito, mesmo sob a forma tangível, ele pode, no mesmo instante, ser visível apenas para uns, somente; numa assembleia, poderia, então, mostrar-se apenas a um ou a vários membros; de duas pessoas colocadas ao lado uma da outra, uma pode vê-lo e tocá-lo, a outra, nada ver e nada sentir.

O fenômeno de aparição a uma só pessoa entre várias que se encontram reunidas, explica-se pela necessidade, para que se produza, de uma combinação entre o fluido perispiritual do espírito e o da pessoa; é preciso, para isso, que haja entre esses fluidos uma espécie de afinidade que favoreça a combinação; se o espírito não encontra a aptidão orgânica necessária, o fenômeno de aparição não pode reproduzir-se; se a aptidão existe, o espírito é livre para aproveitar ou não; donde resulta que, se duas pessoas igualmente dotadas sob esse relato, encontram-se juntas, o espírito pode operar a combinação fluídica com aquela somente das duas a quem quer se mostrar; não o fazendo com a outra, esta, não o verá. Assim aconteceria com dois indivíduos, que tivessem cada qual um véu sobre os olhos, se o terceiro indivíduo quer se mostrar a um dos dois somente, levantará apenas um só véu; mas para aquele que estivesse cego, não adiantaria levantar o véu, a faculdade de ver não lhe teria sido dada para isso.

21. As aparições tangíveis são extremamente raras, mas as aparições vaporosas são frequentes; elas o são, sobretudo, no momento da morte; o espírito desligado parece querer apressar-se para rever seus parentes, seus amigos, como para avisá-los de que acaba de deixar a Terra, e dizer-lhes que ele vive sempre. Que cada um recolha suas lembranças, e veremos quantos fatos autênticos desse gênero, aos quais não se dava conta, aconteceram não somente durante a noite, mas em pleno dia e no estado de vigília mais completo.

§ III. Transfiguração. Invisibilidade

22. O perispírito das pessoas vivas goza das mesmas propriedades que o dos espíritos. Como foi dito, ele não está confinado no corpo, mas irradia e forma em torno de si uma espécie de atmosfera fluídica; ora, pode acontecer que, em certos casos e sob o império das mesmas circunstâncias, sofra uma transformação

57

análoga a esta que foi descrita; a forma real e material do corpo pode apagar-se sob essa camada fluídica, se assim podemos nos exprimir, e revestir, momentaneamente, uma aparência completamente diferente, a mesma de uma outra pessoa ou do espírito que combina seu fluido com o do indivíduo ou ainda dar a um rosto feio um aspecto belo e radioso. Eis o fenômeno designado sob o nome de transfiguração, fenômeno muito frequente e que se produz, principalmente, quando circunstâncias provocam uma expansão mais abundante de fluido.

O fenômeno da transfiguração pode manifestar-se com uma intensidade bem diferente, segundo o grau de depuração do perispírito, grau que corresponde sempre ao da elevação moral do espírito. Limita-se, às vezes, a uma simples mudança no aspecto da fisionomia, como pode dar ao perispírito uma aparência luminosa e esplêndida.

A forma material pode, portanto, desaparecer sob o fluido perispiritual, mas não há necessidade para esse fluido de revestir um outro aspecto; pode, às vezes, simplesmente velar um corpo inerte ou vivo, e torná-lo invisível aos olhos de uma ou várias pessoas, como o faria uma camada de vapor.

Valemo-nos das coisas atuais apenas como pontos de comparação, e não com objetivo de estabelecer uma analogia absoluta, que não existe.

23. Esses fenômenos só podem parecer estranhos porque não se conhecem as propriedades do fluido perispiritual; é para nós um corpo novo que deve ter propriedades novas, e que não se pode estudar pelos processos comuns da Ciência, mas que não deixam de ser propriedades naturais, tendo apenas de maravilhoso a novidade.

§ IV. Emancipação da alma

24. Durante o sono, apenas o corpo repousa, o espírito, porém, não dorme; aproveita o repouso do corpo e os momentos em que sua presença não é necessária para agir separadamente, e ir aonde quer; desfruta de sua liberdade e da plenitude de suas faculdades. Durante a vida, o espírito nunca está completamente separado do corpo; a qualquer distância que se transporte, mantém-se sempre ligado por um laço fluídico que serve para chamá-lo, desde que sua presença seja necessária; este laço só é rompido com a morte.

"O sono liberta, em parte, a alma do corpo. Quando dormimos, estamos momentaneamente no estado em que nos encontramos, de uma maneira fixa, após a morte. Os espíritos que estão desligados da matéria, após sua morte, tiveram sonhos inteligentes, estes, quando dormem, juntam-se à sociedade dos outros seres superiores a eles; eles viajam, conversam e com eles se instruem; trabalham mesmo em obras que encontram, ao morrer, inteiramente prontas. Isto deve ensinar-vos, uma vez mais, a não temer a morte, já que morreis todos os dias, segundo a palavra de um santo."

"Isto para os espíritos elevados; mas para a massa dos homens que na morte devem permanecer, longas horas nessa perturbação, nessa incerteza da qual vos falaram, estes vão, ora nos mundos inferiores à Terra, onde antigas afeições os chamam, ora vão procurar prazeres, talvez mais baixos do que os que têm aqui; vão buscar doutrinas ainda mais vis, mais ignóbeis, mais nefastas que as que professam entre vós. E o que engendra a simpatia na Terra não é outra coisa senão esse fato, de que se sente próximo ao despertar, pelo coração, daqueles com quem acabamos de passar oito a nove horas de felicidade ou de prazer. O que explica, também, essas antipatias invencíveis, que se sabe, no fundo do coração, que essas pessoas têm uma outra consciência diferente da nossa, porque as conhecemos, sem tê-las visto com os olhos. É ainda o que explica a indiferença, porque não se interessa em fazer novos amigos, quando se sabe que se tem outros que nos amam e nos têm afeição. Numa palavra, o sono influi mais do que imaginais na vossa vida."

"Por efeito do sono, os espíritos encarnados estão sempre em relação com o mundo dos espíritos, e é isso que faz com que os espíritos superiores consintam, sem muita repulsão, a encarnar entre vós. Deus quis que, durante seu contato com o vício, pudessem ir retemperar-se na fonte do bem para não falirem eles próprios, eles que vinham instruir os outros. O sono é a porta que Deus lhes abriu em direção aos amigos celestiais; é a recreação após o trabalho, aguardando a grande libertação, a liberação final que deve devolvê-los a seu verdadeiro meio."

"O sonho é a recordação do que o espírito viu durante o sono: mas observai que não sonhais sempre, porque não vos lembrais do que vistes, ou de tudo o que vistes. Não está a vossa alma em todo seu desenvolvimento; com frequência, é apenas uma lembrança da perturbação da vossa partida ou vosso retorno, à qual se juntam aquilo que fizestes ou que vos preocupa no estado de vigília; sem isto, como explicaríeis esses sonhos absurdos que têm os mais sábios, como os mais simples? Os maus espíritos servem-se também dos sonhos para atormentar as almas fracas e pusilânimes."

"A incoerência dos sonhos explica-se, ainda, pelas lacunas que produz a recordação incompleta daquilo que apareceu em sonho. Tal seria uma narrativa da qual tivéssemos truncado, ao acaso, as frases; os fragmentos que restariam, sendo reunidos, perderiam qualquer significação racional."

"De resto, vereis, dentro em pouco, desenvolver uma outra espécie de sonhos: é tão antiga quanto as que conheceis, mas as ignorais. O sonho de Joana d'Arc, o sonho de Jacó, o sonho dos profetas judeus e de alguns adivinhos indianos; este sonho é a lembrança da alma inteiramente desligada do corpo, a lembrança dessa segunda vida, da qual vos falava há pouco." (*O Livro dos Espíritos*, pergunta 177 e ss.)[4]

25. A independência e a emancipação da alma manifestam-se, sobretudo, de uma maneira evidente, no fenômeno do sonambulismo natural e magnético, na catalepsia e na letargia. A lucidez sonambúlica não é senão a faculdade que possui a alma

---

[4] Ver Segunda parte, cap. VIII, perg. 402. (**N.E.**)

de ver e de sentir, sem o concurso dos órgãos materiais. Essa faculdade é um dos seus atributos; reside em todo seu ser; os órgãos do corpo são os canais restritos por onde chegam certas percepções. A visão a distância que possuem certos sonâmbulos, provém do deslocamento da alma que vê o que acontece em lugares para onde se transporta. Nas suas peregrinações, está sempre revestida com seu perispírito, agente de suas sensações, mas que nunca está inteiramente separado do corpo, assim como o dissemos. O desligamento da alma produz a inércia do corpo que parece, às vezes, sem vida.

26. Esse desligamento pode igualmente produzir-se, em diversos graus, no estado de vigília, mas então, o corpo nunca goza completamente da sua atividade normal; há sempre uma certa absorção, um desligamento mais ou menos completo das coisas terrestres; o corpo não dorme, caminha, age, mas os olhos olham sem ver; compreende-se que a alma está longe. Como no sonambulismo, ela vê as coisas ausentes; tem percepções e sensações que nos são desconhecidas; às vezes, tem a presciência de certos acontecimentos futuros pela ligação que reconhece com as coisas presentes. Ao penetrar no mundo invisível, vê os espíritos com os quais pode entreter-se e de quem pode transmitir-nos o pensamento.

O esquecimento do passado segue, muito geralmente, o retorno a estado normal, mas, algumas vezes, conserva-se dele uma lembrança mais ou menos vaga, como se fosse a de um sonho.

27. A emancipação da alma amortece, às vezes, as sensações físicas, a ponto de produzir uma verdadeira insensibilidade que, nos momentos de exaltação, pode fazer suportar com indiferença as mais vivas dores. Esta insensibilidade provém da separação do perispírito, agente de transmissão das sensações corporais; o espírito ausente não se ressente dos ferimentos do corpo.

28. A faculdade emancipadora da alma, na sua manifestação mais simples, produz o que se chama devaneio em vigília; ela dá também a algumas pessoas a presciência que constitui os pressentimentos; num mais alto grau de desenvolvimento, produz o fenômeno designado sob o nome de segunda vista, dupla vista ou sonambulismo em vigília.

29. O *êxtase* é o grau máximo de emancipação da alma.

"No sonho e no sonambulismo, a alma vaga nos mundos terrestres; no êxtase, penetra num mundo desconhecido, no dos espíritos etéreos com os quais entra em comunicação sem, entretanto, ultrapassar certos limites que não poderia transpor sem partir totalmente os laços que a prendem ao corpo. Um brilho resplandecente e inteiramente novo a envolve, harmonias desconhecidas sobre a Terra maravilham-na, um bem-estar indefinível penetra-a; goza por antecipação da beatitude celeste, e pode-se dizer que coloca o pé no limiar da eternidade. No êxtase, a anulação do corpo é quase completa; não há, por assim dizer, senão a vida orgânica, e sente-se que a alma está por um fio, que um esforço a mais faria romper, sem retorno." (*O Livro dos Espíritos*, pergunta 455.)

30. O êxtase, não mais do que os outros graus de emancipação da alma, não está isento de erros; é por isso que as revelações dos extáticos estão longe de ser sempre a expressão da verdade absoluta. A razão está na imperfeição do espírito humano; só quando tiver chegado ao topo da escala é que poderá julgar, em sã consciência, as coisas; até lá, não lhe é dado ver tudo, nem tudo compreender. Se, após a morte, quando o desligamento é completo, não vê sempre com justeza; se há os que ainda estão imbuídos dos preconceitos da vida, que não compreendem as coisas do mundo invisível onde estão, deve dar-se o mesmo, com mais forte razão, para o espírito que está ainda na carne.

Algumas vezes há, nos extáticos mais exaltação do que verdadeira lucidez; é por isso que suas revelações são, com frequência, uma mistura de verdades e de erros, de coisas sublimes ou mesmo ridículas. Espíritos inferiores aproveitam também dessa exaltação, que é sempre uma causa de fraqueza, quando não se sabe dominá-la, para dominar o extático, e por esse efeito, revestem aos seus olhos *aparências* que o mantêm nas suas ideias ou preconceitos, de forma que suas visões e suas revelações são, frequentemente, apenas um reflexo de suas crenças. É um perigo do qual escapam apenas os espíritos de uma ordem elevada e contra o qual o observador deve colocar-se em guarda.

31. Há pessoas, cujo perispírito está tão identificado com o corpo, que o desligamento da alma não se opera senão com uma extrema dificuldade, mesmo no momento da morte; são, geralmente, as que viveram mais materialmente; são também aquelas para quem a morte é mais penosa, mais cheia de angústias, e a agonia mais longa e mais dolorosa; mas há outras, ao contrário, cuja alma está ligada ao corpo por laços tão fracos, que a separação se faz sem choques, com a maior facilidade e, frequentemente, antes da morte do corpo; com a aproximação do termo da vida, a alma já entrevê o mundo onde vai entrar, e aspira ao momento de sua libertação completa.

§ V. Aparição de pessoas vivas.
Bicorporeidade

32. A faculdade emancipadora da alma, e seu desligamento do corpo durante a vida, podem dar lugar a fenômenos análogos aos que apresentam os espíritos desencarnados. Enquanto o corpo dorme, o espírito transportando-se para diversos lugares, pode tornar-se visível e aparecer sob uma forma vaporosa, seja em sonho, seja no estado de vigília; pode igualmente apresentar-se sob a forma tangível, ou pelo menos, com uma aparência tão idêntica à realidade, que várias pessoas podem estar certas quando afirmam terem-na visto, no mesmo instante, em dois pontos diferentes; ele ali estava, com efeito, mas apenas de um lado estava o corpo verdadeiro, e do outro, só havia o espírito. É esse fenômeno, de resto, bem raro, que deu lugar à crença nos homens duplos e que é designado sob o nome de *bicorporeidade*.

Por mais extraordinário que seja, não está menos, como todos os outros, fora da ordem dos fenômenos naturais, já que repousa sobre as propriedades do perispírito e sobre uma lei da Natureza.

§ VI. Dos médiuns

33. Os médiuns são as pessoas aptas a sentir a influência dos espíritos e a transmitir seu pensamento.

Toda pessoa que sente em qualquer grau a influência dos espíritos é, por isso mesmo, médium. Esta faculdade é inerente ao homem, e, por conseguinte, não é absolutamente um privilégio exclusivo; da mesma forma como há poucos nos quais não se encontre algum rudimento. Pode-se, então, dizer que todo mundo é mais ou menos médium; entretanto, no uso, esta faculdade mediúnica manifesta-se através dos efeitos ostensivos de uma certa intensidade.

34. O fluido perispiritual é o agente de todos os fenômenos espíritas; esses fenômenos não podem se operar senão pela ação recíproca dos fluidos emitidos pelo médium e pelo espírito. O desenvolvimento da faculdade mediúnica deve-se à natureza mais ou menos expansível do perispírito do médium e à sua assimilação mais ou menos fácil com o dos espíritos; deve-se, por conseguinte, à organização, e pode ser desenvolvida quando o princípio existe, mas não pode ser adquirida, quando este princípio não existe. A predisposição medianímica é independente do sexo, da idade e do temperamento; encontram-se médiuns em todas as categorias de indivíduos, desde a idade mais tenra até a mais avançada.

35. As relações entre os espíritos e os médiuns estabelecem-se por meio de seus perispíritos; a facilidade dessas relações depende do grau de afinidade que existe entre os dois fluidos; há aqueles que se assimilam facilmente e outros que se repelem; donde se segue que não basta ser médium para comunicar-se, indistintamente, com todos os espíritos; há médiuns que só podem comunicar-se com certos espíritos ou com certas categorias de espíritos, e outros que só o podem por uma transmissão do pensamento, sem nenhuma manifestação exterior.

36. Através da assimilação dos fluidos perispirituais, o espírito identifica-se, por assim dizer, com a pessoa que quer influenciar; não apenas transmite-lhe seu pensamento, mas pode exercer sobre ela uma ação física, fazê-la agir ou falar à sua vontade, fazê-la dizer o que quer; servir-se, numa palavra, dos seus órgãos como se fossem os seus; pode, enfim, neutralizar a ação do seu próprio espírito e paralisar seu livre-arbítrio. Os bons espíritos servem-se dessa influência para o bem, e os maus espíritos para o mal.

37. Os espíritos podem manifestar-se de uma infinidade de maneiras diferentes, e só o podem na condição de encontrar uma pessoa apta a receber e a transmitir tal ou qual gênero de impressão, segundo sua aptidão; ora, como nenhuma há que possua todas as aptidões no mesmo grau, daí resulta que umas obtêm efeitos impossíveis para outras. Esta diversidade nas aptidões produz diferentes variedades de médiuns.

38. A vontade do médium não é absolutamente sempre necessária; o espírito que quer manifestar-se procura o indivíduo apto a receber sua impressão, e dele se serve, frequentemente, independente de sua vontade; outras pessoas, ao contrário, tendo a consciência de sua faculdade, podem provocar certas manifestações; daí, duas categorias de médiuns: os *médiuns inconscientes* e os *médiuns facultativos*.

No primeiro caso, a iniciativa vem do espírito, no segundo, vem do médium.

39. Os *médiuns facultativos* encontram-se apenas entre as pessoas que têm um conhecimento mais ou menos completo dos meios de se comunicar com os espíritos, e podem, assim, ter a vontade de se servir de sua faculdade; os *médiuns inconscientes*, ao contrário, encontram-se entre aquelas que nenhuma ideia têm nem do Espiritismo, nem dos espíritos, mesmo entre os mais incrédulos, e que servem de instrumentos sem o saber e sem o querer. Todos os gêneros de fenômenos espíritas podem se produzir através da sua influência, e eles se deram em todas as épocas e em todos os povos. A ignorância e a credulidade atribuíram-lhes um poder sobrenatural, e segundo os lugares e os tempos, deles fizeram santos, bruxos, loucos ou visionários; o Espiritismo nos mostra neles a simples manifestação espontânea de uma faculdade natural.

40. Dentre as diferentes variedades de médiuns, distinguem-se principalmente: os *médiuns de efeitos físicos*; os *médiuns sensitivos* ou *impressionáveis*; os *médiuns auditivos, falantes, videntes, inspirados, sonâmbulos, curadores, escritores* ou *psicógrafos*, etc.; descreveremos, aqui, apenas as mais essenciais.[5]

41. *Médiuns de efeitos físicos* — São especialmente mais aptos para produzir fenômenos materiais, tais como os movimentos dos corpos inertes, os ruídos, o deslocamento, o levantamento e a mudança dos objetos, etc. Esses fenômenos podem ser espontâneos ou provocados; em todos os casos, requerem o concurso voluntário ou involuntário de médiuns dotados de faculdades especiais. São, geralmente, a ação de espíritos de uma ordem inferior, os espíritos elevados não se ocupam senão das comunicações inteligentes e instrutivas.

42. *Médiuns sensitivos* ou *impressionáveis* — Designa-se, dessa forma, pessoas suscetíveis de sentir a presença dos espíritos por uma vaga impressão, uma espécie de arrepio sobre todos os membros, aos quais não podem ceder. Esta faculdade pode adquirir uma tal sutileza, que aquele que dela é dotado reconhece pela impressão que sente, não somente a natureza boa ou má do espírito que está a seu lado, mas até sua individualidade, como o cego reconhece, instintivamente, a aproximação de tal ou qual pessoa. Um bom espírito dá sempre uma impressão suave e agradável; a de um mau, ao contrário, é penosa, ansiosa e desagradável; há como um odor de impureza.

43. *Médiuns auditivos* — Ouvem a voz dos espíritos; é, algumas vezes, uma voz íntima que se faz ouvir no foro interior; de outras vezes, é uma voz exterior, clara e distinta como a de uma pessoa viva. Os médiuns auditivos podem, assim, entrar em conversação com os espíritos. Quando têm o hábito de comunicar-se com certos espíritos, reconhece-os imediatamente ao som da voz. Quando não se é médium auditivo, pode-se comunicar

---

[5] Para as minúcias completas, ver *O Livro dos Médiuns*. (N. O. F.)

com um espírito por intermédio de um médium auditivo que transmite suas palavras.

44. *Médiuns falantes* — Os médiuns auditivos que apenas transmitem o que ouvem não são, propriamente falando, *médiuns falantes*; esses últimos, com muita frequência, nada ouvem; neles, o espírito age sobre os órgãos da fala como age sobre a mão dos médiuns escritores. O espírito, querendo comunicar-se, serve-se do órgão que se encontra mais flexível; a um, toma emprestado a mão, a um outro, a palavra, a um terceiro, o ouvido. O médium falante exprime-se geralmente sem ter consciência do que diz, e, frequentemente, diz coisas completamente fora das suas ideias habituais, dos seus conhecimentos, e mesmo do alcance de sua inteligência. Vê-se, às vezes, pessoas iletradas e de uma inteligência vulgar, exprimirem-se nesses momentos, com uma verdadeira eloquência, e tratar, com uma incontestável superioridade, questões sobre as quais seriam incapazes de emitir uma opinião no estado comum.

Embora o médium falante esteja perfeitamente acordado, raramente conserva a lembrança do que disse. A passividade, entretanto, não é sempre completa; há aqueles que têm a intuição do que dizem, no mesmo instante em que pronunciam as palavras.

A palavra é no médium falante, um instrumento do qual o espírito se serve, com o qual uma pessoa estranha pode entrar em comunicação, como pode fazê-lo por intermédio de um médium auditivo. Há essa diferença entre o médium auditivo e o médium falante, é que o primeiro fala voluntariamente para repetir o que ouve, enquanto que o segundo, fala, involuntariamente.

45. *Médiuns videntes* — Dá-se esse nome às pessoas que, no estado normal, e perfeitamente acordadas, gozam da faculdade de ver os espíritos. A possibilidade de vê-los em sonho resulta, sem contestação, de uma espécie de mediunidade, mas não constitui, propriamente falando, os médiuns videntes. Explicamos a teoria desse fenômeno no capítulo das "Visões e Aparições" de *O Livro dos Médiuns*.[6]

---

[6] Ver Segunda parte, cap. VI. (N.E.)

As aparições acidentais das pessoas que amamos ou conhecemos são bastante frequentes; e, embora os que a tiveram possam ser considerados como médiuns videntes, dá-se mais geralmente esse nome àqueles que desfrutam, de uma forma permanente, da faculdade de ver quase todos os espíritos. Nesse número, há os que apenas veem os espíritos que evocamos de quem podem fazer a descrição com uma minuciosa exatidão; descrevem nos mínimos detalhes seus gestos, a expressão de sua fisionomia, os traços do rosto, a vestimenta e até os sentimentos dos quais parecem animados. Há outros, nos quais essa faculdade é ainda mais geral; veem toda a população espírita ambiente ir, vir e poder-se-ia dizer, ocupar-se dos seus afazeres. Esses médiuns nunca estão sós: têm sempre consigo uma sociedade que podem escolher à vontade, afastar os espíritos que não lhes convêm, ou atrair os que lhes são simpáticos.

46. *Médiuns sonâmbulos* — O sonambulismo pode ser considerado como uma variedade da faculdade medianímica, ou melhor dizendo, são duas ordens de fenômenos que se acham, com muita frequência, reunidas. O sonâmbulo age sob a influência do seu próprio espírito; é sua alma que, nos momentos de emancipação, vê, ouve e percebe fora do limite dos sentidos; o que exprime, tira de si mesmo; suas ideias são, em geral, mais justas do que no estado normal, seus conhecimentos mais extensos, porque sua alma está livre; numa palavra, ele vive, por antecipação, da vida dos espíritos. O médium, ao contrário, é um instrumento de uma inteligência estranha; é passivo, e o que diz não vem absolutamente dele. Em resumo, o sonâmbulo exprime seu próprio pensamento, e o médium exprime o de um outro. Mas o espírito que se comunica com um médium comum pode também fazê-lo com um sonâmbulo; frequentemente, o próprio estado de emancipação da alma, durante o sonambulismo, torna essa comunicação mais fácil. Muitos sonâmbulos veem perfeitamente os espíritos e os descrevem com tanta precisão quanto os médiuns videntes; podem se entreter com eles e transmitir-nos seu pensamento; o que dizem fora do círculo de seus conhecimentos pessoais lhes é frequentemente sugerido por outros espíritos.

47. *Médiuns inspirados* — Esses médiuns são aqueles nos quais os sinais exteriores da mediunidade são menos aparentes; a ação dos espíritos é, aqui, toda intelectual e toda moral, e se revela nas menores circunstâncias da vida, como nas maiores concepções; é sob essa relação, sobretudo, que se pode dizer que todo mundo é médium, pois não há ninguém que não tenha seus espíritos protetores e familiares que fazem todos os seus esforços para sugerir aos seus protegidos pensamentos salutares. No inspirado é frequentemente difícil distinguir o pensamento próprio daquele que é sugerido; o que caracteriza este último, é, sobretudo, a espontaneidade.

A inspiração torna-se mais evidente nos grandes trabalhos da inteligência. Os homens de gênio de todos os gêneros, artistas, sábios, literatos, oradores, são, sem dúvida, espíritos adiantados, capazes por si mesmos de compreender e de conceber grandes coisas; ora, é precisamente porque são julgados capazes, que os espíritos que querem a execução de certos trabalhos, sugerem-lhes as ideias necessárias, e é assim que são, na maior parte das vezes, *médiuns sem o saber*. Têm, entretanto, uma vaga intuição de uma assistência estranha, pois aquele que pede a inspiração não faz senão uma evocação; se não esperasse ser ouvido, por que apelaria com tanta frequência: Meu bom gênio, venha ajudar-me!

48. *Médiuns de pressentimentos* — Pessoas que, em certas circunstâncias, têm uma vaga intuição das coisas futuras vulgares. Essa intuição pode provir de uma espécie de dupla vista que permite entrever as consequências das coisas presentes e a filiação dos acontecimentos; mas, frequentemente, ela é o fato de comunicações ocultas que dela fazem uma variedade dos *médiuns inspirados*.

49. *Médiuns proféticos* — É igualmente uma variedade dos médiuns inspirados; recebem com a permissão de Deus, e com mais precisão que os médiuns de pressentimentos, a revelação

69

das coisas futuras de interesse geral, e que estão encarregados de levar ao conhecimento dos homens para sua instrução. O pressentimento é dado para a maioria dos homens, de alguma forma, para seu uso pessoal; o dom da profecia, ao contrário, é excepcional e implica a ideia de uma missão sobre a Terra.

Se há verdadeiros profetas, existem muito mais falsos, e que tomam os sonhos de sua imaginação por revelações, quando não são hipócritas que se fazem passar como tais, por ambição. O verdadeiro profeta é *um homem de bem, inspirado por Deus*; pode-se reconhecê-lo pelas suas palavras e suas ações; Deus não pode servir-se da boca do mentiroso para ensinar a verdade. (*O Livro dos Espíritos*, pergunta 624.)

50. *Médiuns escreventes ou psicógrafos* — Designa-se sob esse nome as pessoas que escrevem sob a influência dos espíritos. Assim como um espírito pode agir sobre os órgãos da palavra de um médium, falando para fazer-lhe pronunciar palavras, pode servir-se de sua mão, para fazê-lo escrever. A mediunidade psicográfica apresenta três variedades bem distintas: os médiuns *mecânicos*, *intuitivos* e *semimecânicos*.

No *médium mecânico*, o espírito age diretamente sobre a mão à qual dá a impulsão. O que caracteriza esse gênero de mediunidade é a inconsciência absoluta daquilo que se escreve; o movimento da mão é independente da vontade; ela caminha sem interrupção e, apesar do médium, enquanto o espírito tem qualquer coisa a dizer, e para, quando ele termina.

No *médium intuitivo*, a transmissão do pensamento se faz por intermédio do espírito do médium. O espírito estranho, nesse caso, não age sobre a mão para dirigi-la, age sobre a alma com a qual identifica-se e à qual imprime sua vontade e suas ideias; ela recebe o pensamento do espírito estranho e o transcreve. Nessa situação, o médium escreve, voluntariamente, e tem consciência do que escreve, embora não seja seu próprio pensamento.

Frequentemente, é bastante difícil distinguir o pensamento próprio do médium daquele que lhe é sugerido, o que leva *muitos médiuns desse gênero a duvidar da sua faculdade.* Pode-se reconhecer o pensamento sugerido por não ser jamais preconcebido; ele nasce à medida que se escreve, e com frequência, é o contrário da ideia preliminar que se havia formado; pode mesmo estar além dos conhecimentos e das capacidades do médium.

Há uma grande analogia entre a mediunidade intuitiva e a inspiração; a diferença consiste em que, na primeira, é mais frequentemente restrita as questões atuais, e pode aplicar-se além das capacidades intelectuais do médium; um médium pode tratar, pela intuição, de um assunto ao qual ele é completamente estranho. A inspiração estende-se sobre um campo mais vasto e vem, geralmente, ajudar as capacidades e preocupações do espírito encarnado. Os traços da mediunidade são, geralmente, menos evidentes.

O médium *semimecânico* ou *semi-intuitivo* participa dos dois outros. No médium puramente mecânico, o movimento da mão é independente da vontade; no médium intuitivo o movimento é voluntário e facultativo. O médium semimecânico sente uma impulsão dada à sua mão, apesar dele, porém, ao mesmo tempo, tem a consciência do que escreve à medida que as palavras se formam. No primeiro, o pensamento segue o ato da escrita; no segundo, ele precede; no terceiro, ele o acompanha.

51. O médium, sendo apenas um instrumento que recebe e transmite o pensamento de um espírito estranho, que segue a impulsão mecânica que lhe é dada, nada há que possa fazer além dos seus conhecimentos, se é dotado da flexibilidade e da aptidão medianímica necessárias. É desse modo que existem médiuns *desenhistas, pintores, músicos, poetas,* embora estranhos às artes do desenho, da pintura, da música e da poesia; médiuns iletrados que escrevem sem saber ler, nem escrever; médiuns *polígrafos* que reproduzem diferentes gêneros de escrita, e algumas vezes, com perfeita exatidão a que o espírito tinha enquanto vivo; médiuns *poliglotas* que falam ou escrevem em línguas que lhes são desconhecidas, etc.

52. *Médiuns curadores* — Este gênero de mediunidade consiste na faculdade que algumas pessoas possuem de curar pelo simples toque, pela imposição das mãos, pelo olhar, um gesto, mesmo sem o concurso de qualquer medicamento. Esta faculdade tem, incontestavelmente, seu princípio no poder energético; deste difere, entretanto, pela energia e a instantaneidade da ação, enquanto que as curas magnéticas exigem um tratamento metódico, mais ou menos longo. Quase todos os magnetizadores estão aptos a curar, se sabem se manter convenientemente; eles têm a ciência adquirida; nos médiuns curadores, a faculdade é espontânea e alguns a possuem, sem ter jamais ouvido falar do magnetismo.

A faculdade de curar pela imposição das mãos tem evidentemente seu princípio no poder excepcional de expansão, mas é aumentada por diversas causas, dentre as quais é preciso colocar na primeira linha: a pureza dos sentimentos, o desinteresse, a benevolência, o ardente desejo de amparar, a prece fervorosa e a confiança em Deus, numa palavra, todas as qualidades morais. O poder magnético é puramente orgânico; pode, como a força muscular, ser dado a todo mundo, mesmo ao homem perverso; porém, apenas o homem de bem dele se serve, exclusivamente, para o bem, sem pensamento oculto de interesse pessoal, nem de satisfação do orgulho ou de vaidade, seu fluido mais depurado possui propriedades benévolas e reparadoras que não pode ter o do homem vicioso e interesseiro.

Todo efeito mediúnico, como foi dito, é o resultado da combinação dos fluidos emitidos por um espírito e pelo médium; através dessa união, esses fluidos adquirem propriedades novas que não teriam, separadamente, ou pelo menos, não teriam no mesmo grau. A prece, que é uma verdadeira evocação, atrai os bons espíritos apressados em vir secundar os esforços do homem bem-intencionado, enquanto que o fluido do homem vicioso alia-se ao dos maus espíritos que o cercam.

O homem de bem que não tivesse o poder fluídico não poderia, portanto, senão pouca coisa por si próprio, apenas poderia pedir a assistência dos bons espíritos, porém sua ação pessoal é quase nula; um grande poder fluídico aliado à maior soma possível de qualidades morais, pode operar verdadeiros prodígios de curas.

53. A ação fluídica é, além disso, poderosamente secundada pela confiança do doente, e Deus recompensa, frequentemente, sua fé, pelo sucesso.

54. Só a superstição pode associar uma virtude a certas palavras, e espíritos ignorantes ou mentirosos só podem entreter-se com ideias semelhantes, prescrevendo fórmulas quaisquer. Entretanto, pode acontecer que, para pessoas pouco esclarecidas e incapazes de compreender as coisas puramente espirituais, o emprego de uma fórmula de prece ou de uma prática determinada contribui para lhes dar confiança; nesse caso, não é a fórmula que é eficaz, mas a fé que é aumentada pela ideia associada ao emprego da fórmula.

55. Não se deve confundir os *médiuns curadores* com os *médiuns receitistas*; estes últimos são simples médiuns escreventes, cuja especialidade é de servir mais facilmente de intérpretes aos espíritos para as prescrições médicas; mas não fazem absolutamente senão transmitir o pensamento do espírito e não têm, de si próprios, nenhuma influência.

§ VII. Da obsessão e da possessão

56. A obsessão é o poder que maus espíritos exercem sobre certas pessoas, com vistas a dominá-las e a submetê-las à sua vontade, pelo prazer que experimentam de fazer o mal.

Quando um espírito, bom ou mau, quer agir sobre um indivíduo, ele o envolve, por assim dizer, com seu perispírito como um manto; os fluidos penetram-se, os dois pensamentos e as duas vontades confundem-se, e o espírito pode, então, servir-se desse corpo como do seu próprio, fazê-lo agir segundo sua vontade, falar, escrever, desenhar, tais são os médiuns. Se o espírito é bom, sua ação é suave, benévola, só o faz fazer boas coisas, se é mau, faz com que faça as más, se é perverso e maldoso, enlaça-o como num fio, paralisa até sua vontade, sua consciência mesmo, que abafa sob seu fluido, como se abafa o fogo sob uma camada de água;

fá-lo pensar, agir por ele, empurra-o, contra sua vontade, para atos extravagantes ou ridículos, numa palavra, ele o magnetiza, o cataleptiza moralmente, e o indivíduo torna-se um instrumento cego de suas vontades. Tal é a causa da obsessão, da fascinação e da subjugação que se mostram em graus de intensidade bem diversos. É o paroxismo da subjugação, a que chamamos vulgarmente *possessão*. Deve-se observar que, nesse estado, o indivíduo tem a consciência de que o que faz é ridículo, mas é constrangido a fazê-lo, como se um homem mais vigoroso o fizesse mover, contra sua vontade, seus braços, suas pernas e sua língua.

57. Já que os espíritos sempre existiram, sempre desempenharam o mesmo papel, porque esse papel está na Natureza, e a prova está no grande número de pessoas obsidiadas ou possessas, se o quisermos, antes que estivessem em questão os espíritos, ou que, nos nossos dias, nunca tivessem ouvido falar de Espiritismo, nem de médiuns. A ação dos espíritos, bons ou maus, é, portanto, espontânea; a dos maus produz uma multidão de perturbações na economia moral e mesmo física que, por uma ignorância da causa verdadeira, atribuía-se a causas errôneas. Os maus espíritos são inimigos invisíveis tanto mais perigosos quanto não se supunha sua ação. O Espiritismo, colocando-os a descoberto, vem revelar uma nova causa a certos males da Humanidade; conhecida a causa, não se procurará mais combater o mal por meios que se sabe, daqui em diante, inúteis, procurar-se-âo os mais eficazes. Ora, que é que fez descobrir essa causa? A mediunidade; é através da mediunidade que esses inimigos ocultos traíram sua presença; ela fez por eles o que o microscópio fez pelos infinitamente pequenos: revelou todo um mundo. O Espiritismo não atraiu absolutamente os maus espíritos; ele os revelou, e deu os meios para paralisar sua ação, e, por conseguinte, afastá-los. Ele não trouxe, portanto, absolutamente, o mal, já que o mal existia de todos os tempos; ele traz, ao contrário, o remédio para o mal, mostrando-lhe a causa. Uma vez reconhecida a ação do mundo invisível, ter-se-á a chave de uma multidão de fenômenos incompreendidos, e a *Ciência*, enriquecida por essa nova lei, verá abrir-se diante dela novos horizontes. QUANDO ELA AÍ CHE-GARÁ? *Quando não professar mais o materialismo*, pois o materialismo a estanca na sua impulsão e lhe opõe uma barreira intransponível.

58. Já que há maus espíritos que obsediam, há os bons que protegem, perguntamo-nos se os maus espíritos são mais poderosos que os bons.

Não é o bom espírito que é o mais fraco, é o médium, que não é bastante forte para sacudir o manto que lançaram sobre ele, para se livrar do aperto dos braços que o enlaçam e nos quais, é preciso dizer, algumas vezes se compraz. Nesse caso, compreende-se que o bom espírito não possa levar a melhor, já que se prefere um outro. Admitamos agora o desejo de se desvencilhar desse envoltório fluídico do qual o seu está invadido, como uma vestimenta está invadida pela umidade, o desejo não será suficiente. A vontade não é sempre suficiente.

Trata-se de lutar contra um adversário; ora, quando dois homens lutam corpo a corpo, é aquele que tem músculos mais fortes que abate o outro. Com um espírito é preciso lutar, não corpo a corpo, mas espírito a espírito, e é ainda o mais forte que leva a melhor; aqui, a força está na *autoridade* que se pode ter sobre o espírito, e essa autoridade está subordinada à superioridade moral. A superioridade moral é como o Sol que dissipa o nevoeiro pelo poder de seus raios. Esforçar-se por ser bom, por se tornar melhor, se já é bom, purificar-se das suas imperfeições, numa palavra, elevar-se moralmente o mais possível, eis o meio de adquirir o poder de comandar os espíritos inferiores para afastá-los, de outra maneira, zombam das vossas injunções. (*O Livro dos Médiuns*, itens 252 e 279.)

Entretanto, dir-se-á, por que os espíritos protetores não lhes ordenam para que se retirem? Sem dúvida, podem e o fazem algumas vezes; porém, permitindo a luta, deixam também o mérito da vitória; se deixam, de certo, modo debaterem-se pessoas que têm méritos, é para experimentar sua perseverança e fazer-lhes adquirir *mais força* no bem; é para elas uma espécie de *ginástica moral.*

Algumas pessoas prefeririam, sem dúvida, uma outra receita mais fácil para espantar os maus espíritos: algumas palavras a dizer ou alguns sinais a fazer, por exemplo, o que seria mais cômodo do que corrigir-se de seus defeitos. Ficamos aborrecidos, mas não conhecemos nenhum meio eficaz para *vencer um inimigo do que ser mais forte que ele.* Quando se está doente, é preciso resignar-se a tomar um remédio, por mais amargo que seja; mas também, quando se teve a coragem de beber, como nos sentimos bem, e como se é forte! É preciso, portanto, bem persuadir-se de que não há, para atingir esse objetivo, nem palavras sacramentais, nem fórmulas, nem talismãs, nem sinais materiais quaisquer. Os maus espíritos riem-se e se divertem frequentemente indicando aquelas que eles têm sempre o cuidado de dizer infalíveis, para melhor captar a confiança daqueles de quem querem abusar, porque então, estes, confiantes na virtude do processo, abandonam-se sem temor.

Antes de esperar domar o mau espírito, é preciso domar-se a si mesmo. De todos os meios para adquirir a força para aí chegar, o mais eficaz é a vontade secundada pela prece, a prece de coração compreende-se, e não palavras nas quais a boca tem maior parte que o pensamento. É preciso pedir ao seu anjo guardião e aos bons espíritos que nos assistam na luta; mas não é suficiente pedir-lhes que afastem o mau espírito, é preciso lembrar-se dessa máxima: *Ajuda-te, e o céu te ajudará,* e pedir-lhes, sobretudo, a força que nos falta para vencer nossos maus pendores que são para nós piores que os maus espíritos, pois são esses pendores que os atraem, como a podridão atrai os pássaros predadores. Orar também pelo espírito obsessor, é pagar-lhe o mal com o bem, e mostrar-se melhor que ele, já é uma superioridade. Com a perseverança, termina-se, na maioria das vezes, por conduzi-lo a melhores sentimentos e do perseguidor, fazer um agradecido.

Em resumo, a prece fervorosa, e os esforços sérios para melhorar-se são os únicos meios de afastar os maus espíritos que reconhecem seus mestres naqueles que praticam o bem, enquanto que as fórmulas os fazem rir, a cólera e a impaciência os excitam. É necessário cansá-los, mostrando-se mais paciente do que eles. Mas acontece algumas vezes que a subjugação aumenta a ponto de paralisar a vontade do obsidiado, e dele não se pode esperar qualquer concurso sério. É então, sobretudo, que a intervenção de terceiros torna-se necessária, seja pela prece, seja pela ação magnética; mas a potência dessa intervenção depende também do ascendente moral que os interventores podem ter sobre os espíritos; pois se não valem mais do que aqueles, sua ação é estéril. A ação magnética nesse caso, tem por efeito fazer penetrar o fluido do obsidiado num fluido melhor, e de desligar o do espírito mau; operando, o magnetizador deve ter o duplo objetivo de opor uma força moral a uma força moral, e de produzir sobre o indivíduo uma espécie de reação química, para nos servir de uma comparação material, expulsando um fluido através de um outro fluido. Por aí, opera não somente um desligamento salutar, mas dá força aos órgãos enfraquecidos por uma longa e frequentemente vigorosa opressão. Compreende-se, de resto, que a potência da ação fluídica está na razão, não somente da energia da vontade, mas, sobretudo, na qualidade do fluido introduzido, e, após o que dissemos, que essa qualidade depende da instrução e das qualidades morais do magnetizador; donde se segue que um magnetizador comum que agiria maquinalmente para magnetizar pura e simplesmente, produziria pouco ou nenhum efeito; é preciso com toda necessidade, de um magnetizador *espírita*, agindo com conhecimento de causa, com a intenção de produzir, não o sonambulismo ou uma cura orgânica, porém, os efeitos que acabamos de descrever. É evidente, por outro lado, que uma ação magnética, dirigida nesse sentido, só pode ser útil nos casos de obsessão comum, porque então, se o magnetizador é secundado pela vontade do obsidiado, o espírito é combatido por dois adversários, em vez de um.

É preciso dizer, também, que sobrecarregam-se os espíritos estranhos de malefícios dos quais são bem inocentes; certos estados doentios e certas aberrações que atribuem-se a uma causa oculta, partem simplesmente, às vezes, do espírito do próprio indivíduo. As contrariedades, que mais comumente concentram-se em si mesmo, as angústias amorosas, sobretudo, fizeram cometer muitos atos excêntricos, que ter-se-ia enganado em colocar na conta da obsessão. Frequentemente, somos nossos próprios obsessores.

Acrescentamos, finalmente, que certas obsessões tenazes, sobretudo nas pessoas de mérito, fazem parte, algumas vezes, das provas às quais estão submetidas. "Acontece mesmo, às vezes, que a obsessão, quando é simples, é uma tarefa imposta ao obsidiado que deve trabalhar para a melhora do obsessor, como um pai a de um filho vicioso."

(Remetemos para maiores detalhes ao *O Livro dos Médiuns.*)

A prece é, geralmente, um meio poderoso para ajudar à libertação dos obsidiados, mas não é uma prece de palavras, ditas com indiferença e como uma fórmula banal, que pode ser eficaz em caso semelhante; é preciso uma prece ardente que seja, ao mesmo tempo, uma espécie de magnetização mental; pelo pensamento pode-se levar ao paciente uma corrente fluídica salutar, cuja potência está na razão da intenção. A prece não tem somente, portanto, por efeito invocar um socorro estranho, mas exercer uma ação fluídica. O que uma pessoa não pode fazer sozinha, várias pessoas unidas pela intenção, numa prece coletiva e reiterada, frequentemente o podem, é o poder da ação sendo aumentado pelo número.

59. A ineficácia do exorcismo nos casos de possessão é constatada pela experiência, e está provado que na maior parte do tempo, aumenta muito mais o mal do que o diminui. A razão disso, é que a influência está inteiramente no ascendente moral exercido sobre os maus espíritos, e não num ato exterior, na virtude das palavras e dos sinais. O exorcismo consiste nas cerimônias e nas fórmulas das quais riem os maus espíritos, enquanto que cedem à superioridade moral que se lhes impõe; veem que se quer dominá-los através de meios impotentes, que se pensa intimidá-los por um aparelho vão, e querem mostrar-se como os mais fortes, é por isso que continuam; são como o cavalo suscetível que atira ao chão o cavaleiro inábil, e que se dobra quando encontrou seu senhor; ora, o verdadeiro senhor, aqui, é o homem de coração mais puro, porque é ele que é o mais ouvido pelos bons espíritos.

60. O que um espírito pode fazer sobre um indivíduo, vários espíritos podem fazê-lo sobre vários indivíduos, simultaneamente, e dar à obsessão um caráter epidêmico. Uma nuvem de maus espíritos pode invadir uma localidade, e, ali, manifestar-se de diversas maneiras. É uma epidemia desse gênero que flagelava, na Judeia, do tempo do Cristo; ora, o Cristo, pela sua imensa superioridade moral tinha sobre os demônios ou maus espíritos uma tamanha autoridade, que bastava-lhe dizer que se retirassem, para que o fizessem, e não empregava para isso nem sinais, nem fórmulas.

61. O Espiritismo é fundamentado sobre a observação dos fatos que resultam das relações entre o mundo visível e o mundo invisível. Esses fatos, estando na Natureza, produziram-se em todas as épocas, e abundam, sobretudo, nos livros sagrados de todas as religiões, porque serviram de base para a maioria das crenças. É por não compreendê-los que a *Bíblia* e os Evangelhos oferecem tantas passagens obscuras e que foram interpretadas em sentidos tão diferentes; o Espiritismo é a chave que deve facilitar a compreensão.

Dos homens duplos e das aparições de pessoas vivas

É um fato, hoje, constatado, e, perfeitamente, explicado, que o espírito, isolando-se de um corpo vivo, pode, com a ajuda de seu envoltório fluídico perispiritual, aparecer num outro local diferente daquele onde está o corpo material; mas, até o presente, a teoria, de acordo com a experiência, parece demonstrar que essa separação só pode acontecer durante o sono, ou, pelo menos, durante a inatividade dos sentidos corporais. Os fatos seguintes, se fossem exatos, provariam que se pode produzir, igualmente, no estado de vigília. Foram extraídos da obra alemã: *Les Phénomènes Mystiques de la Vie Humaine*,[7] por Maximilien Perty, professor da Universidade de Berna, publicado em 1861. (Leipzig e Heidelberg.)

1. "Um proprietário rural foi visto pelo seu cocheiro no estábulo, com os olhos voltados para os animais, no momento em que estava comungando na igreja. Ele contou isto, mais tarde, ao seu pastor, que lhe perguntou, no que havia pensado, no momento da comunhão. — Mas, ele respondeu, se devo dizer a verdade, pensava nos meus animais. — Eis explicada a sua aparição, replicou o eclesiástico."

---

[7] *Os Fenômenos Místicos da Vida Humana.* (Nota da Tradutora.)

O sacerdote estava com a razão, pois o pensamento, sendo o atributo essencial do espírito, este deve se achar onde se põe o pensamento. A questão é saber se, no estado de vigília, o desligamento do perispírito pode ser bastante grande para produzir uma aparição, o que implicaria uma espécie de desdobramento do espírito, do qual uma parte animaria o corpo fluídico, e outra, o corpo material. Isto nada tem de impossível, se se considera que, quando o pensamento se concentra num ponto afastado, o corpo não age, senão, mecanicamente, por uma espécie de impulsão mecânica, o que acontece, sobretudo, com as pessoas distraídas; apenas está animado da vida material; a vida espiritual segue o espírito. É, portanto, provável que o homem em questão experimentou, nesse momento, uma forte distração, e que seus animais o preocupavam mais do que sua comunhão.

O fato seguinte entra nessa categoria, mas apresenta uma particularidade mais notável.

2. "O juiz de um cantão, J... em Fr..., enviou, um dia, seu empregado a uma cidadezinha dos arredores. Após um certo lapso de tempo, viu-o voltar, pegar um livro do armário e folheá-lo. Perguntou-lhe, bruscamente, por que ainda não tinha partido; o empregado desapareceu com essas palavras; o livro caiu ao chão, e o juiz o coloca aberto sobre uma mesa como havia caído. À noite, quando o empregado chegou de volta, o juiz perguntou-lhe se não lhe tinha acontecido nada na estrada, se não tinha voltado no quarto, onde se encontrava nesse momento. — Não, respondeu o empregado; caminhei pela estrada com um dos meus amigos; atravessando a floresta, tivemos uma discussão a respeito de uma planta que tínhamos encontrado, e eu dizia que se eu estivesse em casa, ser-me-ia fácil mostrar a página de *Linné* que me daria razão. — Era justamente este livro que havia ficado aberto na página indicada."

Por mais extraordinário que seja o fato, não se saberia dizer se é materialmente impossível, pois estamos longe de conhecer ainda todos os fenômenos da vida espiritual; todavia, ele tem necessidade de confirmação. Em caso semelhante, seria preciso poder constatar, de uma maneira positiva, o estado do corpo, no momento da aparição. Até que prove o contrário, duvidamos que a coisa seja possível, quando o corpo está numa atividade inteligente.

Os fatos seguintes são mais extraordinários ainda e confessamos, francamente, que nos inspiram mais do que dúvidas. Compreende-se, facilmente, que a aparição do espírito de uma pessoa viva seja vista por uma terceira pessoa, mas não que um indivíduo possa ver sua própria aparição, sobretudo, nas circunstâncias relatadas logo a seguir.

3. "O secretário do governo Triptis, em Weimar, voltando à chancelaria para ali procurar um pacote de atos dos quais tinha uma grande necessidade, viu-se já sentado na sua cadeira habitual, e tendo os atos diante de si. Apavora-se, volta para casa, e envia sua empregada com a ordem de pegar os atos que ela encontraria no seu lugar de costume. Esta lá vai, e vê, igualmente, seu patrão sentado na sua cadeira."

4. "Becker, professor de Matemática em Rostok, tinha amigos, em sua casa, à mesa. Uma controvérsia teológica aflora entre eles. Becker vai à sua biblioteca procurar uma obra que devia decidir a questão, e ali se vê sentado no seu lugar habitual. Olhando acima do ombro do seu outro eu, percebe que este lhe mostra a seguinte passagem na *Bíblia* aberta: "Arruma tua casa, pois deves morrer." Volta até seus amigos, que se esforçam, em vão, para demonstrar-lhe a loucura de dar a menor importância a essa visão. — *Ele morreu no dia seguinte.*"

5. "Hoppack, autor da obra: *Materiais para o Estudo da Psicologia*, diz que o abade Steinmetz, tendo muita gente em sua casa, no seu quarto, viu-se, ao mesmo tempo, no seu jardim, no seu lugar favorito. Apontando-se, primeiramente, com o dedo, depois, seu duplo, diz: — Eis Steinmetz, o mortal, aquele outro lá, é imortal."

6. "F..., da cidade de Z..., que foi, mais tarde, juiz, encontrando-se durante a juventude, no campo, foi solicitado por uma moça da casa para ir procurar uma sombrinha, que esquecera no seu quarto. Foi, e viu a moça sentada à sua mesa trabalhando, porém mais pálida do que a havia deixado; ela olhava diante de si. F..., apesar do medo, pegou a sombrinha que estava ao lado dela e a levou. Vendo seus traços perturbados, ela lhe disse: — Confesse que você viu alguma coisa, você me viu. Mas não se preocupe, não estou prestes a morrer. Eu sou dupla (em alemão *Doppelgaenger*, literalmente: alguém que caminha em dobro); estava em pensamento junto ao meu trabalho, e já encontrei, com frequência, minha imagem ao meu lado. Não fazemos nada."

7. "O Conde D... e as sentinelas pensaram ter visto, numa noite, a Imperatriz Elisabeth da Rússia, sentada no seu trono, na sala em que este se localizava, em trajes solenes, enquanto ela estava deitada e adormecida. A dama de honra em serviço, que também estava disso convencida, foi acordá-la. A imperatriz encontrava-se, também, na sala do trono, e aí viu sua imagem. Ordenou a uma sentinela que fizesse fogo; a imagem desapareceu, então. A imperatriz morreu três meses depois."

8. "Um estudante, chamado Elger, tornou-se muito melancólico depois de se ter visto, com frequência, numa roupa vermelha que usava habitualmente. Nunca via o seu rosto, mas os contornos de uma forma vaporosa que parecia com ele, sempre ao crepúsculo ou ao luar. Via a imagem no lugar em que acabava de ter estudado por muito tempo."

9. "Uma professora francesa, Émilie Sagée, perdeu 19 vezes seu cargo, porque aparecia em toda parte em dobro. As moças de um pensionato em Neuwelke, em Livônia, viam-na, algumas vezes, na sala ou no jardim; enquanto ela se encontrava, na realidade, fora. De outras vezes, elas viam, diante do quadro, durante a aula, duas Sagée, uma ao lado da outra, exatamente semelhantes, fazendo os mesmos movimentos, com esta única diferença: que só a verdadeira Sagée tinha um pedaço de giz na mão, com o qual escrevia no quadro."

A obra do Sr. Perty contém um grande número de feitos desse gênero. Deve-se observar que em todos os exemplos citados, o princípio inteligente está igualmente ativo nos dois indivíduos, e até mais ativo no ser material, o que deveria ser o contrário.

Mas o que nos parece uma impossibilidade radical, é que possa existir um antagonismo, uma divergência de ideias, de pensamentos e de sentimentos.

Esta divergência é manifesta, sobretudo no fato nº 4, em que um adverte o outro da sua morte, e no de nº 7, em que a imperatriz manda atirar contra seu outro eu.

Admitindo a divisão do perispírito e uma potência fluídica suficiente para manter no corpo sua atividade normal; supondo, também, a divisão do princípio inteligente, ou uma irradiação capaz de animar os dois seres e de lhe dar uma espécie de ubiquidade, este princípio é um e deve ser idêntico; não poderia, portanto, haver, de um lado, uma vontade que não existiria sem a outra, a menos que se admita que hajam espíritos gêmeos, como há gêmeos de corpos, quer dizer que dois espíritos identificam-se para encarnar num mesmo corpo, o que não é muito provável.

Em todas essas histórias fantásticas, se há algo para aproveitar, há também muito para deixar de lado, e a parte para se fazer lenda. O Espiritismo, bem longe de fazer com que aceitemos, cegamente, essas histórias, ajuda-nos a separar o verdadeiro do falso, o possível do impossível, com a ajuda das leis que ele nos revela e que tocam à constituição e ao papel do elemento espiritual. Não nos apressemos, todavia, em rejeitar *a priori* tudo o que não compreendemos, porque estamos longe de conhecer todas as leis, e a Natureza não nos disse todos os seus segredos. O mundo invisível é um campo de observações ainda novo do qual seria presunçoso pretender ter sondado todas as profundezas, quando novas maravilhas revelam-se, incessantemente, aos nossos olhos. Entretanto, há fatos cuja lógica e as leis conhecidas demonstram a impossibilidade material. Tal é, por exemplo, o que é contado na *Revista Espírita* do mês de fevereiro de 1859, página 41, sob o título de: "Meu Amigo Hermann". Tratava-se de um jovem alemão, da alta sociedade, meigo, benevolente, e de caráter honrado, que, todas as tardes, ao pôr do sol, caía num estado de morte aparente; durante esse tempo, seu espírito despertava entre os antípodas, na Austrália, no corpo de um bandido que terminaria por ser enforcado.

O simples bom senso demonstra que, supondo a possibilidade dessa dualidade corporal, o mesmo espírito não pode ser, alternadamente, durante o dia, um homem honesto num corpo, e durante a noite, um bandido, num outro corpo. Dizer que o Espiritismo dá crédito a semelhantes histórias, é provar que não se lhe conhece; já que ele dá os meios de provar-lhes o absurdo. Mas, ao mesmo tempo que demonstra o erro de uma crença, prova que, frequentemente, ela repousa sobre um princípio verdadeiro, desnaturado ou exagerado pela superstição; trata-se de despojar o fruto da casca.

Quantas histórias ridículas não se teve de fatos sobre o relâmpago, antes de se conhecer a lei da eletricidade! Acontece o mesmo no que concerne às relações do mundo visível e do mundo invisível; fazendo conhecer a lei dessas relações, o Espiritismo as reduz à realidade; mas esta realidade é ainda demasiada para aqueles que não admitem nem almas, nem mundo invisível; aos seus olhos, tudo o que sai do mundo visível e tangível é superstição; eis porque denigrem o Espiritismo.

Observação: A questão bem interessante *dos homens duplos* e a dos *agêneres* que a eles se ligam estreitamente, foram, até aqui, relegadas ao segundo plano pela ciência espírita, por falta de documentos suficientes para sua inteira elucidação. Essas manifestações, por mais estranhas que sejam, por mais incríveis que pareçam, à primeira vista, sancionadas pelas narrativas dos historiadores mais sérios da Antiguidade e da Idade Média, confirmadas pelos acontecimentos recentes, anteriores ao advento do Espiritismo ou contemporâneos, não podem, de nenhuma forma, ser revogadas pela dúvida. *O Livro dos Médiuns*, no artigo intitulado: "Visitas espirituais entre pessoas vivas"[8] e a *Revista Espírita*, em numerosas passagens, confirmam a existência de

---

[8] Ver Aparições de espíritos de pessoas vivas. (N.E.)

maneira mais incontestável. De uma associação e de um exame aprofundado de todos os fatos, resultaria talvez uma solução, pelo menos parcial da questão, e a eliminação de algumas das dificuldades das quais parece envolvida.

Seríamos obrigados, por aqueles nossos correspondentes que quisessem fazer disso objeto de um estudo especial, seja pessoalmente, seja por intermédio dos espíritos, a comunicar o resultado de suas pesquisas, no interesse, é claro, da difusão da verdade.

Percorrendo rapidamente os anos anteriores da *Revista Espírita*, e associando os fatos assinalados e as teorias emitidas para explicar-lhes, chegamos a concluir que seria conveniente, talvez, dividir os fenômenos em duas categorias bem distintas, o que permitiria aplicar-lhes explicações diferentes e demonstrar que as impossibilidades que se opõem à sua aceitação, pura e simples, são muito mais aparentes do que reais. (Ver, a esse respeito, os artigos da *Revista Espírita* de janeiro de 1859, "O Duende de Bayonne"; fevereiro de 1859, "Os Agêneres", "Meu Amigo Hermann"; maio de 1859, "O Elo entre o Espírito e o Corpo"; novembro de 1859, "A Alma Errante", janeiro de 1860, "O Espírito de um Lado e o Corpo do Outro"; março de 1860, "Estudo sobre o Espírito das Pessoas Vivas: O Doutor V... e a Srta. I..."; abril de 1860, "O Fabricante de São Petersburgo"; "Aparições Tangíveis"; novembro de 1860, "História de Maria d'Agreda"; julho de 1861, "Uma Aparição Providencial", etc., etc.)

A faculdade de expansão dos fluidos perispirituais é, hoje, superabundantemente demonstrada pelas operações cirúrgicas mais dolorosas, executadas em doentes adormecidos, seja pelo clorofórmio e o éter, seja pelo magnetismo animal. Não é raro, com efeito, ver esses últimos entretendo-se com os assistentes sobre coisas agradáveis e alegres, ou transportando-se para longe, em espírito, enquanto que o corpo se contorce, com todas as aparências de horríveis torturas; a máquina humana, imobilizada completamente, ou em parte, se rasga sob o escalpelo brutal do cirurgião, os músculos se agitam, os nervos se crispam e transmitem a sensação ao aparelho cerebrospinal; mas a alma que, no estado normal, só percebe a dor, e a manifesta exteriormente, momentaneamente afastada do corpo, submetida à impressão, dominada por outros pensamentos, por outras ações, é apenas, surdamente avisada, do que se passa no seu envoltório mortal e aí permanece, perfeitamente insensível. Quantas vezes não se viram soldados feridos gravemente, voltados inteiramente para o ardor do combate, perdendo todo seu sangue e sua força, lutar longamente ainda, sem perceber seus ferimentos? Um homem, muito preocupado, recebe um choque violento sem nada sentir, e só quando cessa a abstração da sua inteligência, é que reconhece ter sido ferido pela sensação dolorosa que experimenta. A quem não aconteceu, numa poderosa contenção do espírito, atravessar uma multidão tumultuosa e barulhenta, sem nada ver e sem nada ouvir, embora, todavia, o nervo óptico e o aparelho auditivo tenham percebido as sensações e as tenham transmitido, fielmente, à alma?

Não se duvida disso, pelos exemplos que precedem e por uma multidão de fatos que seria muito extenso relatar aqui, mas cada um é capaz de conhecer e apreciar; o corpo pode, de um lado, executar suas funções orgânicas, enquanto que o espírito é arrastado para longe das preocupações de uma outra ordem. O perispírito, indefinidamente expansível, conservando no corpo a elasticidade e a atividade necessárias à sua existência, acompanha constantemente o espírito, durante sua viagem distante no mundo ideal.

Se nos lembrarmos, aliás, da sua propriedade bem conhecida de condensação, que lhe permite tornar-se visível, sob as aparências corporais para os médiuns videntes, e, mais raramente, para quem quer que se encontre no lugar para onde é transportado o espírito, não se poderá mais colocar em dúvida a possibilidade dos fenômenos de ubiquidade.

Foi, portanto, para nós demonstrado que uma pessoa viva pode aparecer, simultaneamente, em duas localidades afastadas uma da outra; de um lado, com seu corpo real, de outro, com seu perispírito, condensado, momentaneamente, sob as aparências de suas formas materiais. Entretanto, de acordo com isso, como sempre, com Allan Kardec, só podemos admitir a ubiquidade quando reconhecemos uma similitude perfeita nos atos do ser aparente. Tais são, por exemplo, os fatos citados precedentemente sob os números 1 e 2: Quanto aos fatos seguintes, inexplicáveis para nós, aplicando-lhes a teoria da ubiquidade, eles nos parecem, senão indiscutíveis, pelo menos admissíveis, encarando-os por um outro ponto de vista.

Nenhum dos nossos leitores ignora a faculdade que possuem os espíritos desencarnados de aparecer, sob a aparência material, em certas circunstâncias, e mais particularmente, aos médiuns ditos videntes. Todavia, num certo número de casos, tais como as aparições visíveis e tangíveis para uma multidão ou para um certo número de pessoas, é evidente que a percepção da aparição não é devida à faculdade mediúnica dos assistentes, mas à realidade da aparência corporal do espírito, e nessa circunstância, como nos fatos da ubiquidade, esta aparência corporal é devida à condensação do aparelho perispiritual. Ora, se com mais frequência os espíritos, com o objetivo de se fazerem reconhecer, aparecem tais como eram como vivos, com as roupas que lhes eram mais habituais, não lhes é impossível apresentarem-se, seja vestidos diferentemente, seja mesmo sob traços quaisquer, tal, como por exemplo, "O Duende de Bayonne" que aparecia tanto sob sua forma pessoal, quanto sob as aparências de pessoas vivas e mesmo presentes. O espírito tinha o cuidado de fazer reconhecer sua identidade, apesar das formas variadas sob as quais se apresentava; mas como não tivesse feito nada disso, não é evidente que as testemunhas da manifestação tivessem sido persuadidas de que assistiam a um fenômeno de ubiquidade?

Se, considerando como um precedente esse fato, que está longe de ser isolado, procurarmos explicar da mesma maneira, os fatos n°s 3, 4, 5, 6, 7, 8 e 9, ser-nos-á talvez possível aceitar-lhes a realidade, enquanto que, admitindo a ubiquidade, a incompatibilidade dos pensamentos, o antagonismo dos sentimentos, e a atividade do organismo das duas partes, não nos permitem, absolutamente, vê-los como possíveis.

No fato nº 4, em vez de supor o professor Becker na presença de seu sósia, admitamos que tenha tido contato com um espírito que, aparecendo-lhe sob sua própria forma, todo antagonismo desaparece e o fenômeno entra no domínio do possível. Acontece o mesmo no fato nº 7. Não se compreende Elisabeth da Rússia, fazendo atirar em sua própria imagem, mas admite-se perfeitamente que o fizesse um espírito que tomara sua aparência para mistificá-la. Certos espíritos tomam, às vezes, um nome suposto, e tomam o estilo e as formas de um outro para obter a confiança dos médiuns e o acesso aos grupos; o que haveria de impossível em um espírito orgulhoso ficar satisfeito por tomar a forma da Imperatriz Elisabeth e de se sentar no trono para dar uma vã satisfação aos seus sonhos de ambição? E, assim, noutros fatos.

Damos esta explicação apenas àqueles para quem ela vale; é aos nossos olhos apenas uma suposição bastante plausível e não a solução real dos fatos; mas tal como está, pareceu-nos de natureza a esclarecer a questão, chamando sobre ela as luzes da discussão e da refutação. É a esse título que a submetemos aos nossos leitores. Que possam as reflexões que provocarem, as meditações às quais poderão dar lugar, cooperar com a elucidação de um problema que não pudemos senão fazer aflorar, deixando aos mais dignos, dissipar a obscuridade na qual ele ainda está envolvido.

(*Nota da Redação.*)[9]

---

[9] (N. O. F., N.E.)

Controvérsias sobre a ideia da existência de seres intermediários entre o homem e Deus

N., 4 de fevereiro de 1867.

Caro Mestre,

Há algum tempo que não dou sinal de vida; tendo estado muito ocupado, todo o tempo da minha estada em Lyon, não pude fazer uma narrativa tão perfeita, quanto gostaria de ter feito, do estado atual da doutrina neste grande centro. Assisti apenas a uma reunião espírita; entretanto, pude constatar que, nesses meios, a fé primeira é sempre a que deve estar nos corações verdadeiramente sinceros.

Em outros diferentes centros do Midi,[10] ouvi discutirem essa opinião, emitida por alguns magnetizadores: de que muitos fenômenos, *ditos espíritas*, são simplesmente efeitos de sonambulismo e que o Espiritismo apenas substituiu o magnetismo, ou melhor, disfarçou-se com seu nome. É, como vedes, um novo ataque dirigido contra a mediunidade. Assim, segundo essas pessoas, tudo o que escrevem os médiuns é o resultado das faculdades da alma encarnada; é ela que, desligando-se momentaneamente, pode

---

[10] **Midi:** o sul da França. (N.T.)

ler no pensamento das pessoas presentes; é ela que vê a distância e prevê os acontecimentos; é ela que, através de um fluido magnético espiritual, agita, sustenta, vira as mesas, percebe os sons, etc., tudo, numa palavra, repousaria sobre a essência anímica, sem a intervenção de seres puramente espirituais.

Não é uma novidade que vos trago, me diríeis. Tenho, com efeito, ouvido, eu mesmo, há alguns anos, essa tese ser sustentada por alguns magnetizadores; mas, hoje, procura-se implantar essas ideias que são, segundo penso, contrárias à verdade. É sempre um erro tombar para os extremos, e, há tanto exagero em tudo relacionar ao sonambulismo, que caberia aos espíritas negar as leis do magnetismo. Não se poderia tomar à força as leis magnéticas, da mesma forma que ao espírito as leis puramente espirituais.

Onde cessa o poder da alma sobre o corpo? Qual é a parte dessa força inteligente nos fenômenos do magnetismo? Qual é a do organismo? Eis questões cheias de interesse, questões graves para a Filosofia como para a Medicina.

Aguardando a solução desses problemas, vou citar-vos algumas passagens de Charpignon, esse doutor de Orléans, que é partidário da transmissão do pensamento. Vereis que ele se reconhece, ele próprio, impotente para demonstrar, *na visão propriamente dita*, que a causa vem da extensão do *simpático orgânico*, como o pretendem vários autores.

Ele diz, na página 289:

"Acadêmicos, dobrem os trabalhos de seus candidatos; moralistas, promulguem leis para a sociedade, o mundo, esse mundo que ri de tudo, que quer seu prazer a despeito das leis de Deus e dos direitos do homem, desfaz dos seus esforços, pois ele tem a seu serviço uma potência que vocês não imaginam, e que deixaram crescer, de tal forma, que não podem mais fazê-la parar."

Página 323:

"Compreendemos bem, até aqui, o modo da transmissão do pensamento, mas nos tornamos impotentes para compreender essas leis de simpatia harmônica, o sistema pelo qual o homem forma, nele próprio, esse ou aquele pensamento, essa ou aquela imagem, e essa solicitação de objetos exteriores. Isso parte das propriedades do organismo, e a psicologia encontrando nessa faculdade rememorativa ou *criadora*, segundo o desejo do homem, alguma coisa de antagônico com as propriedades do organismo, faz com que ela dependa de um ser substancial diferente da matéria. Começamos, então, a encontrar no fenômeno do pensamento algumas lacunas entre a capacidade das leis fisiológicas do organismo e o resultado obtido. O rudimento do fenômeno, se se pode explicar assim, é mesmo fisiológico, porém, sua extensão, verdadeiramente prodigiosa, *não o é mais*; e, é preciso aqui admitir que o homem goza de uma faculdade que não pertence a nenhum dos dois elementos materiais com os quais, até o presente, o vimos compor. O observador de boa-fé reconhecerá, então, desde aqui, *uma terceira parte* que entrará na composição do homem, parte que começa a se revelar para ele, do ponto de vista da psicologia magnética, através dos caracteres novos, e que se reportam àqueles que os filósofos concedem à alma.

Mas a existência da alma encontra-se mais fortemente demonstrada através do estudo de algumas outras faculdades do sonambulismo magnético. Assim, a visão a distância, quando é completa e claramente desligada da transmissão do pensamento, não poderia, ao nosso entender, explicar-se pela extensão do simpático orgânico."

Depois, página 330:

"Tínhamos, como se vê, grandes motivos para adiantar que *o estudo* dos fenômenos magnéticos tinha grandes relações com a Filosofia e a Psicologia. Assinalamos um *trabalho* a fazer, e para ele convidamos os homens especiais."

Nas páginas seguintes, há a questão dos seres imateriais e suas relações possíveis com nossos indivíduos.

Página 349:

"Está fora de dúvida para nós, e precisamente por causa das leis psicológicas que esboçamos nesse trabalho, que a *alma humana pode ser esclarecida,* diretamente, seja por Deus, *seja por uma outra inteligência.* Cremos que essa comunicação sobrenatural pode acontecer no estado normal, como no estado extático, seja espontâneo ou artificial."

Página 351:

"Mas voltamos a dizer que a previsão natural no homem é limitada e só poderia ser tão precisa, tão constante e tão largamente exposta quanto as previsões que foram feitas pelos profetas sagrados ou pelos homens que eram inspirados por uma inteligência superior à alma humana."

Página 391:

"A Ciência e a crença no mundo sobrenatural são dois termos antagônicos; porém, apressamo-nos a dizê-lo, que é por causa dos exageros que surgiram dois lados. É possível, segundo pensamos, que a Ciência e a lei façam aliança, e então, o espírito humano encontrar-se-á ao nível de sua perfectibilidade terrestre."

Página 396:

"O *Antigo*, como o *Novo Testamento*, assim como os anais da História de todos os povos estão cheios de fatos que não podem se explicar de outra forma, senão pela ação de *seres superiores* ao homem; aliás, os estudos de antropologia, de metafísica e de ontologia, provam a realidade da existência de *seres imateriais* entre o homem e *Deus*, e a possibilidade da sua influência sobre a espécie humana."

Eis, agora, a opinião de uma das principais autoridades em magnetismo, sobre a existência de seres fora da Humanidade. Ela foi extraída da correspondência de Deleuze com o doutor Billot:

"O único fenômeno que parece estabelecer a comunicação com os seres imateriais, são as aparições. Há disso vários exemplos, e como estou convencido da imortalidade da alma, não vejo razões para negar a possibilidade da aparição de pessoas que, tendo deixado essa vida, *ocupam-se daqueles a quem amaram*, e vêm apresentar-se a eles para lhes dar conselhos salutares."

O doutor Ordinaire, de Mâcon, outra autoridade nessa matéria, exprime-se assim:

"O fogo sagrado, a influência secreta (de Boileau), a inspiração, não provêm, portanto, dessa ou daquela contextura, assim como pretendem os frenólogos, mas de uma alma poética, *em relação com um Gênio mais poético ainda*. Acontece o mesmo com a música, com a pintura, etc. Essas inteligências superiores seriam almas desligadas da matéria, e elevando-se gradualmente, à medida que se depuram, até à grande, à inteligência universal que abarca todas, até Deus? Nossas almas, *após diversas migrações* não tomariam um lugar dentre os seres imateriais?

"Concluamos, diz o mesmo autor, do que precede: que o estudo da alma está ainda na sua infância; que, já que do pólipo ao homem existe uma série de inteligências, e que nada se interrompe bruscamente na Natureza, deve racionalmente existir, do homem até Deus, uma outra série de inteligências. O homem é o elo que une as inteligências inferiores associadas à matéria às inteligências superiores imateriais. Do homem até Deus, encontra-se uma série semelhante a que existe do pólipo ao homem, quer dizer, uma série de seres etéreos mais ou menos perfeitos, gozando de especialidades diversas, tendo empregos e funções variadas.

"Que essas inteligências superiores se revelem tangivelmente no sonambulismo artificial.

Que essas inteligências tenham com nossas almas relações íntimas.

Que é a essas inteligências que *devemos nossos remorsos* quando fazemos o mal; nossa satisfação, quando fazemos uma boa ação.

Que é a essas inteligências que os homens superiores devem suas boas inspirações.

Que é a essas inteligências que os extáticos devem a faculdade de prever o futuro e de anunciar acontecimentos futuros.

Enfim, que para agir sobre essas inteligências e torná-las propícias, *a virtude e a prece* têm uma ação poderosa."

Observação: A opinião de tais homens, e não são os únicos, tem certamente um valor que ninguém ousaria contestar; porém, seria sempre, apenas uma opinião mais ou menos racional, se a observação não viesse confirmá-la. O Espiritismo está inteiramente nas ideias que acabamos de citar; ele vem, somente, completá-las através das observações especiais, coordená-las dando-lhes a sanção da experiência.

Aqueles que se obstinam em negar a existência do mundo espiritual, e que não podem, todavia, negar os fatos, aplicam-se em procurar a causa exclusiva no mundo corporal; mas uma teoria, para ser verdadeira, deve buscar a razão em todos os fatos que a ela se ligam; um único fato contraditório a destrói, pois não há exceções nas leis da Natureza. Isto aconteceu com a maioria daquelas que foram imaginadas, no princípio, para explicar os fenômenos espíritas; quase todas caíram, uma a uma, diante dos fatos que não podiam abarcar. Após ter buscado, sem resultado, todos os sistemas, se é forçado a vir para as teorias espíritas, como as mais concludentes, porque não tendo sido formuladas prematuramente e sobre observações feitas superficialmente, englobam todas as variedades, todas as nuanças dos fenômenos. O que os fez aceitar tão rapidamente o maior número, é que cada um aí encontrou a solução completa e satisfatória do que havia, inutilmente, procurado em outra parte.

Entretanto, muitos as repelem ainda; elas têm isso de comum com todas as grandes ideias novas que vêm mudar os hábitos e as crenças, todas encontraram, durante longo tempo, contraditores ferrenhos, mesmo entre os homens mais esclarecidos. Mas chega um dia em que o que é verdadeiro deve sobrepor-se ao que é falso, e espantamo-nos, então, com a oposição que a ele se fez, como parecia natural. Assim, acontecerá com o Espiritismo; e o que se deve notar é que de todas as grandes ideias que revolucionaram o mundo, nenhuma conquistou em tão pouco tempo um número tão grande de partidários em todos os países e em todas as classes da sociedade. Eis por que os espíritas, cuja fé não é absolutamente cega, como seus adversários o pretendem, mas fundada sobre a observação, não se preocupam nem com seus contraditores, nem com aqueles que não comungam de suas ideias; dizem para si mesmos que a doutrina, partindo das próprias leis da Natureza, não pode apoiar-se sobre uma derrogação dessas leis, não pode deixar de prevalecer quando essas leis novas forem reconhecidas.

A ideia da existência de seres intermediários entre o homem e Deus, não é nova, como cada um sabe; mas pensava-se, geralmente, que esses seres formavam criações à parte; as religiões os designaram sob os nomes de anjos e de demônios; os pagãos os chamavam de deuses. O Espiritismo, vindo provar que esses seres não são outros, senão as almas dos homens, que chegaram aos diferentes graus da escala espiritual, traz de volta a criação à unidade grandiosa que é a essência das leis divinas. Ao invés de uma multidão de criações estacionárias que acusariam na Divindade o capricho ou a parcialidade, só há nela uma, essencialmente, progressiva, sem privilégio para nenhuma criatura, cada individualidade elevando-se, do embrião ao estado de desenvolvimento completo, como o gérmen do grão chega ao estado de árvore. O Espiritismo nos mostra, então, a unidade, a harmonia, a justiça na criação. Para ele, os demônios são as almas atrasadas, ainda manchadas dos vícios da Humanidade; os anjos são essas mesmas almas depuradas e desmaterializadas; e, entre esses dois pontos extremos, a multidão das almas que chegaram aos diferentes graus da escala progressiva; desse modo, estabelecia solidariedade entre o mundo espiritual e o mundo corporal.

Quanto à questão proposta: Qual é, nos fenômenos espíritas ou sonambúlicos, o limite, onde cessa a ação própria da alma humana, e onde começa a dos espíritos? Diremos que esse limite não existe, ou melhor, que ele nada tem de absoluto. Desde o instante em que não são absolutamente espécies distintas, que a alma é apenas um espírito encarnado, e o espírito, uma alma desligada dos laços terrestres, que é o mesmo ser em meios diferentes, as faculdades e as aptidões devem ser as mesmas. O sonambulismo é um estado transitório entre a encarnação e a desencarnação, um desligamento parcial, um pé colocado, por antecipação, no mundo espiritual. A alma encarnada, ou se quisermos, o próprio espírito do sonâmbulo ou do médium, pode, portanto, fazer quase o mesmo que faria a alma desencarnada, e até mais, se ela for mais adiantada, com essa diferença, entretanto, que pelo seu desligamento completo, a alma estando livre, tem percepções especiais inerentes ao seu estado.

A distinção entre o que, com efeito, é o produto direto da alma do médium e o que provém de uma fonte estranha é, às vezes, muito difícil de se fazer, porque, com muita frequência, essas duas ações se confundem e se corroboram. É assim que, nas curas pela imposição das mãos, o espírito do médium pode agir sozinho ou com a assistência de um outro espírito; que a inspiração poética ou artística pode ter uma dupla origem. Mas, embora seja uma distinção difícil, não quer dizer que seja impossível. A dualidade é frequentemente evidente, e, em todos os casos, resulta quase sempre de uma observação atenta.

Causa e natureza da clarividência sonambúlica

Explicação do fenômeno da lucidez

As percepções que acontecem no estado sonambúlico, sendo de natureza diversa das do estado de vigília, não podem ser transmitidas pelos mesmos órgãos. Sabe-se que, nesse caso, a visão não se efetua através dos olhos que estão, aliás, geralmente fechados, e que podem até ser colocados ao abrigo dos raios luminosos, de maneira a afastar qualquer suspeita. Além disso, a visão a distância e através dos corpos opacos exclui a possibilidade do uso dos órgãos comuns da visão. É preciso, necessariamente, portanto, admitir no estado de sonambulismo, o desenvolvimento de um sentido novo, sede de faculdades e de percepções novas que nos são desconhecidas e das quais não podemos nos aperceber, senão pela analogia e pelo raciocínio. Nesse caso, nada impossível de se conceber; mas qual é a sede desse sentido? Isso não é fácil de se determinar com exatidão. Os próprios sonâmbulos não dão a esse respeito nenhuma indicação precisa. Há os que, para ver melhor, aplicam objetos sobre o epigastro, outro sobre a testa, outro sobre o occipital. Esse sentido não parece, portanto, circunscrito num lugar determinado; é certo, todavia, que sua maior atividade reside nos centros nervosos. O que é positivo é que o sonâmbulo vê. Por onde e como? É o que ele próprio não pode definir.

Observemos, entretanto, que, no estado sonambúlico, os fenômenos da visão e as sensações que o acompanham são essencialmente diferentes do que acontece no estado comum; assim nos servimos da palavra *ver*, apenas como comparação, por falta de um termo que nos falta, naturalmente, para uma coisa desconhecida. Um povo de cegos de nascença não teria, absolutamente, palavra para exprimir a *luz*, e referiria as sensações que experimenta a algumas das que compreende, porque a isso está submetido.

Tentava-se explicar a um cego a impressão viva e brilhante da luz sobre os olhos. *Compreendo*, disse, *é como o som da trombeta*. Um outro, um pouco mais prosaico, sem dúvida, a quem se queria fazer compreender a emissão dos raios em feixes ou cones luminosos, respondeu: *Ah! sim, é como um pão de açúcar.* Estamos nas mesmas condições, a respeito da lucidez sonambúlica; somos verdadeiros cegos, e, como esses últimos para a luz, nós a comparamos ao que, para nós, tem mais analogia com a nossa faculdade visual; mas se queremos estabelecer uma analogia absoluta entre essas duas faculdades, e julgar uma pela outra, enganamo-nos, necessariamente, como os dois cegos que acabamos de citar. Aí está o erro de quase todos aqueles que procuram, pelo que se supõe, convencer-se pela experiência; querem submeter a clarividência sonambúlica às mesmas provas que a visão comum, sem pensar que não há relações entre elas, senão pelo nome que lhes damos, e como os resultados não correspondem sempre à sua expectativa, acham mais simples negar.

Se procedermos por analogia, diremos que o fluido magnético, espalhado por toda a Natureza e do qual os corpos animados parecem ser os principais focos, é o veículo da clarividência sonambúlica, como o fluido luminoso é o veículo das imagens percebidas pela nossa faculdade visual. Ora, assim como o fluido luminoso torna transparentes os corpos que atravessa livremente, o fluido magnético penetrando todos os corpos, sem exceção, faz com que não existam corpos opacos para os sonâmbulos. Tal a explicação mais simples e a mais material da lucidez, falando do nosso ponto de vista. Cremo-la justa, pois o fluido magnético representa, incontestavelmente, um papel importante nesse fenômeno; mas não poderia apreciar todos os fatos. Há uma outra que abarca todos, mas para qual algumas explicações preliminares são indispensáveis.

Na visão a distância, o sonâmbulo não distingue um objeto ao longe, como poderíamos fazê-lo através de um binóculo. *Não é, absolutamente, que esse objeto se aproxima dele por uma ilusão de óptica*, É ELE QUE SE APROXIMA DO OBJETO. Ele o vê precisamente como se estivesse ao seu lado; vê, a si mesmo, no lugar em que observa; em uma palavra, transporta-se para ali. Seu corpo, nesse momento, parece aniquilado, sua palavra é mais surda, o som da sua voz tem qualquer coisa de estranho; a vida animal parece nele apagar-se; a vida espiritual está toda inteira no lugar em que seu pensamento o transporta: só a matéria permanece no mesmo lugar. Há, portanto, uma porção do nosso ser que se separa do nosso corpo para se transportar, instantaneamente, através do Espaço, conduzida pelo pensamento e a vontade. Esta porção é, evidentemente, imaterial, senão, produziria alguns dos efeitos da matéria; é esta parte de nós mesmos que nós chamamos: *a alma.*

Sim, é a alma que dá ao sonâmbulo as faculdades maravilhosas das quais goza; a alma que, em dadas circunstâncias, manifesta-se, isolando-se, em parte, e momentaneamente, de seu invólucro corporal. Para qualquer um que tenha observado atentamente os fenômenos do sonambulismo em toda sua pureza, a existência da alma é um fato patente, e a ideia de que tudo termina em nós com a vida animal é para ele um contrassenso demonstrado até à evidência; assim, também, pode-se dizer, com alguma razão, que o magnetismo e o materialismo são incompatíveis; se há alguns magnetizadores que parecem afastar-se dessa regra e que professam as doutrinas materialistas, é que, sem dúvida, apenas fizeram um estudo muito superficial dos fenômenos físicos do magnetismo, e que não procuraram seriamente a solução do problema da visão a distância. Seja o que for, nunca vimos um único *sonâmbulo* que não tivesse sido penetrado por um profundo sentimento religioso, *quaisquer que pudessem ser suas opiniões, no estado de vigília.* Voltemos à teoria da lucidez. A alma, sendo o princípio das faculdades do sonâmbulo, é nela que reside, necessariamente, a clarividência, e não em tal ou qual parte circunscrita do nosso corpo. É por isso que o sonâmbulo não pode designar o órgão dessa faculdade, como designaria o olho para a visão exterior; ele vê através de todo seu ser moral, quer dizer, através de toda sua alma, pois a clarividência é um dos atributos de todas as partes da alma, como a luz é um dos atributos de todas as partes do fósforo. Em toda parte, portanto, onde a alma pode penetrar, há clarividência, daí a causa da lucidez dos sonâmbulos através de todos os corpos, sob os envoltórios mais espessos e a todas as distâncias.

Uma objeção apresenta-se naturalmente a esse sistema, e devemos apressar-nos em respondê-la. Se as faculdades sonambúlicas são as mesmas da alma desligada da matéria, por que essas faculdades não são constantes? Por que certas pessoas são mais lúcidas que outras? Por que a lucidez é variável na mesma pessoa? Concebe-se a imperfeição física de um órgão; não se concebe a da alma.

A alma prende-se ao corpo por laços misteriosos que não nos tinham sido dados a conhecer, antes que o Espiritismo nos tivesse demonstrado a existência e o papel do perispírito. Essa questão, tendo sido tratada de uma maneira especial na *Revista Espírita* e nas obras fundamentais da doutrina, nós não nos deteremos mais nela; limitar-nos-emos a dizer que é através dos nossos órgãos materiais que a alma se manifesta ao exterior. No nosso estado normal, essas manifestações estão naturalmente subordinadas à imperfeição do instrumento, assim como o melhor operário não pode fazer uma obra perfeita com ferramentas ruins. Por mais admirável que seja, portanto, a estrutura do nosso corpo, qualquer que tenha sido a previdência da Natureza em vista do nosso organismo para a execução das funções vitais, há, distante desses órgãos, sujeitos a todas as perturbações da matéria, a sutileza da nossa alma. Por mais tempo que a alma esteja presa ao corpo, ela sofre os entraves e as vicissitudes.

O fluido magnético não é absolutamente a alma; é um elo, um intermediário entre a alma e o corpo; é pela sua maior ou menor ação sobre a matéria que ele torna a alma mais ou menos livre; daí, a diversidade das faculdades sonambúlicas. O sonâmbulo é o homem que está livre apenas de uma parte de suas vestimentas, e cujos movimentos estão ainda prejudicados por aquelas que lhe restam.

A alma só terá sua plenitude e inteira liberdade quando tiver se libertado das últimas faixas terrestres, como a borboleta, saída de sua crisálida. Se o magnetizador fosse bastante poderoso para dar à alma uma liberdade absoluta, o laço terrestre seria rompido e a morte seria sua consequência imediata. O sonambulismo nos faz, portanto, colocar um pé na vida futura; levanta um canto do véu sob o qual escondem-se as verdades que o Espiritismo nos faz entrever, hoje; mas só a conheceremos na sua essência, quando estivermos inteiramente desvencilhados do véu material que a obscurece neste mundo.

A segunda vista

Conhecimento do futuro. Previsões

Se, no estado sonambúlico, as manifestações da alma tornam-se, de alguma forma, ostensivas, seria absurdo pensar que no estado normal ficasse confinada ao seu envoltório de maneira absoluta, como o caracol encerrado em sua carapaça. Não é, absolutamente, a influência magnética que a desenvolve; essa influência apenas a torna patente pela ação que exerce sobre nossos órgãos. Ora, o estado sonambúlico não é sempre uma condição indispensável para esta manifestação; as faculdades que vimos produzirem-se nesse estado, desenvolvem-se às vezes espontaneamente no estado normal em alguns indivíduos. Resulta-lhes, daí, a faculdade de ver além dos limites dos nossos sentidos; percebem as coisas ausentes em toda parte onde a alma estende sua ação; veem, se podemos nos servir dessa expressão, através da visão comum, e os quadros que descrevem, os fatos que narram, apresentam-se a eles como o efeito de uma miragem, é o fenômeno designado sob o nome de *segunda vista*. No sonambulismo, a clarividência é produzida pela mesma causa; a diferença é que, nesse estado, ela é isolada, independente da visão corporal, enquanto que, naqueles que dela são dotados, no estado de vigília, ela é simultânea.

A segunda vista não é, quase nunca, permanente; em geral, este fenômeno produz-se, espontaneamente, em dados momentos, sem ser um efeito da vontade, e provoca uma espécie de crise que modifica, algumas vezes, sensivelmente o estado físico: o olho tem algo de vago; parece olhar sem ver; toda a fisionomia reflete uma espécie de exaltação.

É notável que as pessoas que dela gozam, não a suspeitam; esta faculdade parece-lhes natural como a de ver através dos olhos; é para eles um atributo de seu ser, e que não lhes parece de modo algum fazer exceção. Juntem a isso que o esquecimento segue, muito frequentemente, essa lucidez passageira, cuja lembrança, cada vez mais vaga, termina por desaparecer, como a de um sonho.

Há graus infinitos na potência da segunda vista, desde a sensação confusa até a percepção tão clara e tão límpida quanto no sonambulismo. Falta-nos um termo para designar este estado especial, e sobretudo os indivíduos que a ele são suscetíveis; servimo-nos da palavra *vidente*, e embora não represente exatamente o pensamento, nós a adotaremos, até nova ordem, por falta de outra melhor.

Se nos referirmos agora aos fenômenos da clarividência sonambúlica da segunda vista, compreende-se que o vidente possa ter a percepção das coisas ausentes; como o sonâmbulo, ele vê a distância; segue o curso dos acontecimentos, julga sua tendência, e pode, em alguns casos, prever-lhe o resultado.

É esse dom da segunda vista que, no estado rudimentar, dá a certas pessoas o tato, a perspicácia, uma espécie de certeza nos seus atos, e que podemos chamar de justeza da visão moral. Mais desenvolvido, desperta os pressentimentos; mais desenvolvido ainda, mostra os acontecimentos efetuados ou a ponto de serem efetuados; enfim, tendo chegado ao seu apogeu, é o êxtase acordado.

O fenômeno da segunda vista, como dissemos, é quase sempre natural e espontâneo; mas parece se produzir mais frequentemente sob o império de certas circunstâncias. Os tempos de crise,

de calamidade, de grandes emoções, todas as causas que sobre-
excitam o moral, provocam-lhe o desenvolvimento. Parece que a
Providência, na presença de perigos mais eminentes, multiplica,
em torno de nós, a faculdade de preveni-los.

Em todos os tempos e em todas as nações houve videntes;
parece que certos povos estejam a isto mais naturalmente predispostos; diz-se que na Escócia, o dom da segunda vista é muito
comum. Encontra-se também, frequentemente, nos camponeses
e nos habitantes das montanhas.

Os videntes foram encarados diversamente de acordo com
os tempos, os costumes e o grau de civilização. Aos olhos dos
cépticos, passam como cérebros destrambelhados, alucinados; as
seitas religiosas fizeram deles profetas, sibilas, oráculos; nos séculos de superstição e de ignorância, eram bruxos que se queima-
vam. Para o homem sensato, que crê no poder infinito da Natureza
e na inesgotável bondade do Criador, a dupla vista é uma faculdade
inerente à espécie humana, pela qual Deus nos revela a existência
de nossa essência material. Quem é que não reconheceria um
dom dessa natureza em Joana d'Arc e numa multidão de outros
personagens que a História qualifica de inspirados?

Falou-se frequentemente das cartomantes que diziam coisas surpreendentes de verdade. Estamos longe de nos fazer os
apologistas dos adivinhos da boa sorte, que exploram a credulidade dos espíritos fracos, e cuja linguagem ambígua presta-se a
todas as combinações de uma imaginação atormentada; mas nada
há de impossível a que certas pessoas, praticando essa ocupação,
tenham o dom da segunda vista, mesmo contra a própria vontade;
a partir daí as cartas não são em suas mãos senão um meio, um
pretexto, uma base de conversa; falam de acordo com o que veem,
e não, segundo o que indicam as cartas, que mal olham.

Há, também, outros meios de adivinhação, tais como as
linhas da mão, a borra de café, as claras de ovos e outros símbo-
los místicos. Os sinais da mão têm talvez mais valor do que os
outros meios, não por eles próprios, mas porque o suposto adivinho, tomando e apalpando a mão do consulente, se é dotado da

segunda vista, encontra-se em relação mais direta com este último, assim como acontece nas consultas sonambúlicas.

Pode-se classificar os médiuns videntes na categoria das pessoas que gozam de dupla vista. Como estes últimos, com efeito, os médiuns videntes creem ver através dos olhos, mas, na realidade, é a alma que vê, razão pela qual veem tão bem com os olhos fechados, quanto com os olhos abertos; segue-se que, necessariamente, um cego poderia ser médium vidente, tanto quanto aquele cuja vista está intacta. Um estudo interessante a fazer seria de saber se essa faculdade é mais frequente nos cegos. Seríamos levados a crer nisso, contanto que se pudesse ser convencido pela experiência, a privação de se comunicar com o exterior, em consequência da ausência de certos sentidos, dá em geral, mais poder à faculdade de abstração da alma, e, por conseguinte, mais desenvolvimento ao sentido íntimo pelo qual ela se coloca em relação com o mundo espiritual.

Os médiuns videntes podem, portanto, ser comparados às pessoas que gozam da visão espiritual; mas seria, talvez, absoluto demais considerar estas últimas como médiuns; pois a mediunidade, consistindo unicamente na intervenção dos espíritos, o que se faz por si mesmo, não pode ser considerada como um ato medianímico. Aquele que possui a visão espiritual vê através do seu próprio espírito, e nada implica no progresso da sua faculdade, a necessidade do concurso de um espírito estranho.

Isto posto, examinemos até que ponto a faculdade da dupla vista pode nos permitir descobrir as coisas escondidas e penetrar no futuro.

Em todos os tempos os homens quiseram conhecer o futuro, e faríamos vários volumes sobre os meios inventados pela superstição para levantar o véu que cobre nosso destino. Escondendo-o de nós, a Natureza foi muito sábia, cada um de nós tem sua missão providencial na grande colmeia humana, e concorre para a obra comum na sua esfera de atividade. Se soubéssemos, com antecedência, o final de cada coisa, não se duvida de que a harmonia geral com isso não sofreria. Um futuro feliz, seguro, tiraria do homem qualquer atividade, já que não teria necessidade de esforço algum para chegar ao objetivo a que ele se propõe: seu bem-estar; todas as forças físicas e morais estariam paralisadas, e a marcha progressiva da Humanidade teria parado. A certeza da infelicidade teria as mesmas consequências, por efeito do desencorajamento; cada um renunciaria a lutar contra a perda definitiva do destino. O conhecimento absoluto do futuro seria, portanto, um presente funesto que nos conduziria ao dogma da fatalidade, o mais perigoso de todos, o mais antipático ao desenvolvimento das ideias. É a incerteza do momento do nosso fim, neste mundo, que nos faz trabalhar até o último batimento do coração. O viajante arrastado por um veículo, abandona-se ao movimento que deve levá-lo ao objetivo, sem pensar em fazê-lo desviar, porque sabe de sua impotência; tal seria o homem que conhecesse seu destino irrevogável. Se os videntes pudessem infringir esta lei da Providência, seriam iguais à Divindade; também, essa não é sua missão.

No fenômeno da dupla vista, a alma estando separada, em parte, do envoltório material que limita nossas faculdades, não há mais para ela nem duração, nem distâncias; abarcando o tempo e o espaço, tudo se confunde no presente. Livre de seus entraves, ela julga os efeitos e as causas melhor do que nós podemos fazer: vê as consequências das coisas presentes e pode nos fazer pressenti-las; é neste sentido que se deve compreender o dom de presciência atribuído aos videntes. Suas previsões são apenas o resultado de uma consciência mais clara do que existe, e não uma predição de coisas fortuitas, sem ligação com o presente; é uma dedução lógica do conhecido para chegar ao desconhecido, que depende, muito frequentemente, da nossa maneira de fazer.

Em caso semelhante, o vidente encontra-se em presença do perigo que nos está oculto; ele o assinala, indica o meio de desviá-lo, senão o acontecimento segue seu curso.

Suponhamos um veículo, numa estrada, chegando a uma garganta que o condutor não pode perceber; é bem evidente que se nada vier a fazê-lo desviar, irá aí precipitar-se; suponhamos, por outro lado, um homem colocado de maneira a dominar a estrada como num voo de um pássaro, que este homem, vendo a perda inevitável do viajante, possa avisá-lo para desviar-se a tempo, o perigo será conjurado. De sua posição, dominando o Espaço, vê o que o viajante, cuja visão é circunscrita pelos acidentes do terreno, não pode distinguir; pode ver se uma causa fortuita vai colocar obstáculo à sua queda; conhece, portanto, antecipadamente, a saída do acontecimento e pode predizê-la.

Que este mesmo homem, colocado numa montanha, perceba ao longe, na estrada, uma tropa inimiga dirigindo-se para uma cidadezinha que ela quer incendiar; será fácil para ele, calculando o espaço e a rapidez, prever o momento da chegada da tropa. Se, descendo à cidadezinha, ele diz simplesmente: *A tal hora a cidadezinha será incendiada*, o acontecimento, vindo a se efetuar, ele passará, aos olhos da multidão ignorante, por um adivinho, um bruxo, enquanto que ele tinha, simplesmente, visto o que os outros não podiam ver, e daí deduziu as consequências.

Ora, o vidente, como este homem, abarca e segue o curso dos acontecimentos; ele não prevê a saída pelo dom da adivinhação; ele a vê! Ele pode, portanto, dizer-lhe se você está no bom caminho, indicar-lhe o melhor, e anunciar-lhe o que encontrará no final da estrada; é para você o *fio de Ariadne* que lhe mostra a saída do labirinto.

Está longe disso, como se vê, a predição propriamente dita, tal como nós a entendemos na acepção vulgar da palavra. Nada é tirado ao livre-arbítrio do homem, que permanece sempre senhor de agir ou de não agir, que efetua ou deixa efetuar os acontecimentos pela sua vontade ou pela sua inércia; indica-lhe o meio de chegar ao objetivo, cabe a ele disso fazer uso. Supô-lo submetido a uma fatalidade inexorável pelos menores acontecimentos da vida, é deserdá-lo do seu mais belo atributo: a inteligência, é compará-lo a um bruto. O vidente não é, portanto, um adivinho; é um ser que percebe o que não vemos; é para nós o cão do cego. Nada aqui, portanto, contradiz as visões da Providência sobre o segredo do nosso destino; é ela própria que nos dá um guia.

Tal é o ponto de vista sob o qual deve ser encarado o conhecimento do futuro nas pessoas dotadas de dupla vista. Se este futuro fosse fortuito, se dependesse daquilo a que se chama o acaso, se não se ligasse em nada às circunstâncias presentes, nenhuma clarividência poderia penetrá-lo, e qualquer previsão, neste caso, não poderia oferecer alguma certeza. O vidente, e entendemos por isso o verdadeiro vidente, o vidente sério, e não o charlatão que o simula, o verdadeiro vidente, digamos, não diz o que o vulgo chama de boa sorte; ele prevê o resultado do presente, nada mais, e já é muito.

Quantos erros, quantos falsos procedimentos, quantas tentativas inúteis não evitaríamos, se tivéssemos sempre um guia seguro para nos esclarecer; quantos homens são retirados do mundo por não terem sido lançados na estrada que a Natureza havia traçado para suas faculdades! Quantos fracassam por ter seguido os conselhos de uma obstinação irrefletida! Uma pessoa que pudesse dizer-lhe: "Não empreendam tal coisa, porque suas faculdades intelectuais são insuficientes, porque ela não convém nem ao seu caráter, nem à sua constituição física, ou, melhor ainda, porque vocês serão secundados segundo a necessidade; ou ainda melhor, porque abusam da posse desta coisa, porque encontrarão tal entrave que vocês não preveem. Em outras circunstâncias, ela teria dito: "Vocês acertarão em tal coisa, se fizerem de tal ou qual forma; se evitarem tal procedimento que pode comprometer-lhes." Sondando as disposições e os caracteres ela teria dito: "Desconfie de tal armadilha que querem armar-lhe;" depois, teria acrescentado: "Ei-los prevenidos, meu papel está terminado; mostro-lhes o perigo; se sucumbirem, não acusem nem a sorte, nem a fatalidade, nem a Providência, mas apenas vocês. O que pode o médico, quando o doente não segue seus conselhos?"

Introdução ao estudo da fotografia e da telegrafia do pensamento

A ação fisiológica de indivíduo a indivíduo, com ou sem contato, é um fato incontestável. Esta ação só pode exercer-se evidentemente através de um agente intermediário do qual nosso corpo é o reservatório, nossos olhos e nossos dedos os principais órgãos de emissão e de direção. Esse agente invisível é, necessariamente, um fluido. Qual a sua natureza, sua essência? Quais são suas propriedades íntimas? É um fluido especial, ou uma modificação da eletricidade, ou de um outro fluido conhecido? É o que se designava antigamente sob o nome de fluido nervoso? Não será muito mais o que designamos, hoje, sob o nome de fluido cósmico, quando ele está espalhado na atmosfera, e de fluido perispiritual, quando está individualizado?

Esta questão, de resto, é secundária.

O fluido perispiritual é imponderável, como a luz, a eletricidade e o calor. Ele é invisível para nós, no estado normal, e só se revela através de seus efeitos; mas ele se torna visível no estado de sonambulismo lúcido, e mesmo no estado de vigília para as pessoas dotadas de dupla vista. No estado de emissão, ele se apresenta sob a forma de feixes luminosos, bastante semelhantes à luz elétrica difundida no vácuo; é a isto, de resto, que se limita sua analogia com este último fluido, pois ele não produz, ostensivamente pelo menos, nenhum dos fenômenos físicos que conhecemos. No estado comum, ele reflete colorações diversas, segundo os indivíduos de onde ele emana; ora de um vermelho fraco, ora azulado ou cinzento, como uma bruma ligeira; e mais geralmente, ele se espalha sobre os corpos em torno, uma nuança amarelada, mais ou menos pronunciada.

As relações dos sonâmbulos e dos videntes são idênticas sobre esta questão; teremos, aliás, oportunidade de aí retornar falando das qualidades impressas no fluido através do móvel que os coloca em movimento e pelo adiantamento do indivíduo que os emite.

Nenhum corpo lhe opõe obstáculo algum; ele os penetra e os atravessa todos; até o presente, não se conhece nenhum que seja capaz de isolá-lo. Só a vontade pode estender-lhe ou restringir-lhe a ação; a vontade, com efeito, é dele o princípio mais poderoso; pela vontade, dirigem-se-lhe os eflúvios através do espaço, acumula-o a seu bom grado sobre um dado ponto, dele satura certos objetos, ou então, retira-o dos lugares onde ele abunda. Digamos de passagem que é sobre este princípio que está fundamentada a potência magnética. Parece, enfim, ser o veículo da visão psíquica, como o fluido luminoso é o veículo da visão comum.

O fluido cósmico, embora emanando de uma fonte universal, individualiza-se, por assim dizer, em cada ser, e adquire propriedades características que permitem distingui-lo entre todos. A própria morte não apaga estes caracteres de individualização que persistem por longos anos após a cessação da vida, assim como pudemos disso nos convencer. Cada um de nós tem, portanto, seu próprio fluido que o envolve e o segue em todos os seus movimentos, como a atmosfera segue cada planeta. A extensão do fulgor dessas atmosferas individuais é muito variável; num estado de repouso absoluto do espírito, este fulgor pode estar circunscrito num limite de alguns passos; mas sob o império da vontade, pode atingir distâncias infinitas; a vontade parece dilatar o fluido, como o calor dilata os gases. As diferentes atmosferas particulares se encontram, se cruzam, se misturam sem jamais se confundir, absolutamente como as ondas sonoras, que permanecem distintas, apesar da multiplicidade dos sons que chocam o ar, simultaneamente. Pode-se, portanto, dizer que cada indivíduo é o centro de uma onda fluídica cuja a extensão está na razão da força de vontade, como cada ponto vibrante é o centro de uma onda sonora cuja extensão está na razão da força de vibração; a vontade é a causa propulsiva do fluido, como o choque é a causa vibrante do ar e propulsiva das ondas sonoras.

Das qualidades particulares de cada fluido resulta entre eles uma espécie de harmonia ou de desacordo, uma tendência a unir-se ou a evitar-se, uma atração ou uma repulsão, numa palavra, as simpatias ou as antipatias que se experimentam, frequentemente, sem causas determinantes conhecidas. Se estamos na esfera de atividade de um indivíduo, sua presença nos é algumas vezes revelada pela impressão agradável ou desagradável que ressentimos do seu fluido! Estamos no meio de pessoas com as quais não compartilhamos os sentimentos, cujos fluidos não se harmonizam com o nosso, uma reação penosa nos oprime, e nós, aí, nos encontramos como uma nota dissonante num concerto! Vários indivíduos estão, ao contrário, reunidos numa comunhão de vistas e de intenções, os sentimentos de cada um exaltam-se na própria proporção da massa das potências regentes. Quem não conhece a força do arrastamento que domina as aglomerações onde há homogeneidade de pensamentos e de vontades? Não se poderia imaginar a quantas influências estamos, assim, submetidos contra a nossa vontade.

Estas influências ocultas não podem ser a causa determinante de certos pensamentos; desses pensamentos que nos são comuns, em dado momento, com certas pessoas; desses vagos pressentimentos que nos fazem dizer: Há alguma coisa no ar que pressagia tal ou qual acontecimento? Enfim, certas sensações indefiníveis de bem-estar ou de mal-estar moral, de alegria ou de tristeza, não seriam o efeito da reação do meio fluídico no qual estamos, eflúvios simpáticos ou antipáticos que recebemos e que nos envolvem como as emanações de um corpo perfumado? Não saberíamos nos pronunciar afirmativamente sobre estas questões de uma maneira absoluta, mas conviríamos, pelo menos, que a teoria do fluido cósmico, individualizado em cada ser sob o nome de fluido perispiritual, abre um campo todo novo para a solução de uma multidão de problemas até agora inexplicáveis.

Cada um, no seu movimento de translação, leva consigo sua atmosfera fluídica, como o caracol carrega sua carapaça; mas este fluido deixa traços de sua passagem; deixa como um rastro luminoso inacessível aos nossos sentidos, no estado de vigília, mas que serve aos sonâmbulos, aos videntes e aos espíritos desencarnados, para reconstruir os fatos efetuados e analisar o móvel que os faz executar.

Toda ação física ou moral, patente ou oculta, de um ser sobre si mesmo ou sobre um outro, supõe, de um lado, uma potência agente, de outro, uma sensibilidade passiva. Em todas as coisas, duas forças iguais se neutralizam, e a fraqueza cede à força. Ora, os homens não sendo todos dotados da mesma energia fluídica, quer dizer, o fluido perispiritual não tendo em todos o mesmo poder ativo, isto nos explica por que, em alguns, este poder é quase irresistível, enquanto que é nulo em outros; por que certas pessoas são muito acessíveis à sua ação, enquanto que outras a ele são refratárias.

Esta superioridade e esta inferioridade relativas dependem evidentemente da organização; mas estaríamos errados se acreditássemos que elas estão na razão da força ou da fraqueza física. A experiência prova que os homens mais robustos sofrem algumas vezes as influências fluídicas mais facilmente que outros de uma constituição muito mais delicada, enquanto que encontra-se, com frequência, nestes últimos, um poder que sua frágil aparência não teria podido fazer supor. Esta diversidade no modo de ação pode explicar-se de várias maneiras.

A potência fluídica aplicada à ação recíproca dos homens uns sobre os outros, quer dizer, ao magnetismo, pode depender: 1º) da soma de fluido que cada um possui; 2º) da natureza intrínseca do fluido de cada um, abstração feita da quantidade; 3º) do grau de energia da força impulsiva, talvez mesmo dessas três causas reunidas. Na primeira hipótese, aquele que tem mais fluido daria àquele que tem menos, mais do que receberia; haveria, neste caso, analogia perfeita com a troca de calor que fazem entre eles, dois corpos que se colocam em equilíbrio de temperatura. Qualquer que seja a causa desta diferença, podemos nos dar conta do efeito que ela produz, supondo três pessoas cuja potência representaremos pelos três números: 10, 5 e 1. O nº 10 agirá sobre o 5 e sobre o 1, porém, mais energicamente sobre o 1 do que o 5; o 5 agirá sobre o 1, porém, será impotente sobre o 10; enfim, o 1 não agirá nem sobre um, nem sobre o outro. Tal seria a razão pela qual certos indivíduos são sensíveis à ação de tal magnetizador e insensíveis à ação de outro.

Pode-se ainda, até um certo ponto, explicar este fenômeno referindo-se às considerações precedentes. Dissemos, com efeito, que os fluidos individuais são simpáticos ou antipáticos uns em relação aos outros. Ora, não poderia acontecer que a ação recíproca de dois indivíduos estivesse na razão da simpatia dos fluidos, quer dizer, de sua tendência a se confundir por uma espécie de harmonia, como as ondas sonoras produzidas pelos corpos vibrantes? É indubitável que esta harmonia ou simpatia dos fluidos é uma condição, senão absolutamente indispensável, pelo menos, muito preponderante, e que, quando há um desacordo ou simpatia, a ação só pode ser fraca ou mesmo nula. Este sistema nos explica bem as condições preliminares da ação; mas ele não nos diz de que lado está a potência, e admitindo-o em tudo, somos forçados a recorrer à nossa primeira suposição.

De resto, que o fenômeno tenha acontecido por uma ou por outra dessas causas, isto não leva a consequência alguma; o fato existe, é essencial: os da luz explicam-se, igualmente, pela teoria da emissão e pela das ondulações; os da eletricidade pelos fluidos positivo e negativo, vítreo e resinoso.

No próximo estudo, apoiando-nos sobre as considerações que precedem, procuraremos estabelecer o que entendemos pela *fotografia* e a *telegrafia* do pensamento.

Fotografia e telegrafia do pensamento

A fotografia e a telegrafia do pensamento são questões, até aqui, mal afloradas. Como todas aquelas que não se referem às leis que, pela essência devem ser universalmente difundidas, foram relegadas ao segundo plano, embora sua importância seja capital e que os elementos de estudo que encerram sejam evocados para esclarecer muitos problemas, que até aqui permaneceram sem solução.

Quando um artista de talento pinta um quadro, a obra magistral à qual consagra todo o gênio que adquiriu progressivamente, estabelece, primeiro, todo o conjunto, de maneira que se compreenda, desde o esboço, todo partido que espera tirar daí; só após ter minuciosamente elaborado seu plano geral, é que ele procede à execução dos detalhes; e, embora este último trabalho deva ser tratado com muito mais cuidado, talvez, do que o esboço, seria entretanto impossível se esta última não o tivesse precedido. Assim, também, com o Espiritismo. As leis fundamentais, os princípios gerais cujas raízes existem no espírito de todo ser criado, tiveram que ser elaborados desde a origem. Todas as outras questões, quaisquer que elas sejam, dependem das primeiras; é a razão pela qual faz, durante algum tempo, negligenciar o estudo direto.

Não se pode, com efeito, logicamente falar de fotografia e de telegrafia do pensamento, antes de ter demonstrado a existência da alma que manobra os elementos fluídicos, e a dos fluidos que permitem estabelecer relações entre duas almas distintas. Ainda, hoje, talvez mal estejamos suficientemente esclarecidos para a elaboração definitiva desses imensos problemas! Entretanto, algumas considerações de natureza a preparar um estudo mais completo não serão, certamente, destacadas aqui.

O homem, sendo limitado nos seus pensamentos e nas suas aspirações, seus horizontes sendo limitados, é-lhe necessário concretizar e etiquetar todas as coisas para delas guardar uma recordação apreciável, e basear sobre os dados incontestáveis, seus estudos futuros. As primeiras noções do conhecimento lhes chegam pelo sentido da visão; é a imagem de um objeto que lhe ensinou que o objeto existia. Conhecendo vários objetos, tirando deduções das impressões diferentes que produziam sobre seu ser íntimo, deles fixou a quintessência na sua inteligência pelo fenômeno da memória. Ora, o que é a memória, senão uma espécie de álbum mais ou menos volumoso, que se folheia para encontrar as ideias apagadas e retraçar os acontecimentos desaparecidos! Este álbum tem marcas nos lugares mais notáveis; lembra-se, imediatamente, de certos fatos; é preciso folhear durante longo tempo para alguns outros.

A memória é como um livro! Aquele no qual se lê algumas passagens apresenta facilmente estas passagens aos olhos; as folhas virgens ou raramente percorridas, devem ser viradas uma a uma para retraçar um fato no qual pouco se deteve.

Quando o espírito encarnado se lembra, sua memória apresenta-lhe, de alguma maneira, a fotografia do fato que pesquisava. Em geral, os encarnados que o cercam nada veem; o álbum está num lugar inacessível à sua vista; mas os espíritos veem e folheiam conosco; em certas circunstâncias podem, propositadamente, ajudar nossa pesquisa ou perturbá-la.

O que se produz de um encarnado ao espírito, acontece igualmente do espírito ao vidente; quando se evoca a recordação de certos fatos na existência de um espírito, a fotografia desses fatos apresenta-se a ele, e o vidente, cuja situação espiritual é análoga à do espírito livre, vê como ele, e vê, mesmo em certas circunstâncias, o que o espírito não vê por si mesmo; assim como um desencarnado pode folhear na memória de um encarnado, sem que este tenha consciência, e lembrar-lhe fatos esquecidos há muito tempo. Quanto aos pensamentos abstratos, para isto mesmo que existem, tomam um corpo para impressionar o cérebro;

eles devem agir naturalmente sobre ele, aí gravar-se, de alguma maneira; neste caso, ainda, como no primeiro, a similitude entre os fatos que existem sobre a Terra e no Espaço, parece perfeita.

O fenômeno da fotografia do pensamento, já tendo sido o objeto de algumas reflexões na *Revista Espírita*, para maior clareza, reproduzimos algumas passagens do artigo em que este assunto é tratado, e que completamos para novas observações.

Sendo os fluidos o veículo do pensamento, este age sobre os fluidos como o som age sobre o ar; eles nos trazem o pensamento como o ar nos traz o som. Pode-se portanto dizer, com toda a verdade, que há nos fluidos ondas e raios de pensamento que se cruzam, sem se confundir, como há no ar, ondas e raios sonoros.

Há mais: o pensamento criando *imagens fluídicas*, reflete-se no envoltório perispiritual como num espelho ou, ainda, como estas imagens de objetos terrestres que se refletem nos vapores do ar; ele toma aí um corpo e aí se *fotografa*, de alguma maneira. Por exemplo, que um homem tenha a ideia de matar um outro, por mais impassível que esteja seu corpo material, seu corpo fluídico é colocado em ação pelo pensamento do qual ele reproduz todos os matizes; ele executa fluidicamente o gesto, o ato que teve o desejo de efetuar; seu pensamento cria a imagem da vítima, e a cena inteira se pinta, como num quadro, tal como está no seu espírito.

É assim que os movimentos mais secretos da alma repercutem-se no envoltório fluídico; que uma alma pode ler numa outra alma, como num livro, e ver o que não é perceptível pelos olhos do corpo. Os olhos do corpo veem as impressões interiores que se refletem sobre os traços do rosto: a cólera, a alegria, a tristeza; mas a alma vê os traços da alma, os pensamentos que não se traduzem exteriormente.

Entretanto, se, vendo a intenção, a alma pode pressentir o cumprimento do ato que será dele a consequência, ela não pode, todavia, determinar o momento em que se efetuará, nem precisar-lhe os detalhes, nem mesmo afirmar que ele se dará, porque circunstâncias ulteriores podem modificar os planos interrompidos e mudar as disposições. Ela não pode ver o que ainda não está no pensamento; o que ela vê, é a preocupação do momento ou hábito do indivíduo, seus desejos, seus projetos, suas intenções boas ou más; daí, os erros nas previsões de certos videntes. Quando um acontecimento está subordinado ao livre-arbítrio de um homem, eles apenas podem pressentir a probabilidade, segundo o pensamento que veem, mas não afirmar que acontecerá de tal maneira e em tal momento. A maior ou menor exatidão nas previsões depende, além do mais, da extensão e da clareza da visão psíquica; em alguns indivíduos, espíritos ou encarnados, ela é limitada a um ponto ou difusa; enquanto que em outros, ela é limpa e abarca o conjunto dos pensamentos e vontades, devendo concorrer para a realização de um fato. Porém, acima de tudo, há sempre a vontade superior que pode, na sua sabedoria, permitir uma revelação ou impedi-la; neste último caso, um véu impenetrável é lançado sobre a visão psíquica mais perspicaz. (*A Gênese*, Teoria da Presciência.)[11]

A teoria das criações fluídicas, e, por conseguinte, da fotografia do pensamento é uma conquista do Espiritismo Moderno, e pode ser, de hoje em diante, considerada como adquirida em princípio, salvo as aplicações de detalhes que serão o resultado da observação. Este fenômeno é, incontestavelmente, a fonte das visões fantásticas e deve desempenhar um grande papel em certos sonhos.

Quem é que na Terra sabe de que maneira se produziram os primeiros meios de comunicação do pensamento? Como foram inventados, ou melhor, encontrados? Pois, nada se inventa, tudo existe em estado latente; cabe aos homens procurar os meios de colocar em uso as forças que lhes oferece a Natureza. Quem sabe o tempo que foi necessário para se servir da palavra de uma maneira completamente inteligível?

---

[11] Ver cap. XVI, Edição CELD.(**N.E.**)

O primeiro que soltou um grito inarticulado tinha bem uma certa consciência do que queria expressar, mas aqueles aos quais ele se dirigia não compreenderam, primeiramente, nada; só depois de uma longa sequência de tempo é que houve palavras convenientes, depois frases abreviadas, depois, enfim, discursos inteiros. Quantos milhares de anos não foram necessários para chegar ao ponto em que a Humanidade se encontra hoje! Cada progresso no modo de comunicação, de relação entre os homens, foi constantemente marcado por uma melhora no estado social dos seres. À medida que as relações de indivíduo a indivíduo se tornam mais estreitas, mais regulares, sente-se a necessidade de uma outra forma de linguagem mais rápida, mais capaz de colocar os homens em relação instantânea e universalmente uns com os outros. Por que o que acontece no mundo físico pela telegrafia elétrica, não aconteceria no mundo moral, de encarnado a encarnado, pela telegrafia humana? Por que as relações ocultas, que unem mais ou menos, conscientemente, os pensamentos dos homens e dos espíritos, pela telegrafia espiritual, não se generalizariam entre os homens de uma maneira consciente?

A telegrafia humana! Eis, certamente, com que provocar o sorriso daqueles que se recusam a admitir tudo o que não passa pelos sentidos materiais. Mas o que importam as zombarias dos presunçosos? Todas as suas contestações não impedirão as leis naturais de seguirem seu curso e de encontrar novas aplicações à medida que a inteligência humana estiver apta para sentir os efeitos.

O homem tem uma ação direta sobre as coisas como sobre as pessoas que o envolvem. Frequentemente, uma pessoa da qual se faz pouco caso exerce uma influência decisiva sobre outros que têm uma reputação bem superior. Isto apoia-se no fato de que, na Terra, vê-se muito mais máscaras do que rostos e que os olhos aí estão obscurecidos pela vaidade, o interesse pessoal e todas as más paixões. A experiência demonstra que se pode agir sobre o espírito dos homens contra sua vontade. Um pensamento superior, *fortemente pensado*, para me servir desta expressão, pode, portanto, segundo sua força e sua elevação, abalar mais perto ou mais distante homens que não têm consciência alguma da maneira pela qual ele lhes chega; assim como, frequentemente, aquele que o emite não tem consciência do efeito produzido por esta emissão. Aí está um jogo constante das inteligências humanas e de sua ação recíproca, umas sobre as outras. Juntem a isso a ação daquelas que estão desencarnadas e imaginem se o puderem, o poder incalculável desta força composta de tantas forças reunidas.

Se pudéssemos suspeitar do mecanismo imenso que o pensamento coloca em jogo e efeitos que ele produz de um indivíduo a um outro, de um grupo de seres a um outro grupo, e, finalmente, da ação universal dos pensamentos dos homens uns sobre os outros, o homem ficaria deslumbrado! Ele se sentiria aniquilado diante desta infinidade de detalhes, diante destas redes inumeráveis religadas entre si por uma poderosa vontade e agindo harmonicamente para atingir um objetivo único: o progresso universal.

Pela telegrafia do pensamento, ele apreciará em todo seu valor a lei de solidariedade, refletindo que não há um pensamento, seja criminoso, seja virtuoso, ou outro diferente, que não tenha uma ação real sobre o conjunto dos pensamentos humanos e sobre cada um entre eles; e se o egoísmo fazia-lhe menosprezar as consequências para outrem de um pensamento perverso, que foi pessoalmente seu, ele será levado por este mesmo egoísmo, a bem pensar, para aumentar o nível moral geral, imaginando as consequências sobre si mesmo de um mau pensamento em outrem.

Será outra coisa, que não a consequência da telegrafia do pensamento, estes choques misteriosos, que nos previnem da alegria ou do sofrimento, num ser querido que se encontra afastado de nós? Não será a um fenômeno do mesmo gênero que devemos os sentimentos de simpatia ou de repulsão que nos arrastam para certos espíritos e nos afastam de outros?

Há, aí, certamente, um campo imenso para o estudo e a observação, mas do qual apenas podemos perceber as massas; o estudo dos detalhes será a consequência de um conhecimento mais completo das leis que regem a ação dos fluidos uns sobre os outros.

Estudo sobre a natureza do Cristo

I. Fonte das provas da natureza do Cristo

A questão da natureza do Cristo foi debatida desde os primeiros séculos do Cristianismo, e pode-se dizer que ainda não está resolvida, já que ela ainda é discutida nos nossos dias. É a divergência de opinião sobre este ponto, que deu origem à maioria das seitas que dividiram a Igreja, há dezoito séculos, e é notável que todos os chefes destas seitas foram bispos ou membros do clero, com títulos diversos. Eram, por conseguinte, homens esclarecidos, a maioria deles escritores de talento, alimentados na ciência teológica, que não achavam concludentes as razões invocadas em favor do dogma da divindade do Cristo; entretanto, como hoje, as opiniões se formaram sobre abstrações mais do que sobre fatos; procurou-se, sobretudo, o que o dogma poderia ter de plausível ou de irracional, e negligenciou-se, de um lado ou de outro, fazer sobressaírem os fatos que podiam lançar uma luz decisiva sobre a questão.

Porém, onde encontrar estes fatos, se não for nos atos e nas palavras de Jesus?

Jesus nada tendo escrito, seus únicos historiadores são os apóstolos que, também, nada escreveram, enquanto ele vivia; não tendo nenhum historiador profano, seu contemporâneo, falado dele, não existe sobre sua vida e sua doutrina documento algum, a não ser os Evangelhos; é, portanto, aí somente que é preciso procurar a chave do problema. Todos os escritos posteriores, sem excluir os de São Paulo, não são, e não podem ser, senão comentários ou apreciações, reflexos de opiniões pessoais, frequentemente contraditórias, que não poderiam, em nenhum caso, ter a autoridade da narrativa daqueles que tinham recebido as instruções diretas do Mestre.

Sobre esta questão, como sobre a de todos os dogmas em geral, o acordo dos Pais da Igreja e outros escritores sagrados não poderia ser invocado como argumento preponderante, nem como uma prova irrecusável em favor de sua opinião, visto que nenhum deles pôde citar um só fato, fora do Evangelho, concernente a Jesus, nenhum deles descobriu documentos novos desconhecidos dos seus predecessores.

Os autores sacros apenas puderam girar no mesmo círculo, dar sua apreciação pessoal, tirar consequências do seu ponto de vista, comentar sob novas formas, e com maior ou menor desenvolvimento, as opiniões contraditórias. Todos aqueles que eram do mesmo partido tiveram que escrever no mesmo sentido, senão nos mesmos termos, sob pena de serem declarados heréticos, como o foram Orígenes e tantos outros. Naturalmente, a Igreja apenas incluiu no número dos seus pais, os escritores ortodoxos do seu ponto de vista; ela apenas exaltou, santificou e colecionou aqueles que tomaram sua defesa, enquanto que rejeitou os outros e anulou seus escritos, tanto quanto possível. O acordo dos pais da Igreja nada tem, portanto, de concludente, já que é uma unanimidade de escolha, formada pela eliminação dos elementos contrários, se se confronta tudo o que foi escrito pró ou contra, não se saberia para que lado penderia a balança.

Isto nada tira do mérito pessoal dos sustentáculos da ortodoxia, nem do valor deles como escritores e homens conscienciosos; são advogados de uma mesma causa que defenderam com um incontestável talento, e deviam, forçosamente, chegar às mesmas conclusões. Longe de querer denegri-las no que quer que seja, quisemos simplesmente refutar o valor das consequências que se pretende tirar do seu acordo.

No exame que iremos fazer da questão da divindade do Cristo, colocando de lado as sutilezas da escolástica, que apenas serviram para confundir em vez de elucidá-la, nós nos apoiaremos exclusivamente sobre os fatos que ressaltam do texto do Evangelho, e que, friamente examinados, conscienciosamente e sem tomar partido, fornecem, abundantemente, todos os meios de convicção que se pode desejar. Ora, entre estes fatos, não há mais preponderantes, nem mais concludentes que as próprias palavras do Cristo, palavras que ninguém poderia recusar sem infirmar a veracidade dos apóstolos. Pode-se interpretar de diferentes maneiras uma parábola, uma alegoria; mas afirmações precisas, sem ambiguidade, cem vezes repetidas, não poderiam ter um duplo sentido. Nenhum outro, senão Jesus, poderia pretender saber melhor que ele, o que quis dizer, como ninguém pode pretender ser melhor informado que ele, sobre sua própria natureza; quando ele comenta suas palavras e as explica para evitar qualquer equívoco, deve-se estar em harmonia com ele, a menos que lhe negue a superioridade que se lhe atribui, e de se substituir pela sua própria inteligência. Se ele foi obscuro sobre certos pontos, quando se serviu da linguagem figurada, sobre o que toca à sua pessoa, não há equivoco possível. Antes do exame das palavras, vejamos os atos.

II. Os milagres provam a divindade do Cristo?

Segundo a Igreja, a divindade do Cristo é estabelecida principalmente pelos milagres, como testemunho de um poder sobrenatural. Esta consideração pôde ser de um certo peso numa época em que o maravilhoso era aceito sem exame; mas, hoje, quando a Ciência sustentou suas investigações nas leis da Natureza, os milagres encontram mais incrédulos do que crentes; e o que não contribuiu pouco para seu descrédito, foi o abuso das imitações fraudulentas e a exploração que deles fizeram. A fé nos milagres destruiu-se pelo uso que deles se fez; daí resultou que, aqueles milagres do Evangelho, são agora considerados por muitas pessoas como puramente legendários.

A Igreja, aliás, retira, ela própria, dos milagres qualquer entendimento, como prova da divindade do Cristo, declarando que o demônio pode fazer tantos prodígios quanto ele; pois se o demônio tem um tal poder, fica evidente que os fatos desse gênero não têm um caráter exclusivamente divino; se ele pode fazer coisas espantosas para seduzir mesmo os eleitos, como simples mortais poderão distinguir os bons milagres dos maus, e não é de se temer que, vendo fatos semelhantes, não confundam Deus e Satã?

Dar a Jesus semelhante rival em habilidade, seria uma grande imperícia; mas, pelo fato das contradições e das inconsequências, não se olharia de tão perto numa época em que os fiéis fariam um caso de consciência por pensar por si mesmos e por discutir o menor artigo imposto à sua crença; então não se contava com o progresso e não se imaginava que o reino da fé cega e inocente, reinado cômodo, pudesse ter um termo. O papel tão preponderante que a Igreja obstinou-se a dar ao demônio teve consequências desastrosas para a fé, à medida que os homens se sentiram capazes de ver através dos seus próprios olhos. O demônio, que se explorou, com sucesso, durante um tempo, tornou-se a picareta cravada no velho edifício das crenças e uma das principais causas da incredulidade; pode-se dizer que a Igreja, fazendo-o um auxiliar indispensável, alimentou no seu seio aquele que devia se virar contra ela e miná-la nos seus fundamentos.

Uma outra consideração não menos grave, é que os fatos miraculosos não são o privilégio exclusivo da religião cristã: não há, com efeito, uma religião, idólatra ou pagã, que não tenha seus milagres, tão maravilhosos, também, e igualmente autênticos para os adeptos, quanto os do Cristianismo. A Igreja absteve-se do direito de contestá-los, atribuindo às potências infernais, o poder de produzi-los.

O caráter essencial do milagre, no sentido teológico, é de ser uma exceção nas leis da Natureza, e, por conseguinte, inexplicável para estas mesmas leis. Desde o instante em que um fato pode se explicar e que se prende a uma causa conhecida, deixa de ser milagre. É assim que as descobertas da Ciência fizeram entrar no domínio do natural certos efeitos qualificados de prodígios, enquanto a causa permaneceu ignorada. Mais tarde, o conhecimento do princípio espiritual, da ação dos fluidos sobre a economia do mundo invisível no meio do qual vivemos, das faculdades da alma, da existência e das propriedades do *perispírito*, deu a chave dos fenômenos de ordem psíquica, e provou que não são, não mais do que os outros, derrogações às leis da Natureza, mas que são, ao contrário, aplicações frequentes. Todos os efeitos do magnetismo, do sonambulismo, do êxtase, da dupla vista, do hipnotismo, da catalepsia, da anestesia, da transmissão do pensamento, da presciência, das curas instantâneas, das possessões, das obsessões, das aparições e transfigurações, etc., que constituem a quase totalidade dos milagres do Evangelho, pertencem a esta categoria de fenômenos.

Sabe-se, agora, que estes efeitos são o resultado de aptidões e de disposições fisiológicas especiais; que eles se produziram em todos os tempos, em todos os povos, e puderam ser considerados como sobrenaturais, da mesma forma que todos aqueles cuja causa era incompreendida. Isto explica porque todas as religiões tiveram seus milagres, que não são outros, senão fatos naturais, mas quase sempre ampliados até o absurdo pela credulidade, a ignorância e a superstição, e que os conhecimentos atuais reduzem ao seu justo valor, permitindo fazer parte da lenda.

A possibilidade da maioria dos fatos, que o Evangelho cita como tendo sido efetuados por Jesus, é hoje completamente demonstrada pelo Magnetismo e o Espiritismo, como fenômenos naturais. Já que se produzem sob nossos olhos, seja espontaneamente, seja através de provocações, nada há de anormal em que Jesus possuísse faculdades idênticas àquelas dos nossos magnetizadores, curandeiros, sonâmbulos, videntes, médiuns, etc. Desde o instante em que estas mesmas faculdades se encontram, em diferentes graus, numa multidão de indivíduos que nada têm de divino, que se os encontra mesmo nos heréticos e nos idólatras, elas não implicam em nada uma natureza sobre-humana.

Se Jesus qualificava, ele próprio, seus atos de *milagres*, é que nisso, como em muitas outras coisas, ele devia apropriar sua linguagem aos conhecimentos dos seus contemporâneos; como estes teriam podido apreender nuanças de uma palavra que, ainda hoje, não é compreendida por todo mundo? Para o vulgo, as coisas extraordinárias que ele fazia, e que pareciam sobrenaturais naquele tempo, e mesmo muito tempo mais tarde, eram milagres; ele não poderia dar a isto um outro nome. Um fato digno de observação, é de que ele se serviu deles para afirmar a missão que tinha de Deus, segundo suas próprias expressões, mas deles nunca se prevaleceu para atribuir-se o poder divino.[12]

É preciso, portanto, riscar os milagres das provas sobre as quais se pretende fundar a divindade da pessoa do Cristo; vejamos, agora, se as encontraremos nas suas palavras.

III. A divindade de Jesus é provada pelas suas palavras?

Dirigindo-se aos seus discípulos, que tinham entrado em disputa, para saber qual dentre eles era o maior; ele lhes disse, tomando uma criancinha e colocando-a perto de si:

"Quem quer que me receba, recebe *aquele que me enviou*; pois aquele que é o menor dentre todos vocês, é o maior." (Lucas, IX: 48.)

"Quem quer que receba em meu nome uma criancinha como esta, recebe-me, e quem quer que me receba, não recebe a mim somente, mas recebe *aquele que me enviou*." (Marcos, IX: 37.)

Jesus lhes disse então: "Se Deus fosse vosso Pai, vós me amaríeis, porque foi de Deus que saí, e que foi de *sua parte é que vim*; *pois não vim por mim mesmo*, mas foi ele que me enviou." (João, VIII: 42.)

---

[12] Para o desenvolvimento completo da questão dos milagres, ver *A Gênese Segundo o Espiritismo*, capítulos XIII e seguintes, onde são explicados, pelas leis naturais, todos os milagres do Evangelho. (N. O. F.)

"Jesus lhes disse, então: "Ainda estou convosco por pouco tempo, e vou *para aquele que me enviou*." (João, VII: 33.)

"Aquele que vos ouve, ouve-me; aquele que vos despreza, despreza-me; e *aquele que me despreza, despreza aquele que me enviou*." (Lucas, X: 16.)

O dogma da divindade de Jesus está fundado sobre a igualdade absoluta entre sua pessoa e Deus, já que ele próprio é Deus; é um artigo de fé; ora, estas palavras tão frequentemente repetidas por Jesus: *Aquele que me enviou*, testemunham, não somente, a dualidade das pessoas, mas ainda, como o dissemos, excluem a igualdade absoluta entre elas; pois aquele que é enviado é necessariamente *subordinado* àquele que envia; obedecendo, faz ato de *submissão*. Um embaixador, falando ao seu soberano, dirá: *Meu senhor, aquele que me envia*; porém, se é o soberano, em pessoa, que vem, falará em seu próprio nome e não dirá: *Aquele que me enviou*, pois não se pode enviar-se a si mesmo. Jesus o disse em termos categóricos por estas palavras: *não vim por mim mesmo, mas ele é que me enviou*.

Estas palavras: *Aquele que me despreza, despreza aquele que me enviou*, não implicam a igualdade e, ainda menos, a identidade; em todas as épocas, o insulto feito a um embaixador foi considerado como feito ao próprio soberano. Os apóstolos tinham a palavra de Jesus, como Jesus tinha a de Deus; quando ele lhes disse: *Aquele que vos ouve, ouve-me*, ele não queria dizer que seus apóstolos e ele eram uma só e a mesma pessoa, igual em todas as coisas.

A dualidade das pessoas, assim como o estado secundário e subordinado de Jesus com relação a Deus, ressaltam, além do mais, sem equívoco das seguintes passagens:

"Fostes vós que permanecestes firmes comigo nas minhas tentações. — É por isso que preparo-vos meu Reino *como meu Pai preparou-me*, — a fim de que comais e bebais na minha mesa, no meu reino, e que vos senteis nos tronos para julgar as doze tribos de Israel."(Lucas, XXII: 28 a 30.)

"Por mim, digo o que *vi em meu Pai*, e vós fazeis o que vistes em vosso pai."(João, VIII: 38.)

"Ao mesmo tempo, surgiu uma nuvem que os cobriu, e dessa nuvem saiu uma voz que fez ouvir estas palavras: *Este é meu filho bem-amado*; ouçam-no." (Transfiguração, Marcos, IX: 7.)

"Ora, quando o Filho do Homem vier em sua majestade, acompanhado de todos os anjos, sentar-se-á no trono de sua glória; — e todas as nações estando reunidas, ele separará umas das outras, como o pastor separa as ovelhas dos bodes, — e ele colocará as ovelhas à sua direita e os bodes à sua esquerda. — Então, o Rei dirá àqueles que estiverem à sua direita: Vinde, *vós que fostes abençoados por meu Pai*, possuir o reino que vos foi preparado desde o início do mundo."(Mateus, XXV: 31 a 34.)

"Quem quer que me confessar e me reconhecer diante dos homens, eu o reconhecerei e o confessarei diante de meu Pai que está nos céus; — e quem quer que a mim renunciar diante dos homens, eu próprio também renunciarei *a ele diante de meu Pai que está nos céus*."(Mateus, X: 32 e 33.)

"Ora, declaro-vos que quem quer que me confessar e me reconhecer diante dos homens, *o Filho do Homem o reconhecerá também diante dos anjos de Deus*; — mas se alguém renuncia a mim diante dos homens, *eu também a ele renunciarei diante dos anjos de Deus*." (Lucas, XII: 8 e 9.)

"Pois se alguém se envergonhar de mim e das minhas palavras, o Filho do Homem também se envergonhará dele, quando vier na sua glória e *na de seu Pai e dos santos anjos*." (Lucas, IX: 26.)

Nestas duas últimas passagens, Jesus parecia colocar acima dele os santos anjos que compõem o tribunal celeste, diante do qual ele seria o defensor dos bons e acusador dos maus.

"Mas pelo que deve se sentar à minha direita ou à esquerda, *não cabe a mim conceder-vos*, mas será para aqueles *a quem meu Pai preparou.*" (Mateus, XX: 23.)

"Ora, os fariseus estando reunidos, Jesus lhes fez esta pergunta, — e ele lhes disse: O que vos parece o Cristo? De quem é ele filho? Eles lhe responderam: De Davi. — E como, então, lhes disse, Davi o chama, em espírito, de seu Senhor, por estas palavras: — O Senhor disse ao meu Senhor: Sentai-vos à minha direita até que eu reduza vossos inimigos a vos servir de degrau? — *Se, portanto, Davi o chama de seu Senhor, como ele é seu filho?*" (Mateus, XXII: 41 a 45.)

"Mas Jesus, ensinando no Templo, lhes disse: "Como os escribas dizem que o Cristo é o filho de Davi, — já que o próprio Davi disse ao meu Senhor: Sentai-vos à minha direita, até que eu tenha reduzido vossos inimigos a vos servir de degrau? — *Portanto, já que Davi o chama, a si próprio, de seu Senhor, como ele é seu filho?*" (Marcos, XII: 35 a 37; Lucas, XX: 41 a 44.)

Jesus consagra, por estas palavras, o princípio da diferença hierárquica que existe entre o Pai e o Filho. Jesus podia ser filho de Davi pela filiação corporal, e como descendente de sua raça, é por isso que teve o cuidado de acrescentar: "Como o chama *em espírito* seu Senhor?" Se há uma diferença hierárquica entre o pai e o filho; Jesus, como filho de Deus, não pode ser igual a Deus.

Jesus confirma esta interpretação e reconhece sua inferioridade com relação a Deus, em termos que não deixam equívoco possível:

"Vós ouvistes o que eu vos disse: Vou-me, e retorno para vós. Se vós me amásseis, vos regozijaríeis porque vou para meu Pai, *porque meu Pai É MAIOR QUE EU.*" (João, XIV: 28.)

"Então, um rapaz aproxima-se e lhe diz: 'Bom Mestre, que bem é preciso que eu faça para conquistar a vida eterna?' — Jesus respondeu-lhe: 'Porque me chamais bom? *Só Deus é bom.*

Se quiserdes entrar na vida, guardai os mandamentos'." (Mateus, XIX: 16 e 17; Marcos, X: 17 e 18; Lucas, XVIII: 18 e 19.) Jesus não somente, em nenhuma circunstância, fez-se passar como igual a Deus, mas, aqui, ele afirma positivamente o contrário, ele se vê como inferior a ele em bondade; ora, declarar que Deus está acima dele pelo seu poder e suas qualidades morais, é dizer que ele não é Deus. As seguintes passagens vêm em apoio a estas, e são também explícitas.

"Não falei por mim mesmo; mas meu Pai, que me enviou, é quem me prescreveu pelo seu comando o que devo dizer, e como devo falar; — e sei que seu comando é a vida eterna; o que digo, portanto, digo-o, segundo o que *meu Pai me ordenou."* (João, XII: 49 e 50.)

Jesus lhes respondeu: *"Minha doutrina não é minha doutrina, mas a doutrina daquele que me enviou.* — Se alguém quiser fazer a vontade de Deus, reconhecerá se minha doutrina é dele, ou se falo de mim mesmo — Aquele que fala de seu próprio movimento, procura sua própria glória, mas aquele que procura a glória daquele que o enviou é verídico, e não há nele injustiça." (João, VII: 16 a 18.)

"Aquele que não me ama, não guarda minha palavra; *e a palavra que ouviram não é a minha palavra, mas a de meu Pai que me enviou."* (João, XIV: 24.)

"Não acreditais que estou no meu Pai e que meu Pai esteja em mim? O que vos digo, não digo de mim mesmo; mas meu Pai que está em mim, faz ele próprio as obras que faço." (João, XIV: 10.)

"O Céu e a Terra passarão, mas minhas palavras não passarão. — No que se refere ao dia e à hora, ninguém o sabe, não, nem mesmo os anjos que estão no céu, *nem mesmo o Filho*, mas somente *o Pai."* (Marcos, XIII: 31 e 32; Mateus, XXIV: 35 e 36.)

"Jesus lhes disse, então: "Quando tiverdes elevado ao Alto o Filho do Homem, então, vós conhecereis o que eu sou, pois *nada faço de mim mesmo; mas apenas digo o que meu Pai me ensinou*; e aquele que me enviou está comigo, e não me deixou só, porque *faço sempre o que lhe é agradável.*" (João, VIII: 28 e 29.) "Desci do Céu, não para fazer minha vontade, mas para fazer *a vontade daquele que me enviou.*" (João, VI: 38.) "*Nada posso realizar por mim mesmo.* Julgo, segundo o que compreendo, e meu julgamento é justo porque *não procuro satisfazer a minha vontade, mas a vontade daquele que me enviou.*" (João, V: 30.)

"Mas, de mim, tenho um testemunho maior do que o de João, pois as obras que *meu Pai me deu o poder de fazer*, digo, as obras que faço, dão testemunho de mim, de que é meu Pai que me enviou." (João, V: 36.)

"Mas, agora, procurais fazer-me morrer, eu que vos disse toda a verdade que *aprendi de Deus*, é o que Abraão não fez." (João, VIII: 40.)

Já que ele *nada diz por si mesmo*; que a doutrina que ele ensina *não é a sua*, mas que a tem de Deus que lhe *ordenou* vir fazê-la conhecida; que ele apenas faz o que Deus *lhe deu o poder de fazer*; que a verdade que ele ensina, que *aprendeu de Deus*, à vontade do qual ele está submetido; é que ele não é o próprio Deus, mas seu enviado, seu messias e seu subordinado.

É impossível recusar, de uma maneira mais positiva, qualquer assimilação à pessoa de Deus, e nem determinar seu papel principal em termos mais precisos. Aí não estão pensamentos ocultos sob o véu da alegoria, e que só se descobre pela força da interpretação: é o sentido próprio expresso, sem ambiguidade.

Se se censurasse que Deus, não querendo se fazer conhecer na pessoa de Jesus, enganou sobre sua individualidade, poder-se-ia perguntar sobre o quê está baseada esta opinião, e quem tem a autoridade para sondar o fundo do seu pensamento, e dar às suas palavras um sentido contrário àquele que elas exprimem? Já que, quando Jesus estava em vida, ninguém o considerava como Deus, mas olhavam-no, ao contrário, como um messias, se ele não quisesse ser conhecido pelo que era, bastaria-lhe nada dizer;

pela sua afirmação espontânea, é preciso concluir que ele não era Deus, ou se ele fosse, fez, voluntária e inutilmente, uma afirmação falsa.

É notável que São João, o Evangelista, sobre cuja autoridade mais se tem apoiado para estabelecer o dogma da divindade do Cristo, é ele precisamente que encerra os argumentos contrários mais numerosos e os mais positivos; pode-se disso se convencer pela leitura das seguintes passagens, que nada acrescentam, é verdade, às provas já citadas, mas vêm em seu apoio, porque, daí, ressaltam evidentemente *a dualidade* e *a desigualdade das pessoas*:

"Por este motivo, os judeus perseguiram Jesus e queriam matá-lo, porque tinha feito estas coisas no dia do Sabá.[13] — Mas Jesus lhes disse: *Meu Pai obra até hoje, e eu obro também*." (João, V: 16 e 17.)

"Pois o Pai não julga ninguém; mas deu ao Filho *todo poder* de julgar, — a fim de que todos honrem o Filho como honram o Pai. Aquele que não honra o Filho, não honra o Pai, *que o enviou*."

"Em verdade, em verdade, eu vos digo, aquele que ouve a minha palavra e que crê naquele *que me enviou*, tem a vida eterna e não cai na condenação; mas já passou da morte para a vida."

"Em verdade, em verdade, eu vos digo, a hora vem, e ela já veio, em que os mortos ouvirão a voz do Filho de Deus, e aqueles que o ouvirem, viverão; pois como o Pai tem a vida em si mesmo, ele deu também ao Filho o poder de ter a vida em si mesmo, — e *deu-lhe o poder de julgar*, porque ele é *o Filho do Homem*." (João, V: 22 a 27.)

"E o Pai que me enviou tem dado testemunho de mim. *Vós nunca ouvistes sua voz*, nem vistes sua face. — E sua palavra

---

[13] **Sabá:** Do hebraico *shabbath*, pelo francês *sabbat*. Descanso religioso que, conforme a legislação mosaica, devem os judeus observar no sábado, consagrado a Deus. (N.R. conforme o *Novo Dicionário Aurélio da Língua Portuguesa*.)

não permanecerá convosco, porque não credes naquele *que me enviou.*" (João, V: 37 e 38.)

"E quando eu julgar, meu julgamento será digno de fé, pois *não estou só*; mas meu Pai que me enviou está comigo." (João, VIII: 16.)

"Jesus, tendo dito estas coisas, levantou os olhos ao céu e disse: "Meu Pai, a hora chegou, glorificai vosso Filho, a fim de que vosso Filho vos glorifique. — *Como lhe destes poder* sobre todos os homens, a fim de que ele dê a vida eterna a todos os que lhe destes. — Ora, a vida eterna consiste em conhecer-vos, *vós que sois* O ÚNICO DEUS *verdadeiro, e Jesus Cristo que enviastes.*"

"Glorifiquei-vos na Terra; terminei *a obra da qual me tínheis encarregado.* — E vós, meu Pai, glorificai-me, então, também, agora, em vós mesmos, desta glória que tive em vós antes que o mundo fosse."

"Dentro em pouco, não estarei mais no mundo; mas quanto a eles, estarão ainda no mundo, e eu *retorno a vós.* Pai santo, conservai em vosso nome aqueles que me destes, a fim de que sejam um como nós."

"Dei-lhes a *vossa palavra,* e o mundo os odiou, porque não são do mundo, como eu mesmo não sou do mundo."

"Santificai-os na verdade. Vossa palavra é a própria verdade. — Como *me enviastes* ao mundo, eu também os enviei ao mundo, — e me santifico a mim mesmo por eles, a fim de que sejam também santificados na verdade."

"Não peço por eles somente, mas também por aqueles que devem crer em mim através da palavra deles; — a fim de que estejam todos juntos, como vós, meu Pai, estais em mim e eu em vós; que sejam um em nós; *a fim de que o mundo creia que vós me enviastes.*"

"Meu Pai, desejo que lá onde estou, aqueles que me destes aí estejam também comigo; a fim de que contemplem minha glória *que me destes,* porque *me amastes antes da criação do mundo.*"

"Pai justo, o mundo não o conheceu; mas eu, vos conheci; e estes conheceram que *vós me enviastes.* — Fiz com que conhecessem vosso nome e ainda vos farei conhecer, a fim de que *o amor com o qual me amastes* esteja neles, e de que eu próprio esteja neles." (Prece de Jesus; João, XVII: 1 a 5; 11 e 14; 17 a 21; 24 a 26.)

"É por isto que meu Pai me ama, porque deixo minha vida para retomá-la. — Ninguém ma arrebata, mas eu mesmo que a deixo por mim mesmo; tenho o poder de deixá-la e tenho o poder de retomá-la. *É o mandamento que recebi de meu Pai.*" (João, X: 17 e 18.)

"Eles tiraram a pedra, e Jesus, levantando os olhos para o céu, disse estas palavras: *Meu Pai, rendo-vos graças por me haverdes exalçado.* — De mim, eu sabia que me exalçaríeis sempre: mas digo isto para este povo que me cerca, a fim de que ele creia *que fostes vós que me enviastes.*" (Morte de Lázaro; João, XI: 41 e 42.)

"Não vos falarei mais, pois o príncipe deste mundo vai vir, embora *não haja nada em mim que lhe pertença:* — mas para que o mundo conheça que amo meu Pai, e que *faço o que meu Pai me ordenou.*" (João, XIV: 30 e 31.)

"Se guardardes meus mandamentos, permanecereis no meu amor, como eu mesmo *guardei os mandamentos de meu Pai,* e permaneço no seu amor." (João, XV: 10.)

"Então, Jesus soltando um grande brado, disse: "Meu Pai, *nas vossas mãos entrego o meu ser.* Pronunciando estas palavras, expirou." (Lucas, XXIII: 46.)

Já que Jesus, morrendo, entrega sua alma nas mãos de Deus, ele tinha, portanto, uma alma distinta de Deus, submetida a Deus, *portanto ele não era o próprio Deus.*

As seguintes palavras testemunham uma certa fraqueza humana, uma apreensão da morte e dos sofrimentos que Jesus vai experimentar, e que contrasta com a natureza essencialmente divina que se lhe atribui; porém, elas testemunham, ao mesmo tempo, uma submissão que é a do inferior a um superior.

"Então, Jesus chegou a um lugar chamado Getsêmani; e disse a seus discípulos: Sentai-vos aqui enquanto vou ali para orar. — E tendo levado consigo Pedro e os dois filhos de Zebedeu, *começou a entristecer-se e a ficar numa grande aflição*. — Então, ele lhes disse: *Minha alma está triste até a morte*; permanecei aqui e velai comigo. — E indo um pouco mais distante, prosternou o rosto contra a terra, orando e dizendo: *Meu Pai, se for possível, fazei com que este cálice se afaste de mim*; entretanto, que seja, não *como eu o quero*, mas *como vós o quereis*. — Ele veio em seguida ter com seus discípulos, e tendo-os encontrado adormecidos, disse a Pedro: Quê! Vós não pudestes velar uma hora comigo? — Vigiai e orai, a fim de não cairdes em tentação. O espírito está pronto, mas a carne é fraca. — Foi-se de novo orar uma segunda vez, dizendo: *"Meu Pai, se este cálice não pode passar, sem que eu o beba, que vossa vontade seja feita."* (Jesus no Jardim das Oliveiras; Mateus, XXVI: 36 a 42.)

"Então, ele lhes disse: Minha alma está triste, numa tristeza de morte; permanecei aqui e vigiai. — E tendo ido um pouco mais distante, prosternou-se na terra, pedindo que, se fosse possível, *afastasse dele esta hora*. — E ele dizia: *Abba*,[14] meu Pai, *tudo vos é possível, transportai este cálice para longe de mim*; mas, entretanto, que seja feita a vossa vontade e não a minha." (Marcos, XIV: 34 a 36.)

"Quando chegou àquele lugar, ele lhes disse: Orai a fim de que não sucumbais à tentação. — E tendo-se afastado deles, mais ou menos um lance de pedra, pôs-se de joelhos dizendo: Meu Pai, *se quiserdes, afastai de mim este cálice*; entretanto, que não

---

[14] **Abba**: é um termo aramaico que, nos lábios de Jesus, exprime familiaridade do Filho com o Pai. (**N.E.** conforme a *Bíblia de Jerusalém*.)

seja *a minha vontade que se faça*, mas a *vossa*. — Então, apareceu-lhe um anjo do céu que veio fortificá-lo. — E tendo agonia, ele redobrava suas preces. — E veio-lhe um suor de gotas de sangue que corria até o chão." (Lucas, XXII: 40 a 44.)

"E por volta da nona hora, Jesus soltou um grito, dizendo: *Eli! Eli! Lemá sabachtháni?* Quer dizer: *Meu Deus! Meu Deus! Por que me abandonastes?*" (Mateus, XXVII: 46.)

"E na nona hora, Jesus soltou um grande grito, dizendo: *Meu Deus! Meu Deus! Por que me abandonastes?*" (Marcos, XV: 34.)

As seguintes passagens poderiam deixar alguma incerteza e dar lugar a se crer numa identificação de Deus com a pessoa de Jesus; mas, além de não poderem prevalecer sobre os termos precisos daqueles que precederam, elas trazem, ainda, nelas próprias, sua própria retificação.

"Eles lhe disseram: Quem sois, então? Jesus lhes respondeu: *Sou o princípio de todas as coisas*, eu que vos falo. — Tenho muitas coisas a vos dizer; *mas aquele que me enviou é* verdadeiro, e não digo senão o que dele aprendi." (João, VIII: 25 e 26.)

"O que meu Pai me deu é maior do que todas as coisas e ninguém pode arrebatá-lo da mão de meu Pai. *Meu pai e eu somos um*." (João, X: 29 e 30.)

Quer dizer, que seu pai e ele são *um pelo pensamento*, já que ele exprime *o pensamento* de Deus; pois ele tem *a palavra* de Deus.

"Então, os judeus pegaram pedras para lapidá-lo. — E Jesus lhes disse: Fiz diante de vós várias boas obras *pelo poder de meu Pai*; por qual delas quereis lapidar-me? — Os judeus lhe responderam: Não é por nenhuma boa obra que nós vos lapidamos, mas por causa da vossa blasfêmia e porque, sendo homem, vós vos fazeis Deus. — Jesus lhes replicou: Não está escrito na vossa lei: *Tenho dito que vós sois deuses*? — Se, portanto, chamam de deuses aqueles a quem a palavra de Deus era dirigida, e como a Escritura não podia ser destruída, — por que dizeis que blasfemo, eu que meu Pai santificou e enviou ao mundo, porque eu disse que sou Filho de Deus? — Se eu não fizesse as obras de meu Pai, não me acreditaríeis; — mas se eu as faço, quando não queirais crer em mim, crede nas minhas obras, a fim de que conheçais e creiais que meu Pai está em mim, e eu no Pai." (João, X: 31 a 38.)

Num outro capítulo, dirigindo-se aos seus discípulos, disse-lhes:

"Nesse dia, reconhecereis que *estou em meu Pai e vós em mim, e eu em vós.*" (João, XIV: 20.)

Dessas palavras, não se deve concluir que Deus e Jesus são apenas *um*, de outro modo seria preciso concluir também das mesmas palavras, que os apóstolos são, igualmente, apenas *um* com Deus.

IV. Palavras de Jesus depois de sua morte

"Jesus lhe respondeu: Não me toques, pois ainda não subi para meu Pai; mas vai encontrar meus irmãos e diga-lhes de minha parte: *Subo para meu Pai e vosso Pai, para* MEU DEUS *e vosso Deus.*" (Aparição a Maria Madalena; João, XX: 17.)

"Mas, Jesus aproximando-se, falou-lhes assim: Todo poder *me foi dado* no céu e na Terra." (Aparição aos Apóstolos; Mateus, XXVIII: 18.)

"Ora, sois testemunhas destas coisas; — E vou enviar-vos *o dom de meu Pai* que vos foi prometido." (Aparição aos Apóstolos; Lucas, XXIV: 48 e 49.)

Tudo, portanto, acusa nas palavras de Jesus, seja enquanto em vida, seja após sua morte, uma dualidade de pessoas perfeitamente distintas, assim como o profundo sentimento de sua inferioridade e da sua subordinação com relação ao Ser supremo. Por sua insistência em afirmá-lo espontaneamente, sem a isso ser constrangido nem provocado pelo que quer que seja, parece querer protestar antecipadamente contra o papel que ele prevê que se lhe atribuirá um dia. Se ele houvesse guardado silêncio sobre o caráter de sua personalidade, o campo teria ficado aberto a todas as suposições, como a todos os sistemas; mas a precisão de sua linguagem afasta qualquer incerteza.

Que autoridade maior pode-se encontrar do que as próprias palavras de Jesus? Quando ele diz, categoricamente: sou ou não sou tal coisa, quem ousaria arrojar-se o direito de desmenti-lo, fosse para colocá-lo mais alto do que ele se coloca a si próprio? Quem é que pode, racionalmente, pretender ser mais esclarecido que ele sobre sua própria natureza? Que interpretações podem prevalecer contra afirmações tão formais e multiplicadas como estas:

"Não venho por mim mesmo, mas aquele que me enviou é o único Deus verdadeiro. — Saí de Deus e dele venho. — Eu falo o que vi junto de meu Pai. — Não cabe a mim concedê-lo, mas é para aqueles aos quais meu Pai o preparou. — Por que ir para o Pai, porque o Pai é maior do que eu. — Por que me perguntas sobre o que é bom? O bom é um só. — Porque não falei de mim mesmo, mas o Pai, que me enviou, me prescreveu o que dizer e o que falar. — Minha doutrina não é minha, mas daquele que me enviou. — A palavra que ouvis não é minha, mas do Pai que me enviou. — Nada faço por mim mesmo, mas falo como me ensinou o Pai. — Por isso, nada posso fazer de mim mesmo. — Não procuro a minha vontade, mas a vontade daquele que me enviou. Falei a verdade que ouvi de Deus. — Meu alimento é fazer a vontade daquele que me enviou. — Vós que sois o único Deus verdadeiro e Jesus Cristo que enviastes. — Meu Pai, nas vossas mãos entrego a minha alma. — Meu Pai, se é possível, fazei com que este cálice se afaste de mim. — Meu Deus, meu Deus, por que me abandonastes? — Subo para meu Pai e vosso Pai, para meu Deus e vosso Deus.

Quando se leem tais palavras, pergunta-se como se pôde sequer pensar em lhes dar um sentido diametralmente oposto àquele que elas exprimem tão claramente, o de conceber uma identificação completa da *natureza* e do *poder* entre o Senhor e aquele que se diz seu servidor. Neste grande processo que dura há quinze séculos, quais são as peças de convicção? Os Evangelhos, — não há outras, que, sobre o ponto em litígio, não dão lugar a qualquer equívoco. Aos documentos autênticos, que não se pode contestar, sem negar a veracidade dos evangelistas e do próprio Jesus, que documentos se apoiam em testemunhos oculares, o que contrapõem? Uma doutrina teórica, puramente especulativa, nascida três séculos mais tarde de uma polêmica engajada sobre a natureza abstrata do Verbo, vigorosamente combatida durante vários séculos, e que apenas prevaleceu pela pressão de um poder civil absoluto.

V. Dupla natureza de Jesus

Poder-se-ia objetar que, em razão da dupla natureza de Jesus, suas palavras eram a expressão do seu sentimento como homem e não como Deus. Sem examinar, neste momento, através de que encadeamento de circunstâncias fomos conduzidos, bem mais tarde, à hipótese desta dupla natureza, admitamo-la por um instante, e vejamos se, ao invés de elucidar a questão ela não a complica a ponto de torná-la insolúvel.

O que devia ser humano em Jesus, era o corpo, a parte material; deste ponto de vista compreende-se que ele tenha podido, e até tenha sofrido como homem. O que nele devia ser divino, era a alma, o espírito, o pensamento, numa palavra, a parte espiritual do Ser. Se ele sentia e sofria como homem; devia pensar e falar como Deus. Falava como homem ou como Deus? Aí está uma questão importante, pela autoridade excepcional dos seus ensinamentos. Se falava como homem, suas palavras são contestáveis; se falava como Deus, são indiscutíveis; é preciso aceitá-las e a elas nos conformar, sob pena de deserção e de heresia; o mais ortodoxo será aquele que mais se aproximar delas.

Dir-se-á que, sob seu envoltório corporal, Jesus não tinha consciência de sua natureza divina? Mas, se fosse assim, ele não teria nem mesmo *pensado como Deus*, sua natureza divina existiria em estado latente; só a natureza humana teria presidido à sua missão, aos seus atos morais como aos seus atos materiais. É, portanto, impossível abstrair-se de sua natureza divina, durante sua vida, sem enfraquecer sua autoridade.

Mas, se ele *falou como Deus*, por que este incessante protesto contra sua natureza divina, que neste caso, ele não podia ignorar? Ele teria, portanto, se enganado, o que seria pouco divino, ou ele teria, conscientemente, enganado o mundo, o que o seria menos ainda. Parece-nos difícil sair deste dilema.

Se se admite que ele falou tanto como homem, quanto como Deus, a questão se complica, pela impossibilidade de se distinguir o que vinha do homem e o que vinha de Deus.

Se fosse o caso em que ele tivesse tido motivos para dissimular sua verdadeira natureza durante sua missão, o meio mais simples seria o de não falar dela, ou de se exprimir como o fez em outras circunstâncias, de uma maneira vaga e parabólica, sobre os pontos, cujo conhecimento estava reservado ao futuro, ora, não é aqui o caso, já que estas palavras não têm nenhuma ambiguidade.

Enfim, se apesar de todas estas considerações, ainda se pudesse supor que, enquanto vivo, ele tivesse ignorado sua verdadeira natureza, esta opinião não é mais admissível, após sua ressurreição; pois, quando ele aparece aos seus discípulos, não é mais o homem que fala, é o espírito desprendido da matéria, que deve ter recobrado a plenitude de suas faculdades espirituais e a consciência de seu estado normal, de sua identificação com a divindade; e, entretanto, foi então que ele disse: *Subo para meu Pai e vosso Pai, para meu Deus e vosso Deus!*

A subordinação de Jesus é ainda indicada pela sua qualidade de mediador, que implica a existência de uma pessoa distinta; é ele que intercede junto a seu Pai; que se oferece em sacrifício para redimir os pecadores; ora, se ele próprio é Deus, ou se *é igual a ele em todas as coisas*, não tem necessidade de interceder, pois não se intercede junto a si mesmo.

VI. Opinião dos apóstolos

Até agora, nós nos apoiamos exclusivamente sobre as próprias palavras do Cristo, como o único elemento peremptório de convicções, porque fora isto, não pode haver senão opiniões pessoais.

De todas estas opiniões, as que têm mais valor são, incontestavelmente, as dos apóstolos, já que eles o assistiram na sua missão, e que, se ele lhes deu instruções secretas tocantes à sua natureza, delas encontraríamos traços nos seus escritos. Tendo vivido na sua intimidade, melhor do que quem quer que seja, deviam conhecê-lo. Vejamos, portanto, de que maneira consideraram-no.

"Oh! Israelitas, ouvi as palavras que vou dizer-vos: Sabeis que *Jesus de Nazaré foi um homem que Deus tornou célebre entre vós* por suas maravilhas, os prodígios e os milagres feitos por ele entre nós. — Todavia, vós o crucificastes, e o fizestes morrer pelas mãos dos maus, *tendo ele vos sido entregue por uma ordem expressa da vontade de Deus* e por um decreto da sua presciência. — *Mas Deus ressuscitou-o*, cessando as dores do inferno, sendo impossível que ele aí fosse retido. — Pois Davi disse em seu nome: Tenho sempre presente diante de mim o Senhor, porque ele está à minha direita, a fim de que não seja enfraquecido. — É por isso que meu coração se regozijou, que minha língua cantou cânticos de alegria, e que minha própria carne repousará em esperança; — porque vós não deixareis minha alma no inferno, e não permitireis que vosso Santo experimente a corrupção. — Vós me fizestes conhecer o caminho da vida, e me enchereis da alegria que dá a visão do vosso rosto." (Prédica de São Pedro; Atos dos Apóstolos, II: 22 a 28.)

"Então, após ter sido elevado pelo poder de Deus, e de ter recebido a realização da promessa que o *Pai lhe fizera de enviar o Santo Espírito*, ele espalhou este Espírito Santo que vedes e ouvis agora; —pois Davi não subiu ao céu; — ora, ele próprio disse: *O Senhor disse ao meu Senhor: Sentai-vos à minha direita,*

— até que eu tenha reduzido vossos inimigos a vos servir de degrau. — Que toda a casa de Israel saiba, portanto, muito certamente, que *Deus fez Senhor e Cristo este Jesus que vós crucificastes.*" (Prédica de São Pedro; Atos dos Apóstolos, II: 33 a 36.)

"Moisés disse a nossos pais: o Senhor vosso Deus *vos suscitará dentre vossos irmãos um profeta como eu*; ouvi-o em tudo o que ele vos disser. — Quem quer que não ouça este profeta será exterminado do meio do povo."

"É por vós, primeiramente, que *Deus suscitou seu Filho*, ele vos enviou para vos abençoar, a fim de que cada um se convertesse de sua má vida."(Prédica de São Pedro; Ato dos Apóstolos, III: 22, 23, 26.)

"Nós vos declaramos a todos vós e a todo povo de Israel, que é pelo nome de Nosso Senhor *Jesus Cristo de Nazaré*, o qual vós crucificastes, e que *Deus ressuscitou* dentre os mortos; é por ele que este homem agora está curado como o vedes diante de vós." (Prédica de São Pedro; Atos dos Apóstolos, IV: 10.)

"Os reis da Terra elevaram-se, e os príncipes reuniram-se, em conjunto, contra o *Senhor* e contra *seu Cristo.* — Pois, Herodes e Pôncio Pilatos com os gentios e o povo de Israel reuniram-se, verdadeiramente, nesta cidade contra vosso santo Filho Jesus, que consagrastes através da vossa unção, para fazer tudo o que o vosso poder e vosso conselho tinham ordenado dever ser feito." (Prece dos Apóstolos; Atos dos Apóstolos, IV: 26 a 28.)

"Pedro e os outros apóstolos responderam: É preciso obedecer mais a Deus do que aos homens. — O Deus de nossos pais *ressuscitou Jesus, que fizestes morrer pendurando-o no madeiro. Foi ele que Deus elevou para sua direita* como sendo o Príncipe e o Salvador, para dar a Israel a graça da penitência e a remissão dos pecados." (Resposta dos Apóstolos ao grande padre; Atos dos Apóstolos, V: 29 a 31.)

"Foi este Moisés que disse às crianças de Israel: Deus vos suscitará dentre vossos irmãos *um profeta como eu,* ouvi-o."

"Mas o Altíssimo não habita nos templos feitos pela mão dos homens, segundo esta palavra do profeta: — O céu é meu trono, e a Terra é meu degrau. Que casa me construiríeis, disse o Senhor? E qual poderia ser o lugar do meu repouso?" (Discurso de Estêvão; Atos dos Apóstolos, VII: 37, 48 e 49.)

"Mas Estêvão estando pleno do Espírito Santo, e levantando os olhos para o céu, viu a glória de Deus, *e Jesus que estava de pé, à direita de Deus*, e disse: Vejo os céus abertos, *e o Filho do Homem* que está de pé *à direita de Deus*.

Então, soltando grandes gritos, e tapando-se as orelhas, lançaram-se sobre ele todos juntos, — e tendo-o arrastado para fora dos muros da cidade, eles o lapidaram; e as testemunhas colocaram suas roupas ao pé de um rapaz chamado Saulo (mais tarde, São Paulo). — Assim, eles lapidavam Estêvão, e ele evocava Jesus, e dizia: Senhor Jesus, *recebei meu espírito*." (Martírio de Estêvão; Atos dos Apóstolos, VII: 55 a 59.)

Estas citações testemunham claramente o caráter que os apóstolos atribuíam a Jesus. A ideia exclusiva que daí ressalta é a da sua subordinação a Deus, da constante supremacia de Deus, sem que nada aí revele *um pensamento de assimilação qualquer da natureza e do poder*. Para eles, Jesus era um *homem profeta*, escolhido e abençoado por Deus. Portanto, não é entre os apóstolos que a crença na divindade de Jesus nasceu. São Paulo, que não conheceu Jesus, mas que, de ardoroso perseguidor tornou-se o mais zeloso e o mais eloquente discípulo da nova fé, e cujos escritos prepararam os primeiros formulários da religião cristã, não é menos explícito a este respeito: É o mesmo sentimento de dois seres distintos, e da supremacia do Pai sobre o filho.

"Paulo, servidor de Jesus Cristo, apóstolo da vocação divina, escolhido e destinado a anunciar o Evangelho de Deus, — que ele havia prometido antes, através de seus profetas nas escrituras santas, — *no tocante a seu filho, que lhe nasceu, segundo a carne, do sangue e da raça de Davi*; — que foi predestinado para ser o filho de Deus, num soberano poder, segundo o Espírito de santidade, pela ressurreição dentre os mortos; no tocante, digo, a Jesus Cristo nosso Senhor; — através de quem recebemos a graça do apostolado, para fazer obedecer à fé todas as nações, pela virtude do seu nome; na fileira dos quais vós também estais, como tendo sido chamados por Jesus Cristo, — a vós que estais em Roma, que sois queridos de Deus, e chamados para ser santos; *que Deus nosso Pai, e Jesus Cristo nosso Senhor* vos deem a graça e a paz." (Romanos, I: 1 a 7.)

"Estando assim justificados pela fé, tenhamos paz com *Deus por Jesus Cristo* nosso Senhor."

"Pois, por que, quando estávamos ainda nos langores do pecado, Jesus Cristo morreu por ímpios como nós no tempo *destinado por Deus?*"

"Jesus Cristo não deixou de morrer por nós no tempo *destinado por Deus*. Assim sendo, agora justificados pelo seu sangue, nós seremos, com mais forte razão, libertados *por ele da cólera de Deus*."

"E não somente fomos reconciliados, mas até nos glorificamos *em Deus por Jesus Cristo*, nosso Senhor, por quem obtivemos esta reconciliação."

"Se pelo pecado de um só, vários morreram, a misericórdia e o dom de Deus se derramaram, com mais forte razão, mais abundante sobre muitos pela graça *de um só homem, que é Jesus Cristo*." (Romanos, V: 1, 6, 9, 11, 15 e 17.)

"Se somos filhos, somos também herdeiros; HERDEIROS *de Deus* e COERDEIROS *de Jesus Cristo*, contanto, porém, que soframos com ele." (Romanos, VIII: 17.)

"Se confessais de boca que Jesus Cristo é o Senhor e se credes de coração que *Deus o ressuscitou* dentre os mortos, sereis salvos." (Romanos, X: 9.)

"Em seguida, virá a consumação de todas as coisas, *quando ele houver entregue seu reino a Deus, seu Pai*, e houver destruído todo o império, todo domínio, todo poder, — pois

Jesus Cristo deve reinar até que seu Pai tenha colocado seus inimigos sob seus pés. — Ora, a morte será o último inimigo a ser destruído; pois a Escritura diz que Deus colocou-lhe tudo sob os pés e tudo lhe sujeitou; é indubitável que é preciso daí excetuar *aquele que submeteu todas as coisas*. — Quando, pois, todas as coisas estiverem submetidas ao Filho, *então, o próprio Filho estará submetido àquele que lhe terá submetido todas as coisas*, a fim de que Deus seja tudo em todos." (I Coríntios, XV: 24 a 28.)

"Mas, nós vemos que Jesus, que tinha se tornado, por pouco tempo, inferior aos anjos, foi coroado de glória e de honra, por causa da morte que ele sofreu; Deus, por sua bondade, tendo querido que ele morresse por todos, — pois ele era bem digno de Deus, por quem e para quem são todas as coisas, que, querendo conduzir à glória vários filhos, consumou e *aperfeiçoou pelo sofrimento*, aquele que devia ser o chefe e o autor da salvação deles."

"Assim, aquele que santifica aqueles que são santificados, *vêm todos de um mesmo princípio*; é por isso que ele não se envergonha de chamá-los de *seus irmãos*, — dizendo: Anunciarei vosso nome aos meus irmãos; cantarei vossos louvores no meio da *assembleia do vosso povo*. — E alhures: depositarei nele minha confiança. E, em outro lugar: eis-me com *os filhos que Deus me deu*."

"É por isso que foi necessário que ele fosse em tudo semelhante a seus irmãos, para ser, *diante de Deus* um pontífice compassivo e fiel em seu ministério, a fim de expiar os pecados do povo. — Pois, é das penas e dos próprios sofrimentos, pelos quais ele foi tentado e experimentado, que ele tira a virtude e a força para socorrer os que são também tentados." (Hebreus, II: 9 a 13, 17 e 18.)

"Portanto, vós, meus santos irmãos, que tendes parte na vocação celeste, considerai Jesus, que é *o apóstolo e o pontífice* da religião que professamos; — que é fiel *àquele que o estabeleceu neste cargo*, como Moisés lhe foi fiel em toda sua casa; — pois *ele foi julgado digno* de uma glória tanto maior que a de Moisés, quanto aquele que construiu sua casa é mais estimável que a própria casa; pois não há casa que não tenha sido construída por alguém. Ora, aquele que é o arquiteto e *o criador de todas as coisas, é Deus*." (Hebreus, III: 1 a 4.)

VII. Predição dos profetas com relação a Jesus

Além das afirmações de Jesus e a opinião dos apóstolos, há um testemunho cujo valor o mais ortodoxo dos crentes não poderia contestar, já que o citam, constantemente, como de um artigo de fé; é o do próprio Deus; quer dizer, o dos profetas, falando sob a inspiração e anunciando a vinda do Messias. Ora, eis as passagens da *Bíblia* consideradas como a predição deste grande acontecimento.

"Eu o vejo, mas não agora; olho-o, mas não de perto; uma estrela procedeu de Jacó, e um cetro elevou-se de Israel, e transpassará os chefes de Moab, e destruirá todos os filhos de Set." (Números, XXIV: 17.)

"Eu lhes suscitarei um profeta, como tu, *dentre seus irmãos*, e colocarei minhas palavras em sua boca e ele lhes dirá *o que eu lhe tiver ordenado*. E acontecerá que quem quer que não escutar as palavras que *ele houver dito em meu nome*, eu lhe pedirei contas." (Deuteronômio, XVIII: 18 e 19.)

"Acontecerá, portanto, quando chegarem os dias de ires com teus pais, que farei levantar-se tua posteridade depois de ti, *um de teus filhos*, e estabelecerei seu reino. Ele me construirá uma casa, e afirmarei seu trono para sempre. *Ser-lhe-ei pai e ele me será filho*; e não retirarei dele a minha misericórdia, como a retirei daquele que foi antes de ti, *e eu o estabelecerei* na minha casa e no meu reino para sempre, e seu trono se firmará para sempre." (I Paralipômenos,[15] XVII: 11 a 14.)

"É por isso que o próprio Senhor vos dará um sinal. Eis que uma virgem ficará grávida, e parirá um filho, e ele se chamará Emanuel." (Isaías, VII: 14.)

---

[15] Ou, I Crônicas, XVII: 11 a 14. (N.E.)

"Pois a criança nos nasceu, o Filho nos foi dado, e o império foi posto sobre seu ombro e chamar-se-á seu nome, de o Admirável, o Conselheiro, o Deus forte, o Poderoso, o Pai da eternidade, o Príncipe da paz." (Isaías, IX: 5.)

"Aqui está *meu servidor*, eu o sustentarei; *é meu eleito, minha alma nele colocou seu afeto: coloquei nele o meu Espírito*; ele exercerá a justiça entre as nações.

Ele não se retirará absolutamente, nem se precipitará, até que tenha estabelecido a justiça sobre a Terra, e os seus se submeterão à sua lei." (Isaías, XLII: 1 a 4.)

"Ele gozará do trabalho de sua alma, e dele ficará saciado; e *meu servidor* justo, justificará a muitos, pelo conhecimento que terão dele e ele próprio suportará suas iniquidades." (Isaías, LIII: 11.)

"Rejubila-te ao extremo, filha de Sião; solta gritos de júbilos, filha de Jerusalém! Eis que teu rei virá a ti, justo e salvador humilde, e montado num jumento, e sobre o potro de uma jumenta. E eu suprimirei os carros de guerra de Efraim, e os cavalos de Jerusalém, e o arco do combate também será suprimido, e o rei falará de paz às nações; e sua dominação se estenderá de um mar ao outro mar, e do rio aos extremos da Terra." (Zacarias, IX: 9 e 10.)

"E ele (o Cristo) se manterá, e governará pela força do *seu Deus Eterno*, e eles retornarão, e agora ele será glorificado até o extremo da Terra, e é ele que fará a paz." (Miqueias, V: 3 e 4.)

A distinção entre Deus e seu futuro enviado é caracterizada da maneira mais formal; Deus o designa de *seu servidor*, por conseguinte, seu subordinado; nada há, nas suas palavras, que implique a ideia de igualdade de poder, nem de consubstancialidade entre as duas pessoas. Deus estaria, pois, enganado e os homens que vieram *três séculos* após Jesus Cristo teriam visto com mais justeza do que ele? Tal parece ser a pretensão deles.

VIII. O Verbo se fez carne

"No princípio era o Verbo, e o Verbo estava com Deus, e o Verbo era Deus. Ele estava no princípio com Deus. — Todas as

coisas foram feitas por ele; e nada do que foi feito o foi sem ele.
— Nele estava a vida, e a vida era a luz dos homens; — E a luz
brilhou nas trevas, e as trevas não a compreenderam."

"Houve um homem enviado de Deus, que se chamava João.
— Ele veio para servir de testemunha, para dar testemunho da
luz, a fim de que todos cressem através dele. — Ele não era a luz,
mas veio para dar testemunho àquele que era a luz."

"Aquele era a verdadeira luz que ilumina todo homem que
vem a este mundo. — Ele estava no mundo, e o mundo foi feito
por ele, e o mundo absolutamente não o conheceu. — Ele veio à
sua casa, e os seus, absolutamente, não o receberam. — Mas, ele
deu a todos aqueles que o receberam, o poder de se tornarem
filhos de Deus, àqueles que creem no seu nome, que absolutamente não nasceram do sangue, nem da vontade da carne, nem da
vontade do homem, mas do próprio Deus."

"E o Verbo foi feito carne, e habitou entre nós; e vimos
sua glória, sua glória tal qual o Filho único devia recebê-la do
Pai; e ele, digo, habitou entre nós, cheio de graça e de verdade."
(João, I: 1 a 14.)

Esta passagem dos Evangelhos é a única que, à primeira
vista, parece encerrar implicitamente uma ideia de identificação
entre Deus e a pessoa de Jesus; é também aquela sobre a qual
estabeleceu-se, mais tarde, a controvérsia a este respeito. Esta questão da Divindade de Jesus só apareceu gradativamente; ela nasceu das discussões levantadas a propósito das interpretações
dadas por alguns às palavras *Verbo* e *Filho*. Só no quarto século
é que ela foi adotada, em princípio, por uma parte da Igreja. Este
dogma é, pois, o resultado da decisão dos homens e não de uma
revelação divina.

É de se notar que as palavras que citamos mais acima são
de João, e não de Jesus, e que admitindo que não tenham sido
alteradas, elas exprimem, na realidade, apenas uma opinião pessoal, uma indução, onde se encontra o misticismo habitual de sua

linguagem; não poderiam, pois, prevalecer contra as afirmações reiteradas do próprio Jesus.

Porém, aceitando-as tais quais são, elas não resolvem, de modo algum, a questão no sentido da divindade, pois elas se aplicariam igualmente a Jesus, criatura de Deus.

Com efeito, o *Verbo* é Deus, porque é a palavra de Deus. Jesus tendo recebido esta palavra diretamente de Deus, com a missão de revelá-la aos homens, assimilou-a; a palavra divina da qual se impregnara, encarnou nele; ele a trouxe consigo ao nascer, e é com razão que Jesus pôde dizer: *O Verbo foi feito carne, e habitou entre nós.* Jesus pode, então, ser encarregado de transmitir a palavra de Deus, sem ser o próprio Deus, como um embaixador transmite as palavras de seu soberano, sem ser o soberano. Segundo o dogma da divindade, é Deus quem fala; na outra hipótese, ele fala pela boca de seu enviado, o que nada tira à autoridade de suas palavras.

Mas, quem autoriza esta suposição muito mais do que a outra? A única autoridade competente para decidir a questão é a das próprias palavras de Jesus, quando ele diz: *"Não falei de mim mesmo, mas meu Pai, que me enviou, é quem me prescreve, por seu mandamento o que devo dizer; — minha doutrina não é minha doutrina, mas a doutrina daquele que me enviou, a palavra que tendes ouvido não é minha palavra, mas a de meu Pai que me enviou."* É impossível exprimir-se com mais clareza e precisão.

A qualidade de *Messias* ou *enviado*, que lhe foi dada em todo o curso dos Evangelhos, implica uma posição subordinada em relação àquele que ordena; aquele que obedece não pode ser igual àquele que comanda. João caracteriza esta posição secundária, e, por conseguinte, estabelece a dualidade das pessoas, quando ele diz: *E vimos sua glória, tal como o Filho único devia recebê-la do Pai*; pois aquele que a recebe, não pode ser aquele que dá, e aquele que dá a glória, não pode ser igual àquele que recebe. Se Jesus é Deus, ele possui a glória por si mesmo e não a espera de ninguém; se Deus e Jesus são um único ser sob dois nomes diferentes, não poderia existir entre eles nem supremacia, nem subordinação; já que não há paridade absoluta de posição, é que são dois seres distintos.

A qualificação de *Messias divino* não implica mais igualdade entre o mandatário e o mandante, que a do *enviado real*, entre um rei e seu representante.

Jesus era um messias divino pelo duplo motivo de que ele tinha sua missão de Deus, e que suas perfeições o colocavam em relação direta com Deus.

IX. Filho de Deus e Filho do Homem

O título de *Filho de Deus*, longe de implicar igualdade, é bem mais o indício de uma submissão; ora, ninguém é submetido a si mesmo, mas a alguém.

Para que Jesus fosse absolutamente igual a Deus, seria necessário que fosse como ele, de toda a eternidade, quer dizer, que ele fosse *incriado*; ora, o dogma diz que Deus *o gerou* de toda a eternidade; mas quem diz *gerou*, diz *criou*; que fosse ou não de toda a eternidade, não deixa de ser uma criatura, e, como tal, subordinada a seu Criador; é a ideia implicitamente encerrada na palavra *Filho*.

Jesus nasceu no tempo? Ou, por outra; houve um tempo, na eternidade passada, ou ele não existia? Ou ele é coeterno com o Pai? Tais são as sutilezas sobre as quais disputou-se durante séculos. Sobre que autoridade se apoia a doutrina da coeternidade que passou ao estado de dogma? Na opinião dos homens que a estabeleceram. Mas, estes homens, sobre que autoridade fundam sua opinião? Não é sobre a de Jesus, já que ele se declara subordinado; não é sobre a dos profetas que o anunciam como o enviado e o servidor de Deus. Em que documentos desconhecidos mais autênticos que os Evangelhos, eles encontraram esta doutrina? Aparentemente, na consciência e na superioridade de suas próprias luzes.

Deixemos, pois, estas vãs discussões que não poderiam conduzir a nada, e cuja própria solução, se fosse possível, não tornaria melhores os homens. Digamos que Jesus é *Filho de Deus*, como todas as criaturas; ele o chama de seu Pai como nos ensinou a chamá-lo de *nosso Pai*. Ele é o *Filho bem-amado de Deus*, porque tendo chegado à perfeição que aproxima de Deus, possui toda sua confiança e toda sua afeição; ele se diz *Filho único*, não porque seja o único que tenha chegado a esse grau, mas porque era o único predestinado a desempenhar esta missão na Terra.

Se a qualificação de *Filho de Deus* parecia apoiar a doutrina da divindade, não acontecia o mesmo para a de *Filho do homem* que Jesus deu a si mesmo na sua missão, e que constituiu objeto de muitos comentários.

Para lhe compreendermos o verdadeiro sentido, é preciso remontar à *Bíblia*, onde ela foi dada pelo próprio Deus ao profeta Ezequiel.

"Tal foi esta imagem da glória do Senhor, que me foi apresentada. Tendo, então, visto estas coisas, caí com o rosto na terra, e ouvi uma voz que me falou, dizendo: *Filho do homem*, põe-te sobre teus pés, e falarei contigo. — E o espírito, tendo-me falado desta maneira, entrou em mim, e me firmou sobre meus pés, e eu ouvi o que me falava e me dizia: *Filho do homem*, envio-te aos filhos de Israel, para um povo apóstata, que se retirou de mim. Eles violaram, até hoje, eles e seus pais, a aliança que eu fizera com eles." (Ezequiel, I: 28; II: 1 a 3.)

"*Filho do homem*, eis que eles te prepararam correntes; acorrentar-te-ão e dali não sairás" (Ezequiel, III: 25.)

"O Senhor me dirigiu ainda sua palavra, e me disse: — E tu, *Filho do homem*, eis o que diz o Senhor Deus à terra de Israel: o fim vem; ele vem, esse fim, nos quatro cantos da Terra." (Ezequiel, VII: 1 e 2.)

"No décimo dia, do décimo mês, do nono ano, o Senhor dirigiu-me sua palavra e me disse: — *Filho do homem*, marca bem este dia que o rei da Babilônia reuniu suas tropas diante de Jerusalém." (Ezequiel, XXIV: 1 e 2.)

"O Senhor disse-me ainda estas palavras: — *Filho do homem*, vou te atingir com uma praga e te arrebatar o que há de mais agradável aos teus olhos; mas não farás lamentações fúnebres; não chorarás absolutamente, e lágrimas não correrão absolutamente do teu rosto. — Gemerás em segredo, e não enlutarás absolutamente como se faz pelos mortos; tua coroa permanecerá presa sobre tua cabeça, e terás tuas sandálias a teus pés: não cobrirás o teu rosto e não comerás as carnes que se dão àqueles que estão de luto. — Falei, então, pela manhã ao povo e, à tarde, minha mulher morreu. No dia seguinte, pela manhã, fiz o que Deus me tinha ordenado." (Ezequiel, XXIV: 15 a 18.)

"O Senhor falou-me ainda e me disse: — *Filho do homem*, profetiza tocando os pastores de Israel, profetiza e diz aos pastores: Eis o que diz o Senhor Deus. Ai dos pastores de Israel que se apascentam a si mesmos: os pastores não apascentam seus rebanhos?" (Ezequiel, XXXIV: 1 e 2.)

"Então, ouvi que me falava, dentro da casa; e o homem que estava próximo a mim me disse: — *Filho do homem*, é aqui o lugar do meu trono; o lugar onde pousarei meus pés, e onde permanecerei para sempre no meio dos filhos de Israel, e a casa de Israel não profanará mais meu santo nome no futuro, nem eles, nem seus reis, por suas idolatrias, pelos sepulcros de seus reis, nem pelos que estão no topo da hierarquia." (Ezequiel, XLIII: 6 e 7.)

"Pois, Deus não ameaça, absolutamente, como o homem, e não se enfurece como o *Filho do homem*." (Judite, VIII: 16.)

É evidente que a qualificação de *Filho do homem* quer, aqui, dizer: *que nasceu do homem*, por oposição ao que está fora da Humanidade. A última citação, tirada do livro de Judite, não deixa dúvida sobre a significação dessa palavra, empregada num sentido muito literal. Deus não designa, senão Ezequiel, sob este nome, sem dúvida, para lembrar-lhe que, apesar do dom da profecia, que lhe fora concedido, ele não deixa de pertencer à Humanidade, e a fim de que não se creia de uma natureza excepcional.

Jesus se dá a si mesmo esta qualificação com uma persistência notável, pois só em muito raras circunstâncias é que ele se diz *Filho de Deus*. Em sua boca, não pode haver outra significação, senão a de lembrar que, ele também, pertence à Humanidade; desse modo, ele se identifica aos profetas que o precederam e aos quais se comparou fazendo alusão à sua morte, quando diz: *Jerusalém que mata os profetas!* A insistência com que se designou como *Filho do homem*, parece um protesto antecipado contra a qualidade que ele prevê que se lhe dará mais tarde, a fim de que fique bem constatado que ela não saiu de sua boca.

Deve-se notar que, durante esta interminável polêmica que apaixonou os homens, durante uma longa série de séculos, e que dura ainda, que acendeu as fogueiras e fez derramar rios de sangue, discutiu-se sobre uma abstração, a natureza de Jesus, da qual se fez a pedra angular do edifício, embora não se tenha absolutamente falado dele; e que se tenha esquecido de uma coisa, a de que o Cristo disse ser *toda a lei e os profetas*: o amor a Deus e ao próximo, e a caridade da qual fez a condição expressa da salvação. Prendeu-se à questão da afinidade de Jesus com Deus e emudeceu-se completamente com relação às virtudes, que ele recomendou e das quais deu o exemplo.

O próprio Deus ficou apagado, diante da exaltação da personalidade do Cristo. No símbolo de Niceia, foi dito simplesmente: Cremos num Deus único, etc.; mas como é este Deus? Não há menção alguma aos seus atributos essenciais: a soberana bondade e a soberana justiça. Estas palavras teriam sido a condenação dos dogmas que consagram sua parcialidade para com certas criaturas, sua inexorabilidade, seu ciúme, sua cólera, seu espírito vingativo, com os quais se autoriza para justificar as crueldades em seu nome.

Se o Símbolo de Niceia, que se tornou o fundamento da fé católica, era conforme o espírito do Cristo, por que o anátema que o termina? Não é a prova de que ele é a obra da paixão dos homens? Aliás, a que se deve sua adoção? À pressão do Imperador Constantino, que dele tinha feito uma questão mais política do que religiosa. Sem sua ordem, o Concílio de Niceia não teria acontecido; sem a intimidação que exerceu, é mais que provável que o arianismo levasse a melhor. Dependeu, portanto, da autoridade soberana de um homem, que não pertencia à Igreja, que reconheceu, mais tarde, o erro político que cometera, e que, inutilmente, procurou voltar atrás, conciliando os partidos, para que nós não fôssemos arianos em vez de católicos, e que o arianismo não seja, hoje, a ortodoxia, e o catolicismo a heresia.

Após dezoito séculos de lutas e disputas vãs, durante os quais colocou-se completamente de lado a parte mais essencial do ensino do Cristo, a única que podia assegurar a paz da Humanidade, estamos cansados destas discussões estéreis que só conduziram a perturbações, engendraram a incredulidade, e cujo objeto não satisfaz a razão.

Há, hoje, uma tendência manifesta da opinião geral de voltar às ideias fundamentais da primitiva Igreja; e à parte moral do ensino do Cristo, porque é a única que pode tornar melhores os homens. Essa é clara, positiva, e não pode dar lugar a nenhuma controvérsia. Se a Igreja tivesse seguido este caminho, desde o princípio, ela seria hoje, toda-poderosa em vez de estar no seu declínio; ela teria congregado a imensa maioria dos homens, ao invés de ter sido esfacelada pelas facções.

Quando os homens marcharem sob esta bandeira, eles se estenderão uma mão fraterna, em vez de se lançarem o anátema e a maldição, por questões que a maior parte do tempo não compreendem.

Esta tendência de opinião é o sinal de que o momento de levar a questão para seu verdadeiro terreno chegou.

Influência perniciosa
das ideias materialistas

Sobre as artes em geral;
sua regeneração pelo Espiritismo

Lê-se no *Courrier de Paris*, do *Monde Illustré*, de 19 de dezembro de 1868:

"Carmouche escrevera mais de duzentas comédias e musicais e, é por isso justamente, que nosso tempo sabe seu nome. É que esta glória dramática, que excita tantas cobiças, é terrivelmente fugaz. A menos que se tenha assinado obras-primas excepcionais, se está condenado a ver cair seu nome no esquecimento, logo que se deixe de combater no seu campo. Durante a própria luta, se é ignorado pelo maior número. O público, com efeito, não se preocupa, quando olha o cartaz, senão com o título da peça; o nome daquele que a escreveu pouco lhe importa. Tentem lembrar-se quem assinou tal ou qual obra encantadora, da qual guardaram a lembrança; quase sempre estarão na impossibilidade de responder. E quanto mais avançarmos, mais será assim: *as preocupações materiais cada vez mais substituem os cuidados artísticos.*

"Carmouche contava precisamente a este respeito uma anedota típica. Meu vendedor de livros velhos, com quem conversava sobre seu pequeno comércio, exprimia-se assim: Isso não vai mal, senhor; mas se modifica; não são mais os mesmos artigos que vendem. Antigamente, quando via vir até mim um rapaz de 18 anos, nove vezes em dez, era para me pedir um dicionário de rimas; hoje, é para me pedir um manual das operações da Bolsa."

Se as preocupações materiais se substituem aos cuidados artísticos, pode ser de outra forma, quando se esforça para concentrar todos os pensamentos do homem na vida carnal, e de nele destruir toda a esperança, toda aspiração além dessa existência? Esta consequência é lógica, inevitável, para aquele que nada vê fora do pequeno círculo efêmero da vida presente. Quando nada se vê atrás de si, nada diante de si, nada acima de si, sobre o que pode se concentrar o pensamento, se não é sobre o ponto em que se encontra? O sublime da arte é a poesia do ideal que nos transporta para fora da esfera estreita da nossa atividade; mas o ideal está precisamente nesta região extramaterial onde só se penetra pelo pensamento; que a imaginação concebe, se os olhos do corpo não a percebem; ora, que inspiração o espírito pode haurir na ideia do nada?

O pintor que apenas tivesse visto o céu brumoso, as estepes áridas e monótonas da Sibéria, e que acreditasse que aí estivesse todo o Universo, poderia conceber e descrever o brilho e a riqueza de tons da natureza tropical? Como querem que seus artistas e poetas os transportem para as regiões que eles não veem com os olhos da alma, que não compreendem, e nas quais não creem?

O espírito não pode identificar-se, senão com o que sabe ou o que ele crê ser uma verdade, e esta verdade moral, torna-se para ele uma realidade que ele exprime tanto melhor quanto melhor a sente; e, então, se, à inteligência da coisa ele junta a flexibilidade do talento, transmite suas próprias impressões à alma dos outros; mas que impressões pode provocar aquele que não as tem?

A realidade, para o materialista, é a Terra; seu corpo é tudo, visto que, fora disso, nada há, visto que seu próprio pensamento se extingue com a desorganização da matéria, como o fogo com o combustível. Ele não pode traduzir pela linguagem da arte, senão o que ele vê e o que sente; ora, se ele apenas vê e sente a matéria tangível, não pode transmitir outra coisa. Onde só se vê o vazio, nada se pode haurir. Se ele se aventura neste mundo desconhecido para ele, aí entra como um cego, e apesar dos seus esforços para elevar-se no diapasão do idealismo, permanece no terra a terra, como um pássaro sem asas.

A decadência das artes, neste século, é o resultado inevitável da concentração das ideias sobre as coisas materiais, e esta concentração, a seu turno, é o resultado da ausência de qualquer fé e de qualquer crença na espiritualidade do ser. O século não recolhe senão o que semeou: *Quem semeia pedras não pode recolher frutos*. As artes não sairão do seu torpor, senão por uma reação, através das ideias espiritualistas.

E como o pintor, o poeta, o literato, o músico poderiam ligar seus nomes a obras duráveis, quando em sua maioria, não creem eles próprios no futuro dos seus trabalhos; quando eles não se apercebem de que a lei do progresso, este poder invencível que arrasta atrás de si os universos pela estrada do infinito, pede-lhes mais do que as pálidas cópias das criações magistrais dos artistas dos tempos idos. Lembramo-nos dos Fídias, dos Apeles, dos Rafaéis, dos Miguéis Ângelos, faróis luminosos que se destacam da obscuridade dos séculos decorridos, como brilhantes estrelas, no meio de trevas profundas; mas quem pensará em observar a luminosidade de uma lâmpada, lutando contra o Sol brilhante de um belo dia de verão?

O mundo caminhou a passos de gigante desde os tempos históricos; as filosofias dos povos primitivos, gradualmente se transformaram. As artes que se apoiam sobre as filosofias, que lhes são a consequência idealizada, tiveram, elas também, que se modificar e se transformar. É matematicamente exato dizer que sem crença, as artes não têm vitalidade possível, e que toda transformação filosófica acarreta, necessariamente, uma transformação artística paralela.

Em todas as épocas de transformação as artes periclitam, porque a crença sobre a qual elas se apoiam, não é mais suficiente para as aspirações engrandecidas da Humanidade, e que os princípios novos, não estando ainda adotados de uma maneira definitiva pela grande maioria dos homens, os artistas não ousam explorar, senão hesitando, a mina desconhecida que se lhes abre sob seus passos.

Durante as épocas primitivas em que os homens apenas conheciam a vida material, em que a Filosofia divinizava a Natureza, a arte procurou, antes de tudo, a perfeição da forma. A beleza corporal era, então, a primeira das qualidades; a arte se aplicou a reproduzi-la, a idealizá-la. Mais tarde, a Filosofia entrou num caminho novo; os homens, progredindo, reconheceram, acima da matéria, uma potência criadora e organizadora, recompensando os bons, punindo os maus, fazendo da caridade uma lei; um mundo novo, o mundo moral, edificou-se sobre as ruínas do mundo antigo. Desta transformação, nasceu uma arte nova, que fez palpitar a alma sob a forma, e juntou à perfeição plástica, a expressão de sentimentos desconhecidos dos antigos.

O pensamento viveu sob a matéria; mas revestiu as formas severas da Filosofia na qual a arte se inspirava. Às tragédias de *Ésquilo*, aos mármores de *Milo*, sucederam as descrições e as pinturas das torturas físicas e morais dos réprobos. A arte elevou-se; revestiu um caráter grandioso e sublime, mas sombrio, ainda. Ela está, com efeito, inteira, na pintura do inferno e do céu da Idade Média, dos sofrimentos eternos, ou de uma beatitude tão distante de nós, tão altamente colocada, que nos parece quase inacessível; é, talvez, por isso, que esta última nos toca tão pouco, quando a vemos reproduzida na tela ou no mármore.

Hoje, ainda, ninguém poderia contestar, o mundo está num período de transição, arrastado entre os hábitos antiquados, as crenças insuficientes do passado e as verdades novas, que lhe são progressivamente desvendadas.

Como a arte cristã sucedeu a arte pagã, transformando-a, a arte espírita será o complemento e a transformação da arte cristã.

O Espiritismo nos mostra, com efeito, o futuro, sob um dia novo, e mais ao nosso alcance; através dele, a felicidade está mais perto de nós; ela está ao nosso lado, nos espíritos que nos cercam, que nunca deixaram de estar em contato conosco. A morada dos eleitos, a dos réprobos, não estão mais isoladas; há solidariedade incessante entre o céu e a Terra, entre todos os mundos de todos os Universos; a felicidade consiste no amor mútuo de todas as criaturas chegadas à perfeição, e numa constante atividade, que tem por objetivo, instruir e conduzir para esta mesma perfeição, aqueles que se retardaram. O inferno está no próprio coração do culpado, que encontra o castigo nos seus remorsos, mas não é eterno, e o mau, entrando no caminho do arrependimento, reencontra a esperança, esta sublime consolação dos infelizes.

Que fontes inesgotáveis de inspiração para a arte! Quantas obras-primas em todos os gêneros as ideias novas não poderão criar, pela reprodução das cenas tão multiplicadas e tão variadas da vida espírita! Em vez de representar os despojos frios e inanimados, ver-se-á a mãe tendo a seu lado sua filha querida na sua forma radiosa e etérea; a vítima perdoando ao carrasco; o criminoso fugindo em vão do espetáculo que, sem cessar, renasce de suas ações culpáveis! O isolamento do egoísta e do orgulhoso, no meio da multidão; a perturbação do espírito que nasce para a vida espiritual, etc, etc.; e se o artista quer elevar-se acima da esfera terrestre, nos mundos superiores, verdadeiros Édens, onde os espíritos adiantados gozam da felicidade conquistada, ou reproduzir algumas cenas dos mundos inferiores, verdadeiros infernos onde as paixões reinam soberanas, que cenas emocionantes, que quadros palpitantes de interesse não terá a reproduzir!

Sim, certamente, o Espiritismo abre à arte um campo novo, imenso e ainda inexplorado; e quando o artista reproduzir o mundo espírita com convicção, haurirá nesta fonte as mais sublimes inspirações, e seu nome viverá nos séculos futuros, porque *às preocupações materiais e efêmeras da vida presente, ele substituirá pelo estudo da vida futura e eterna da alma.*

Teoria da beleza

A beleza é uma coisa convencional e relativa a cada tipo? O que constitui a beleza para certos povos, não é para outros, uma horrenda feiúra? Os negros se consideram mais belos que os brancos, e vice-versa. Neste conflito de gostos, haverá uma beleza absoluta, e em que ela consiste? Somos, realmente, mais belos que os hotentotes e os cafres? E por quê?

Esta questão que, à primeira vista, parece estranha ao objeto dos nossos estudos, entretanto, a eles se prende de uma maneira direta, e toca o futuro da própria Humanidade. Ela nos foi sugerida, assim como sua solução, pela seguinte passagem de um livro muito interessante e bem instrutivo, intitulado: *As Revoluções Inevitáveis no Globo e na Humanidade*, de Charles Richard.

O autor se dedica a combater a opinião da degenerescência física do homem, desde os tempos primitivos; refuta, vitoriosamente, a crença na existência de uma raça primitiva de gigantes, e empenha-se em provar que, do ponto de vista da força física e do talhe, os homens de hoje valem como os antigos, se é que não os ultrapassam.

Passando à beleza das formas, ele se exprime assim, nas páginas 41 e seguintes:

"No que toca à beleza do rosto, à graça da fisionomia, a este conjunto que constitui a estética do corpo, a melhoria é ainda mais facilmente constatada.

Basta, para isso, lançar um olhar sobre os tipos que as medalhas e as estátuas antigas nos transmitiram, intactos, através dos séculos.

A iconografia de Visconti e o museu do Conde de Clarol são, entre vários outros, duas fontes onde é fácil haurir os elementos variados deste estudo interessante.

O que primeiro atinge este conjunto de figuras é a rudeza dos traços, a *animalidade da expressão, a crueldade do olhar.* Sente-se, com um arrepio involuntário, que se tem diante de si gente que o cortaria, sem piedade, em pedaços para dar de comer às suas moreias, assim como o fazia Pollion, rico apreciador de boas iguarias de Roma e familiar de Augusto.

O primeiro Brutus (Lucius Junius), aquele que mandou cortar a cabeça dos seus filhos e assistiu com sangue-frio ao suplício de ambos, assemelha-se a uma fera. Seu perfil sinistro toma da águia e do mocho o que estes dois carniceiros do ar têm de mais feroz. Vendo-o, não se pode duvidar de que não tenha merecido a vergonhosa honra que a História lhe confere; se ele matou seus dois filhos, teria, certamente, estrangulado sua mãe pelo mesmo motivo.

O segundo Brutus (Marcus Junius), que apunhalou César, seu pai adotivo, precisamente na hora em que este mais contava com seu reconhecimento e seu amor, lembra, nos seus traços, um tolo fanático; ele não tem nem mesmo essa beleza sinistra que o artista descobre frequentemente nessa energia excessiva que leva ao crime.

Cícero, o brilhante orador, o escritor espiritual e profundo, que deixou uma grande lembrança de sua passagem neste mundo, tem um rosto esmagado e comum que devia torná-lo muito menos agradável de ver do que de ouvir.

Júlio César, o grande, o incomparável vencedor, o herói dos massacres, que fez sua entrada no reino das sombras com um cortejo de dois milhões de almas que ele, para lá, havia enviado, era tão feio quanto seu predecessor, mas de um outro gênero. Seu rosto magro e ossudo, colocado sobre um pescoço comprido, enfeitado por um gogó saliente, o faz parecer muito mais um grande Gilles[16] forasteiro do que um grande guerreiro.

Galba, Vespasiano, Nerva, Caracala, Alexandre Severo, Balbino, não eram apenas feios, mas horrendos. É com dificuldade que, neste museu dos antigos tipos de nossa espécie, pode-se encontrar, aqui e ali, algumas figuras a saldar com um olhar simpático. A de Cipião, o Africano; de Pompeu, de Cômodo, de Heliogábalo, de Antínoo, o pequeno de Adriano, são deste pequeno número. Sem serem belas, no sentido moderno da palavra, estas figuras são, entretanto, regulares e de um aspecto agradável.

As mulheres não são melhor tratadas do que os homens, e dão lugar às mesmas observações. Lívia, filha de Augusto, tem o perfil pontudo de uma fuinha; Agripina dá medo de ver, e Messalina, como que para confundir Cabanis[17] e Lavater, parece com uma gorda serviçal, mais amante da boa sopa do que de outra coisa.

Os gregos, é preciso dizer, são, geralmente, menos mal talhados do que os romanos. Os rostos de Temístocles e de Milcíades, entre outros, podem ser comparados aos mais belos tipos modernos. Mas Alcibíades, este ancestral tão longínquo dos nossos Richelieu e Lauzun,[18] cujas proezas galantes enchem, por si só, a crônica de Atenas, como Messalina, tem bem pouco do físico que corresponde ao seu cargo. Ao ver seus traços solenes e

---

[16] **Gille ou Gilles:** um dos tipos de comédia burlesca francesa, espécie de *Pierrot* tolo e poltrão, que Watteau representou num quadro notável, que se encontra no Museu do Louvre. (**N.E.** conforme o *Dicionário Lello Universal*, vol. II.)

[17] **Cabanis, Georges:** médico francês (1757-1808), nascido em Cosnac, Corrèze. Amigo de Mirabeau e discípulo de Condillac, publicou um Tratado do Físico e do Moral do Homem, que teve uma grande ressonância. (**N.E.** conforme o *Dictionnaire Encyclopédique Nouveau Petit Larousse Illustré*.)

[18] **Lauzun, Antonin Nompar de Caumont, duque de,:** marechal francês (1632-1723) nasceu no castelo de Lauzun; personagem que desempenhou um papel audacioso na corte de Luís XIV e se perpetuou como um dos modelos de cortesão hábil. Casou-se com a prima-irmã de Luís XIV. (**N.E.** conforme op. cit.)

sua testa refletida, poder-se-ia tomá-lo muito mais por um jurisconsulto agarrado a um texto da lei, que pelo audacioso cômico, que se fazia exilar em Esparta, unicamente, para *trair* este pobre Rei Ágis, e vangloriar-se de ter sido o amante de uma rainha. Qualquer que possa ser a pequena vantagem concedida, neste ponto, aos gregos sobre os romanos, quem quer que se dê ao trabalho de comparar esses velhos tipos com os do nosso tempo, reconhecerá sem esforço que o progresso se fez neste sentido, como em todos os outros. Apenas, será bom não esquecer, nesta comparação, que se trata aqui de classes privilegiadas, sempre mais belas que as outras, e que, por conseguinte, os tipos modernos a se contraporem aos antigos deverão ser escolhidos nos salões, e não nas pocilgas. Pois a pobreza, ah! em todos os tempos e sob todos os aspectos, nunca é bela, ela é precisamente assim para nos envergonhar e nos forçar um dia a nos libertarmos dela.

Não quero, pois, dizer, muito longe disso, que a fealdade desapareceu inteiramente das nossas frontes, e que a marca divina se encontra, enfim, sob todas as máscaras que velam uma alma; longe de mim uma afirmação que poderia tão facilmente ser contestada por todo mundo. Minha pretensão limita-se, somente, a constatar que num período de dois mil anos, *tão pouca coisa para uma Humanidade que tem tanto para viver*, a fisionomia da espécie melhorou de uma maneira já sensível.

Creio, além disso, que as mais belas figuras antigas são inferiores àquelas que podemos quotidianamente admirar nas nossas reuniões públicas, em nossas festas e até no trânsito das ruas. Se eu não temesse ferir certas modéstias, e também excitar certos ciúmes, cem exemplos conhecidos de todos, no mundo contemporâneo, confirmariam a evidência do fato.

Os adoradores do passado têm, constantemente, a boca cheia com a sua famosa Vênus de Médicis, que lhes parecia o ideal da beleza feminina, e não percebem que essa mesma Vênus passeia todos os domingos pelas avenidas de Arles, em mais de

50 exemplares, e que há poucas de nossas cidades, particularmente entre as do Midi, que não possuam algumas...

... Em tudo o que acabamos de dizer, não comparamos nosso tipo atual, senão àquele dos povos que nos precederam de apenas alguns milhares de anos. Se, porém, remontarmos mais longe nas idades, penetramos nas camadas terrestres onde dormem os despojos das primeiras raças que habitaram nosso globo, a vantagem a nosso favor se tornará, neste ponto, sensível, que qualquer negação a este respeito se dissipará por si mesma.

Sob esta influência teológica que detivera Copérnico, Tycho Brahe, que perseguiu Galileu, e que, nestes últimos tempos, obscureceu, por um instante, o gênio do próprio Cuvier, a Ciência hesitava em sondar os mistérios das épocas antediluvianas. A narrativa bíblica, admitida ao pé da letra, no seu sentido mais estreito, parecia ter dito a última palavra de nossa origem e dos séculos que nos separam dela. Mas, a verdade impiedosa nos seus acréscimos, acabou por romper a casaca de ferro na qual se queria aprisioná-la para sempre, e para pôr a nu formas até então ocultas.

O homem que vivia antes do dilúvio, na companhia dos mastodontes, dos ursos das cavernas e outros grandes mamíferos, hoje desaparecidos, o homem fóssil, numa palavra, tanto tempo negado, foi encontrado afinal, e sua existência colocada fora de dúvida. Os trabalhos recentes dos geólogos, particularmente os de Boucher de Perthes,[19] de Filippi e de Lyell, permitem-nos agora apreciar os caracteres físicos deste venerável avô do gênero humano. Ora, apesar dos contos imaginados pelos poetas, sobre a beleza original, apesar do respeito que lhe é devido, como ao antigo chefe de nossa raça, a Ciência é obrigada a constatar que ele era de uma fealdade prodigiosa.

Seu ângulo facial não ultrapassava 70°; suas mandíbulas, de um volume considerável, eram armadas de dentes longos e salientes; a testa era comprida, as têmporas achatadas, o nariz

---

[19] Ver as duas obras sábias do Sr. Boucher de Perthes: *Do Homem Antediluviano e de suas Obras*; e *Utensílios de Pedra*. Paris. Livraria Espírita. (N. O. F.)

esborrachado, as narinas largas; numa palavra, este pai venerável devia parecer muito mais com um orangotango do que com seus filhos afastados de hoje. A tal ponto que se não se tivesse encontrado perto dele os machados de sílex que ele fabricara e, em alguns casos, os animais que traziam ainda os traços dos ferimentos produzidos por essas armas informes, poder-se-ia duvidar do papel importante que ele representava na nossa filiação terrestre. Ele sabia fabricar, não somente machados de sílex, mas, também, clavas e pontas de dardos, da mesma matéria. A galanteria antediluviana chegava até mesmo a confeccionar braceletes e colares com pedrinhas arredondadas que enfeitavam, nesses tempos recuados, o braço e o pescoço do sexo encantador, que se tornou muito mais exigente depois, assim como cada um pode constatar.

Não sei o que a esse respeito pensarão as elegantes dos nossos dias, cujas espáduas cintilam de diamantes; quanto a mim, confesso, não posso me negar a uma emoção profunda, pensando neste primeiro esforço tentado pelo homem, *mal liberado do bruto*, para agradar à sua companheira, pobre e nua como ele, no seio de uma natureza inóspita, sobre a qual sua raça deve reinar um dia. Oh! nossos longínquos ancestrais! Se já amavam, sob suas faces rudimentares, como poderíamos duvidar da sua paternidade diante desse sinal divino de nossa espécie?

É, pois, manifesto que estes humanos informes são nossos pais, já que nos deixaram traços de sua inteligência e de seu amor, atributos essenciais que nos separam da besta. Podemos, portanto, examinando-os atentamente, despojados dos aluviões que os cobrem, medir, como com um compasso, o progresso físico efetuado pela nossa espécie, desde sua aparição na Terra. Ora, este progresso que, há pouco, podia ser contestado pelo espírito de sistema e os preconceitos da educação, adquire, aqui, uma tal evidência que não há mais como não reconhecê-lo e proclamá-lo.

Alguns milhares de anos podiam deixar dúvidas, algumas centenas de séculos os dissipam irrevogavelmente...

...Como somos jovens e recentes em todas as coisas! Igno-ramos ainda nosso lugar e nosso caminho na imensidade do Uni-verso, e ousamos negar progressos que, por falta de tempo, não puderam ainda ser suficientemente constatados. Crianças que somos, tenhamos, então, um pouco de paciência, e os séculos, aproximando-nos do objetivo, revelar-nos-ão esplendores que es-capam, no afastamento, aos nossos olhos apenas entreabertos.

Mas, desde hoje, proclamemos em altas vozes, já que a Ciência já no-lo permite, o fato capital e consolador do progresso, lento, mas seguro, do nosso tipo físico em direção a esse ideal entrevisto pelos grandes artistas, através das inspirações que o céu lhes envia para nos revelar seus segredos. O ideal não é um produto mentiroso da imaginação, um sonho fugitivo destinado a dar, de vez em quando, a compensação às nossas misérias, é um objetivo determinado por Deus para nossos aperfeiçoamentos, meta infinita, porque apenas o infinito, em todos os casos, pode satisfazer nosso espírito e oferecer-lhe uma carreira digna dele."

Destas observações judiciosas, resulta que a forma dos corpos modificou-se *num sentido determinado*, e segundo uma lei, à medida que o ser moral desenvolveu-se; que a forma exteri-or está em relação constante com o instinto e os apetites do ser moral; que quanto mais seus instintos se aproximam da animalidade, mais a forma, igualmente, dele se aproxima; enfim, que à medida que os instintos materiais se depuram e dão lugar aos sentimentos morais, o envoltório exterior, que não está mais destinado à satisfação de necessidades grosseiras, reveste formas cada vez menos pesadas, mais delicadas, em harmonia com a ele-vação e a delicadeza dos pensamentos. A perfeição da forma é, assim, a consequência da perfeição do espírito: donde pode-se con-cluir que o ideal da forma deve ser a que revestem os espíritos no estado de pureza, a que revestem os poetas e os verdadeiros artis-tas, porque penetram, pelo pensamento, nos mundos superiores.

Diz-se, há muito tempo, que o rosto é o espelho da alma. Esta verdade, tornada axiomática, explica este fato vulgar, de que certas fealdades desaparecem sob o reflexo das qualidades morais do espírito, e que muito frequentemente, prefere-se uma pessoa feia, dotada de eminentes qualidades, àquela que tem apenas beleza plástica. É que esta fealdade não consiste senão nas irregularidades da forma, porém não exclui a fineza dos traços necessária à expressão dos sentimentos delicados.

Do que precede, pode-se concluir que a beleza real consiste na forma que mais se afasta da animalidade, e reflete melhor a superioridade intelectual e moral do espírito, que é o ser principal. O moral influindo sobre o físico, que ele apropria às suas necessidades físicas e morais, segue-se: 1º) que o tipo da beleza consiste na forma mais apropriada à expressão das mais altas qualidades morais e intelectuais; 2º) que à medida que o homem se elevar moralmente, seu envoltório se aproximará do ideal de beleza, que é a beleza angélica.

O negro pode ser belo para o negro, como um gato é belo para um gato; mas não é belo no sentido absoluto, porque seus traços grosseiros, seus lábios grossos acusam a materialidade dos instintos; eles podem bem exprimir as paixões violentas, mas não poderiam se prestar aos matizes delicados do sentimento e às modulações de um espírito fino.[20]

Eis por que podemos, sem fatuidade, eu creio, nos dizer mais belos que os negros e os hotentotes; mas, talvez, seremos também para as gerações futuras aperfeiçoadas, o que os hotentotes são com relação a nós; e quem sabe se, quando elas encontrarem nossos fósseis, não os tomarão por aqueles de alguma variedade de animais.

Este artigo, tendo sido lido na Sociedade de Paris, foi objeto de um grande número de comunicações, apresentando todas as mesmas conclusões. Citaremos apenas as duas que se seguem, como sendo as mais desenvolvidas:

---

[20] Parece-nos que Kardec fala da situação do negro das tribos africanas conhecidas no século XIX. Desde então, não só esses povos, como o de muitas outras raças, evoluíram tanto no aspecto moral e espiritual como no físico, com o aperfeiçoamento (digamos assim), segundo os padrões de beleza atual, dos seus traços mais grosseiros. (N.E)

Paris, 4 de fevereiro de 1889.

(Médium, Sra. Malet.)

Pensastes bem, a fonte primeira de toda bondade e de toda inteligência é, também, a fonte de toda beleza. — O amor engendra a perfeição de todas as coisas, e é ele próprio a perfeição. — O espírito é chamado a conquistar esta perfeição, sua essência e seu destino. Ele deve, pelo seu trabalho, aproximar-se desta inteligência soberana e desta bondade infinita; deve, portanto, revestir, cada vez mais, a forma perfeita que caracteriza os seres perfeitos.

Se, nas vossas sociedades infelizes, nos vossos globos ainda mal equilibrados, a espécie humana está tão distante desta beleza física, isso se dá porque a beleza moral está ainda mal desenvolvida. A conexão entre estas duas belezas é um fato certo, lógico, e cuja alma tem, desde aqui, a intuição. Com efeito, sabeis todos como é penoso o aspecto de uma encantadora fisionomia desmentida pelo caráter. Se ouvis falar de uma pessoa de mérito reconhecido, vós a revestis logo com os traços mais simpáticos, e ficais dolorosamente impressionados com a visão de uma figura que contradiz vossas previsões.

O que concluir disso? Senão que, como qualquer coisa que o futuro guarda de reserva, a alma tem a presciência da beleza à medida que a Humanidade progride e se aproxima do seu tipo divino. Nunca tireis argumentos contrários a esta afirmação da decadência aparente onde se encontra a raça mais adiantada deste globo. Sim, é verdade, a espécie parece degenerar, abastardar-se; as enfermidades se abatem sobre vós, antes da velhice; a infância mesma sofre de doenças que não pertencem, de hábito, senão a uma outra idade da vida; porém, é uma transição. Vossa época é ruim; ela acaba e ela cria; ela termina um período doloroso e cria uma época de regeneração física, de avanço moral, de progresso intelectual. A nova raça, da qual já falei, terá mais faculdades, mais recursos aos serviços do espírito; ela será maior, mais forte, mais bela. Desde o início, ela se colocará em harmonia com as riquezas da criação que vossa raça indiferente e cansada desdenha ou ignora; tereis feito grandes coisas por ela, ela disso se aproveitará e marchará no caminho das descobertas e dos aperfeiçoamentos, com um ardor fervoroso do qual não conheceis o poder.

Mais adiantados, também, em bondade, vossos descendentes farão o que não soubestes fazer desta Terra desgraçada, um mundo feliz, onde o pobre não será nem repelido, nem desprezado, mas socorrido pelas instituições amplas e liberais. A aurora desses pensamentos já chega; o clarão nos chega por momentos. Amigos, eis, enfim, o dia em que a luz brilhará sobre a Terra obscura e miserável, em que a raça será boa e bela, segundo o grau de adiantamento que tiver conquistado, em que o sinal colocado na testa do homem não será mais o da reprovação, mas um sinal de alegria e de esperança. Então, a multidão dos espíritos adiantados virá tomar o lugar entre os colonos desta Terra; eles estarão em maioria e tudo cederá diante deles. A renovação se fará e a face do globo ficará mudada, pois esta raça será grande e poderosa, e o momento em que ela vier marcará o início dos tempos felizes.

Pamphile

Paris, 4 de fevereiro de 1869.

A beleza, do ponto de vista puramente humano, é uma questão bem discutível e bem discutida. Para bem julgá-la, é preciso estudá-la como um amador desinteressado, aquele que está sob seu domínio não poderia ter voz no capítulo. O gosto de cada um também tem importância nas apreciações que são feitas.

Nada há de belo, de realmente belo senão aquilo que o é sempre, e para todos; e, esta bondade eterna, infinita, é a manifestação divina sob seus aspectos incessantemente variados, é Deus nas suas obras, nas suas leis! Eis a única beleza absoluta. — Ela é a harmonia das harmonias e ela tem o direito ao título de absoluta, porque nada se pode conceber de mais belo.

Quanto ao que se convencionou chamar de belo, e que é verdadeiramente digno desse título, é preciso considerá-lo apenas como uma coisa essencialmente relativa, pois pode-se sempre conceber algo de mais belo, de mais perfeito. Há apenas uma única beleza, uma única perfeição, que é Deus. Fora dele, tudo o que adornamos com esses atributos, são apenas pálidos reflexos do belo único, um aspecto harmonioso das mil e uma harmonias da criação.

Há tantas harmonias quantos objetos criados, quantas belezas típicas determinando, por conseguinte, o ponto culminante de perfeição que pode atingir uma das subdivisões do elemento animado. — A pedra é bela e diversamente bela. — Cada espécie mineral tem suas harmonias, e o elemento que reúne todas as harmonias da espécie, possui a maior soma de beleza que a espécie pode atingir.

A flor tem suas harmonias; ela também, pode possuí-las todas ou isoladamente, e ser diversamente bela, mas ela apenas será bela quando as harmonias que concorrem para sua criação estiverem harmonicamente fundidas. — Dois tipos de beleza podem produzir, pela sua fusão, um ser híbrido, informe, de aspecto repulsivo. — Há, então, cacofonia! Todas as vibrações eram isoladamente harmônicas, mas a diferença de sua tonalidade produziu um desacordo no encontro das ondas vibrantes; *daí o monstro!*

Descendo a escala criada, cada tipo animal dá lugar às mesmas observações, e a ferocidade, a astúcia, até a inveja poderão dar lugar ao nascimento de belezas especiais, se o princípio que determina a forma estiver sem mistura. A harmonia, mesmo no mal, produz o belo. Há o belo satânico e o belo angélico; a beleza enérgica e a beleza resignada. — Cada sentimento, cada feixe de sentimentos, desde que seja harmônico, produz um tipo de beleza particular, cujos aspectos humanos são todos, não degenerescências, mas esboços. Também é certo dizer, não que somos mais belos, mas que nos aproximamos cada vez mais da beleza real à medida que nos elevamos para a perfeição.

Todos os tipos se unem harmonicamente no perfeito. Eis por que ele é o belo absoluto.— Nós que progredimos, apenas possuímos uma beleza relativa, enfraquecida e combatida pelos elementos desarmônicos da nossa natureza.

Lavater

A música celeste

Um dia, numa das reuniões da família, o pai tinha lido uma passagem de *O Livro dos Espíritos* concernente à música celeste. Uma de suas filhas, boa musicista, dizia para si mesma: Mas não há música no mundo invisível; isto lhe parecia impossível, entretanto, ela não externou seu pensamento. À noite, ela própria escrevia, espontaneamente, a seguinte comunicação:

"Esta manhã, minha filha, teu pai te leu uma passagem de *O Livro dos Espíritos*; tratava-se de música, aprendeste que a do céu é bem de outro modo mais bela que a da Terra, os espíritos acham-na bem superior à vossa. Tudo isso é a verdade; todavia, tu te dizias intimamente: Como Bellini poderia vir dar-me conselhos e ouvir minha música? É, provavelmente, algum espírito leviano e farsante. (Alusão aos conselhos que o espírito Bellini lhe dava, às vezes, sobre a música.)Tu te enganas, minha filha, quando os espíritos tomam um encarnado sob sua proteção, seu objetivo é de fazê-lo adiantar-se.

Assim, Bellini não acha mais bela sua música, porque não pode comparar a do espaço, porém ele vê tua aplicação e teu amor por esta arte, se ele te dá conselhos, é por sincera satisfação; ele deseja que teu professor seja recompensado de todo o seu esforço; achando sua composição muito infantil, diante das sublimes harmonias do mundo invisível, ele aprecia seu talento, que se pode chamar de grande nesta Terra. Acredite-o, minha filha, os sons dos vossos instrumentos, vossas vozes mais belas, não poderiam vos dar a mais fraca ideia da música celeste e de sua suave harmonia."

Alguns instantes depois, a moça disse: "Papai, papai, vou adormecer, vou cair." Logo ela se curvou sobre uma poltrona exclamando: "Oh! papai, papai, que música deliciosa!... Acorda-me, porque senão eu me vou."

Os assistentes, apavorados, não sabiam como despertá-la, ela disse:

— "Água, água." Com efeito, algumas gotas lançadas sobre o rosto produziram, de pronto, resultado; atordoada, a princípio, voltou a si lentamente, sem ter a menor consciência do que havia acontecido.

Na mesma noite, achando-se só, o pai obteve a seguinte explicação do Espírito São Luís.

"Quando lias para tua filha a passagem de *O Livro dos Espíritos* que tratava da música celeste, ela estava em dúvida; não compreendia que a música pudesse existir no mundo espiritual, eis por que, esta noite, disse-lhe que era a verdade; não podendo isto persuadi-la, Deus permitiu para convencê-la, que lhe fosse enviado um sono sonambúlico. Então, seu espírito, desprendendo-se de seu corpo adormecido, lançou-se no espaço e foi admitido nas regiões etéreas, seu êxtase se produzira pela impressão da harmonia celeste; também ela exclamava: "Que música! que música!", mas sentindo-se cada vez mais transportada a regiões elevadas do mundo espiritual, ela pediu para ser despertada, indicando-te o meio, quer dizer, a água.

Tudo se faz pela vontade de Deus. O espírito de tua filha não duvidará mais; embora, desperta, ela não tenha conservado a memória nítida do que se passou, seu espírito sabe no que apoiar-se.

Agradecei a Deus favores de que cumula esta criança; agradecei-lhe de dignar-se fazer-vos conhecer, cada vez mais, sua onipotência e sua bondade. Que suas bênçãos se derramem sobre vós e sobre este médium, ditoso entre mil!"

Nota: —Perguntar-se-á, talvez, que convicção pode resultar para esta jovem do que ouviu, já que de nada se lembra. Se, no estado de vigília, os detalhes apagaram-se de sua memória, seu espírito se lembra; resta-lhe uma intuição que modifica seus pensamentos; ao invés de se opor, ela aceitará sem dificuldade as explicações que lhe serão dadas, porque ela as compreenderá, e que, intuitivamente, as achará de acordo com seu sentimento íntimo.

O que se passou aqui, por um fato isolado, no espaço de alguns minutos, durante a curta excursão que o espírito de uma jovem fez ao mundo espiritual, é análogo ao que acontece no intervalo de uma existência à outra, quando o espírito que encarna possui luzes sobre um assunto qualquer; ele se apropria, sem dificuldade, de todas as ideias que se referem a esse assunto, se bem que não se lembre, como homem, da maneira como as adquiriu. As ideias, ao contrário, para as quais ele não está maduro, entram com dificuldade no seu cérebro.

Assim se explica a facilidade com a qual certas pessoas assimilam as ideias espíritas. Estas ideias apenas fazem despertar nelas, aquelas que elas já possuíam; elas são espíritas de nascença, como outros são poetas, músicos ou matemáticos. Compreendem logo às primeiras palavras, e não têm necessidade de fatos materiais para se convencer. É incontestavelmente um sinal de adiantamento moral e do desenvolvimento espiritual.

Na comunicação acima é dito: "Agradecei a Deus favores de que cumula esta criança; que as suas bênçãos se derramem sobre este médium ditoso entre mil." Estas palavras pareceriam indicar um favor, uma preferência, um privilégio, enquanto que o Espiritismo nos ensina que Deus, sendo soberanamente justo, nenhuma de suas criaturas é privilegiada, e que ele não facilita mais o caminho a uns do que a outros. Sem nenhuma dúvida, a mesma senda está aberta a todo mundo, mas nem todos a percorrem com a mesma rapidez, e com o mesmo resultado; nem todos aproveitarão, igualmente, das instruções que recebem. O espírito desta criança, embora jovem como encarnado, já viveu, sem dúvida, muito, e, certamente progrediu.

Os bons espíritos, achando-a, então, dócil aos seus ensinamentos, se comprazem em instruí-la, como o faz o professor com o aluno em quem ele encontra felizes disposições; é neste sentido que é ditoso o médium entre muitos outros que, por seu adiantamento moral, nenhum fruto retiram de sua mediunidade. Não há, portanto, neste caso, nem favor, nem privilégio, porém bem uma recompensa; se o espírito deixasse de ser digno dela, seria logo abandonado pelos seus bons guias, para ver acorrer em torno de si uma multidão de espíritos maus.

Música espírita

Recentemente, na sede da Sociedade Espírita de Paris, o presidente deu-me a honra de pedir minha opinião sobre o estado atual da música e sobre as modificações que poderiam lhe trazer a influência das crenças espíritas. Se não cedi, de pronto, a esse benévolo e simpático apelo, creiam-no, meus senhores, que só uma causa superior motivou minha abstenção.

Ah! Os músicos! São homens como os outros, mais homens talvez, e, nesse caso, são falíveis e sujeitos a pecar. Nunca estive isento de fraquezas, e se Deus me fez a vida longa a fim de me dar tempo para me arrepender, a embriaguez do sucesso, a complacência dos amigos, as lisonjas dos cortejadores tiraram-me muitas vezes o meio para efetivar esse arrependimento. Um maestro é uma potência nesse mundo onde o prazer desempenha um papel tão importante. Aquele cuja arte consiste em seduzir o ouvido, em enternecer o coração, enxerga muitas armadilhas que se criam sob seus passos, e ele, aí, cai, o infeliz! Ele se inebria da embriaguez dos outros; os aplausos lhe tapam os ouvidos, e ele caminha direto para o abismo sem procurar um ponto de apoio para resistir ao arrastamento.

Todavia, apesar dos meus erros, eu tinha fé em Deus; acreditava na alma que em mim vibrava, e, libertada de sua gaiola sonora, reconheceu-se, rapidamente, no meio das harmonias da criação e confundiu sua prece com as que se elevam da Natureza ao infinito, da criatura ao Ser incriado!...

Sou feliz pelo sentimento que minha vinda entre os espíritas provocou, pois foi a simpatia que o determinou, e, se a curiosidade foi o que a princípio me atraiu, é ao meu reconhecimento que devereis minha apreciação da questão que me foi proposta. Eu estava ali, pronto para falar, acreditando tudo saber, quando meu orgulho desmoronando, desvendou minha ignorância. Fiquei mudo e ouvi: voltei, instruí-me e, quando as palavras de verdade, emitidas pelos vossos instrutores, juntaram-se à reflexão e à meditação, disse a mim mesmo: O grande Rossini, o criador de tantas obras-primas, segundo os homens, nada mais fez, que pena! do que debulhar algumas de suas pérolas menos perfeitas do escrínio musical criado pelo Mestre dos mestres. Rossini reuniu notas, compôs melodias, bebeu na taça que contém todas as harmonias; roubou algumas centelhas do fogo sagrado, mas, esse fogo sagrado, nem ele nem outros o criaram! — Nós não inventamos: copiamos do grande livro da Natureza, e a multidão aplaude, quando não deformamos demais a partitura.

Uma dissertação sobre a música celeste! Quem poderia disso encarregar-se? Que espírito sobre-humano poderia fazer vibrar a matéria em uníssono com esta arte encantadora? Que cérebro humano, que espírito encarnado poderia apreender os matizes variados ao infinito?... Quem possui, a esse ponto, o sentimento de harmonia?... Não, o homem não é feito para semelhantes condições!... Mais tarde!... Bem mais tarde!...

Voltarei logo, talvez, esperando satisfazer ao vosso desejo e vos dar minha apreciação sobre o estado atual da música, e vos dizer as transformações, os progressos que o Espiritismo poderá nela introduzir. — Hoje, ainda é muito cedo. O assunto é vasto, já o estudei, mas ele ainda me transborda; quando me tornar seu senhor, se for possível, ou melhor, quando eu o tiver entrevisto, tanto quanto o estado do meu espírito mo permitir, eu vos satisfarei; mas falta ainda um pouco mais de tempo. Se apenas um músico pode falar bem da música do futuro, ele deve fazê-lo como mestre, e Rossini não quer falar dela como um colegial.

Rossini
(Médium, Sr. Desliens).

O silêncio que guardei sobre a questão que o Mestre da Doutrina Espírita me propôs foi explicado. Era conveniente, antes de abordar este assunto difícil, recolher-me, recordar-me, e condensar os elementos que estavam ao meu alcance. Eu não tinha que estudar a música, tinha somente que classificar os argumentos com método, a fim de apresentar um resumo capaz de dar a ideia da minha concepção sobre a harmonia. Este trabalho, que não fiz sem dificuldades, está terminado, e estou pronto para submeter-me à apreciação dos espíritas.

A harmonia é difícil de definir; frequentemente confundem-na com a música, com os sons, que resultam de um arranjo de notas, e das vibrações de instrumentos que reproduzem este arranjo. Mas a harmonia não é isto absolutamente, tanto quanto a chama não é a luz. A chama resulta da combinação de dois gases: ela é tangível; a luz que ela projeta é um efeito desta combinação, e não a própria chama: ela não é tangível.

Aqui, o efeito é superior à causa. Assim se dá com a harmonia; ela resulta de um arranjo musical, é um efeito que é igualmente superior à sua causa: a causa é brutal e tangível; o efeito é sutil e não é tangível.

Pode-se conceber a luz sem chama e compreende-se a harmonia sem música, a alma está apta a perceber a harmonia fora de todo concurso de instrumentação, como está apta a ver a luz fora de todo concurso de combinações materiais. A luz é um sentido íntimo que a alma possui: quanto mais desenvolvido é este sentido, melhor ela percebe a luz. A harmonia é igualmente um sentido da alma: ela é percebida na razão do desenvolvimento deste sentido. Fora do mundo material, quer dizer, fora das causas tangíveis, a luz e a harmonia são de essência divina; possuímo-los na razão dos esforços que se fazem para adquiri-los. Se comparo a luz e a harmonia, é para me fazer melhor compreender, e também, porque estes dois sublimes gozos da alma são filhos de Deus e, por conseguinte, são irmãos.

A harmonia do espaço é tão complexa, tem tantos graus que conheço, e muitos outros ainda que me estão ocultos no éter infinito, que aquele que está colocado a uma certa altura de percepções, é como que tomado de espanto, contemplando estas harmonias diversas, que constituiriam, se fossem reunidas, a mais insuportável cacofonia; enquanto que, ao contrário, percebidas separadamente, constituem a harmonia particular a cada grau. Estas harmonias são elementares e grosseiras nos graus inferiores; elas levam ao êxtase, nos graus superiores. Tal harmonia que fere um espírito nas percepções sutis, encanta um espírito nas percepções grosseiras; e quando é dado a um espírito inferior deleitar-se nas delícias das harmonias superiores, o êxtase arrebata-o e a prece penetra-o; o encantamento transporta-o para as esferas elevadas do mundo moral; ele vive uma vida superior à sua, e desejaria continuar a viver assim, para sempre. Porém, quando a harmonia deixa de penetrá-lo, ele desperta, ou, se preferirmos, ele adormece; em todos os casos, ele volta à realidade de sua situação, e na saudade que deixa escapar por ter descido, exala uma prece ao Eterno, para pedir a força para de novo subir. É para ele um grande motivo de emulação.

Não tentarei dar a explicação dos efeitos musicais que produz o espírito agindo sobre o éter; o que é certo, é que o espírito produz os sons que ele quer, e que ele não pode querer o que não sabe. Ora, portanto, aquele que compreende muito, que tem em si a harmonia, que dela está saturado, que goza ele próprio do seu sentido íntimo, desse nada impalpável, dessa abstração que é a concepção da harmonia, age quando o quer sobre o fluido universal que, instrumento fiel, reproduz o que o espírito concebe e quer. O éter vibra sob a ação da vontade do espírito; a harmonia que esse último traz em si concretiza-se, por assim dizer; ela se exala doce e suave como o perfume da violeta, ou ruge como a tempestade, ou explode como o raio, ou se lamenta como a brisa; é rápida como o relâmpago, ou lenta como a neblina; é partida como um soluço, ou contínua como a relva; é precipitada como uma catarata, ou calma como um lago; murmura como um rio ou reclama como uma torrente. Ora tem a aspereza agreste das montanhas, ora a frescura de um oásis; ela é alternadamente triste e melancólica como a noite, alegre e jovial como o dia; caprichosa como a criança, consoladora como a mãe e protetora como o pai; desordenada como a paixão, límpida como o amor, e grandiosa como a Natureza. Quando chega a este último termo, ela se confunde com a prece, glorifica Deus, e leva ao encantamento aquele mesmo que a produz ou a concebe.

Oh! Comparação! Comparação! Por que é necessário ser obrigado a te empregar! Por que é preciso dobrar-se às tuas necessidades degradantes e tomar emprestado, à Natureza tangível, imagens grosseiras para fazer conceber a sublime harmonia na qual o espírito se deleita. E, ainda, apesar das comparações, não se pode fazer compreender esta abstração, que é um sentimento quando é causa, e uma sensação quando se torna efeito.

O espírito que tem o sentimento da harmonia é como o espírito que tem a aquisição intelectual; gozam constantemente, um e outro, da propriedade inalienável que granjearam. O espírito inteligente, que ensina sua ciência àqueles que ignoram, experimenta a felicidade de ensinar, porque ele sabe que faz felizes aqueles que ele instrui; o espírito que faz ressoar no éter acordes da harmonia que nele estão, experimenta a felicidade de ver satisfeitos aqueles que o escutam.

A harmonia, a Ciência e a virtude são as três grandes concepções do espírito: a primeira o encanta, a segunda o esclarece, a terceira o eleva. Possuídas nas suas plenitudes, elas se confundem e constituem a pureza. Oh! espíritos puros que as possuem! Descei até nossas trevas e clareai nossa senda; mostrai-nos o caminho que tomastes, a fim de que sigamos vossos rumos!

E quando penso que estes espíritos, dos quais posso compreender a existência, são seres finitos, átomos, em face do Mestre universal e eterno, minha razão fica confusa, pensando na grandeza de Deus e da felicidade infinita que ele experimenta em si mesmo, pelo único fato de sua pureza infinita, já que tudo o que a criatura conquista é apenas uma parcela que emana do Criador. Ora, se a parcela chega a fascinar pela vontade, a cativar e a encantar pela suavidade, a resplandecer pela virtude, que deve, então, produzir a fonte eterna e infinita de onde ela é retirada? Se o espírito, ser criado, chega a haurir na sua pureza tanta felicidade, que ideia deve-se ter daquela que o Criador haure na sua pureza absoluta? Eterno problema!

O compositor que concebe a harmonia, ele a traduz, na sua grosseira linguagem, chamada a música; ele concretiza sua ideia, ele a escreve. O artista apreende a forma e toma o instrumento que deve permitir-lhe conceber a ideia. O ar, acionado pelo instrumento, transporta-a ao ouvido, que a transmite à alma do ouvinte. Mas o compositor foi impotente para expressar inteiramente a harmonia que ele concebia, por falta de uma língua apropriada; o executor, a seu turno, não compreendeu toda a ideia escrita, e o instrumento indócil do qual ele se serve não lhe permite traduzir tudo o que compreendeu. O ouvido é chocado pelo ar grosseiro que o cerca, e a alma recebe, enfim, através de um órgão rebelde, a horrível tradução da ideia desabrochada na alma do maestro. A ideia do maestro era o seu sentimento íntimo; embora desvirtuado pelos agentes da instrumentação e da percepção, ela produz neles, todavia, sensações naqueles que a ouvem traduzir; essas sensações são a harmonia. A música as produziu: elas são o efeito dessa última. A música colocou-se a serviço do sentimento para produzir a sensação. O sentimento, no compositor, é a harmonia; a sensação no ouvinte, é também a harmonia com esta diferença de que é concebida por um, e recebida por outro. A música é o *médium* da harmonia, ela a recebe e a dá, como o refletor é o *médium* da luz, como tu és o *médium* dos espíritos. Torna-a mais ou menos distorcida, conforme ela é mais ou menos bem executada, como o refletor envia mais ou menos bem a luz, conforme ele esteja mais ou menos brilhante e polido, como o médium exprime mais ou menos os pensamentos do espírito, conforme ele seja mais ou menos flexível.

E agora, que a harmonia está bem compreendida na sua significação, que se sabe que ela foi concebida pela alma e transmitida à alma, compreender-se-á a diferença que há entre a harmonia da Terra e a harmonia do Espaço.

Na Terra, tudo é grosseiro: o instrumento de tradução e o instrumento de percepção; entre nós, tudo é sutil: tendes o ar, nós temos o éter; tendes o órgão que obstrui e encobre; entre nós, a percepção é direta, e nada a oculta. Entre vós, o autor é traduzido: entre nós ele fala sem intermediário, e na língua que exprime todas as concepções. E, entretanto, estas harmonias têm a mesma fonte, como a luz da Lua tem a mesma fonte que a do Sol, a harmonia da Terra é apenas o reflexo da harmonia do Espaço.

A harmonia é tão indefinível quanto a felicidade, o temor, a cólera: é um sentimento. Só o compreendemos quando o possuímos, e só o possuímos quando o adquirimos. O homem alegre não pode explicar sua alegria; aquele que é temeroso não pode explicar seu temor; eles podem expor os fatos que provocam estes sentimentos, defini-los, descrevê-los, mas os sentimentos permanecem inexplicados. O fato que causa a alegria de um, nada produzirá sobre o outro; o objeto que ocasiona o temor de um, produzirá a coragem no outro. As mesmas causas são seguidas de efeitos contrários; em Física isto não existe, em Metafísica, isto existe. Isto existe porque o sentimento é a propriedade da alma, e as almas diferem entre si em sensibilidade, em impressionabilidade, em liberdade. A música, que é a causa segunda da harmonia percebida, penetra e transporta um, e deixa o outro, frio e indiferente. É que o primeiro está no estado de receber a impressão que produz a harmonia, e que o segundo está no estado contrário; ele ouve o ar que vibra, mas não compreende a ideia que ele lhe traz. Este chega ao tédio e adormece, aquele outro ao entusiasmo e chora. Evidentemente, o homem que experimenta as delícias da harmonia é mais elevado, mais depurado, do que aquele que ela não pode penetrar; sua alma está mais apta a sentir; ela se desprende mais facilmente, e a harmonia o ajuda a se desprender; ela o transporta e permite-lhe ver melhor o mundo moral. Donde deve-se concluir que a música é essencialmente moralizadora, já que ela traz a harmonia às almas, e que a harmonia as eleva e engrandece.

A influência da música sobre a alma, sobre seu progresso moral, é reconhecida por todo mundo; mas a razão desta influência é geralmente ignorada. Sua explicação está inteiramente neste fato: que a harmonia coloca a alma sob o poder de um sentimento que a desmaterializa. Este sentimento existe num certo grau, porém ele se desenvolve sob a ação de um sentimento similar mais elevado. Aquele que está privado deste sentimento, para ele é conduzido, gradualmente: ele também acaba por se deixar penetrar e arrastar ao mundo ideal, onde esquece, por um instante, os prazeres grosseiros que ele prefere à divina harmonia.

E agora, se se considera que a harmonia sai do concerto do espírito, deduzir-se-á que se a música exerce uma influência sobre a alma, a alma, que a concebe, também exerce sua influência sobre a música. A alma virtuosa, que tem a paixão do bem, do belo, do grandioso e que tem a conquista da harmonia, produzirá obras-primas capazes de penetrar as almas mais encouraçadas e de comovê-las. Se o compositor for terra a terra, como poderá exprimir a virtude que ele desdenha, o belo que ignora e o grandioso que não compreende? Suas composições serão o reflexo dos seus gostos sensuais, de sua leviandade, de sua negligência. Elas serão, ora licenciosas, ora obscenas, ora cômicas e ora burlescas; comunicarão aos ouvintes os sentimentos que exprimirão, e os perverterão ao invés de melhorá-los.

O Espiritismo, moralizando os homens, exercerá, portanto, uma grande influência sobre a música. Produzirá mais compositores virtuosos, que comunicarão suas virtudes fazendo ouvir suas composições.

Rir-se-á menos, chorar-se-á mais; a hilaridade dará lugar à emoção, a fealdade dará lugar à beleza e o cômico à grandiosidade.

Por outro lado, os ouvintes que o Espiritismo tiver preparado para receber facilmente a harmonia, experimentarão, à audição da música séria, um verdadeiro encanto; eles menosprezarão a música frívola e licenciosa que se apoderam das massas. Quando o grotesco e o obsceno forem abandonados pelo belo e pelo bem, os compositores desta ordem desaparecerão; pois, sem ouvintes, nada ganharão, e é para ganhar que eles se sujam.

Oh! sim, o Espiritismo terá influência sobre a música! Como poderia ser de outra maneira? Seu advento transformará a arte, depurando-a. Sua fonte é divina, sua força a conduzirá a toda parte onde houver homens para amar, para elevar-se e para compreender. Ele se tornará o ideal e a meta dos artistas. Pintores, escultores, compositores, poetas, pedir-lhe-ão suas inspirações, e ele as fornecerá, pois é rico, é inesgotável.

O espírito do maestro Rossini, numa nova existência, voltará para continuar a arte que ele considera como a primeira de todas; o Espiritismo será seu símbolo e o inspirador de suas composições.

Rossini
(Médium, Sr. Nivart).

A estrada da vida

A questão da pluralidade das existências preocupou desde há muito tempo os filósofos, e mais de um viu na anterioridade da alma a única solução possível dos problemas mais importantes da Psicologia; sem este princípio, eles se encontraram detidos a cada passo e encurralados num impasse de onde só puderam sair com a ajuda da pluralidade das existências.

A maior objeção que se possa fazer a esta teoria é a ausência da lembrança das existências anteriores. Com efeito, uma sucessão de existências inconscientes umas das outras; deixar um corpo para retomar logo um outro sem a memória do passado, equivaleria ao nada, pois seria o nada do pensamento; seriam tantos pontos de partida novos, sem ligação com os precedentes; seria uma ruptura incessante de todas as afeições que fazem o encanto da vida presente e a esperança mais doce e mais consoladora do futuro; seria, enfim, a negação de qualquer responsabilidade moral. Uma tal doutrina seria completamente inadmissível e tão incompatível com a justiça de Deus, quanto a de uma única existência com a perspectiva de uma eternidade absoluta de penas por algumas faltas temporárias. Compreende-se, então, que aqueles que fazem uma ideia semelhante da reencarnação, rejeitem-na, mas não é assim que o Espiritismo no-la apresenta.

A existência espiritual da alma, diz-nos, é sua existência normal, com lembrança retrospectiva indefinida; as existências corporais são apenas intervalos, curtas estações na existência espiritual, e a soma de todas estas estações é apenas uma mínima parte da existência normal, absolutamente como se, numa viagem de vários anos, parássemos, de tempos em tempos durante algumas horas. Se, durante as existências corporais, parece, aí, haver solução de continuidade pela ausência da lembrança, a ligação se estabelece durante a vida espiritual, que não tem interrupção; a solução de continuidade só existe, na realidade, para a vida corporal exterior e de relação; e aqui a ausência da lembrança prova a sabedoria da Providência que não quis que o homem fosse muito desviado da vida real, onde ele tem deveres a cumprir; mas, no estado de repouso do corpo, no sono, a alma retoma, em parte, sua alavanca, e aí se restabelece a cadeia interrompida, somente durante a vigília.

A isto pode-se fazer ainda uma objeção e perguntar que proveito pode-se tirar de suas existências anteriores para sua melhora, se não se lembra das faltas que se cometeu. O Espiritismo responde, primeiramente, que a lembrança de existências infelizes, juntando-se às misérias da vida presente, tornaria esta ainda mais penosa; é, portanto, um acréscimo de sofrimentos que Deus quis nos poupar; se assim não fosse, qual não seria nossa frequente humilhação ao pensarmos no que já fomos! Quanto ao nosso melhoramento, esta lembrança é inútil. Durante cada existência damos alguns passos adiante; adquirimos algumas qualidades, e nos despojamos de algumas imperfeições; cada uma delas é, assim, um novo ponto de partida, em que somos o que de nós fizemos, em que nos tomamos pelo que somos, sem ter que nos inquietarmos pelo que fomos. Se, numa existência anterior, fomos antropófagos, o que tem isso demais, se já não o somos mais? Se tivemos um defeito qualquer, do qual não restou mais nenhum traço, aí está uma conta saldada com a qual não temos mais que nos preocupar. Suponhamos, ao contrário, um defeito que se tenha corrigido pela metade, o restante se encontrará na vida seguinte e é a se corrigir dele que é preciso se dedicar. Tomemos um exemplo: um homem foi assassino e ladrão; foi por isso punido, seja na vida corporal, seja na vida espiritual; ele se arrepende e se corrige da primeira tendência, mas não da segunda; na existência seguinte, ele será apenas ladrão; talvez um grande ladrão, porém não mais um assassino; mais um passo adiante e ele será apenas um ladrãozinho; um pouco mais tarde e ele não roubará mais, mas ele poderá ter a veleidade de roubar, que a sua consciência neutralizará; depois, um último esforço e tendo desaparecido qualquer traço da enfermidade moral, ele será um modelo de probidade. O que importa, então, o que ele foi? A lembrança de ter morrido no cadafalso não seria uma tortura, uma humilhação perpétuas? Aplicai este raciocínio a todos os vícios, a todos os desvios, e podereis ver como a alma se melhora passando e repassando pelas peneiras da encarnação. Deus não será mais justo por ter tornado o homem árbitro do seu próprio destino, pelos esforços que ele pode fazer para melhorar-se, do que ter feito nascer sua alma ao mesmo tempo que seu corpo, e de condená-la a tormentos perpétuos pelos erros passageiros, sem lhe dar os meios de se purificar de suas imperfeições? Pela pluralidade das existências, seu futuro está nas suas mãos; se ele leva muito tempo para se melhorar, sofre as consequências: é a suprema justiça; mas a esperança nunca lhe está interdita.

A comparação seguinte pode ajudar a tornar compreensíveis as peripécias da vida da alma.

Suponhamos uma estrada longa, no percurso da qual se encontram, de distância em distância, mas com intervalos desiguais, florestas que se tem que atravessar; à entrada de cada floresta, a estrada larga e bela é interrompida e só retorna à saída. Um viajor segue esta estrada e entra na primeira floresta; mas, aí, não há mais sendas trilhadas; um labirinto inextricável no meio do qual ele se perde; a claridade do Sol desapareceu sob a espessa ramagem das árvores; ele vagueia sem saber para onde vai; finalmente, após fadigas inauditas, ele chega aos confins da floresta, mas oprimido pela fadiga, dilacerado pelos espinhos, machucado pelos calhaus. Lá, reencontra a estrada e a luz, e segue seu caminho, procurando curar-se de suas feridas.

Mais adiante, encontra uma segunda floresta onde o esperam as mesmas dificuldades; ele, porém, já tem um pouco de experiência e dela sai menos contundido. Numa ele encontra um lenhador que lhe indica a direção que deve seguir para impedi-lo de se transviar. A cada nova travessia sua habilidade aumenta, embora os obstáculos sejam cada vez mais facilmente superados; certo de reencontrar a bela estrada à saída, esta confiança o sustenta; depois, ele sabe orientar-se para encontrá-la mais facilmente. A estrada chega ao cume de uma montanha muito alta de onde ele descortina todo o percurso, desde o ponto de partida; vê também as diferentes florestas que atravessou e lembra-se das vicissitudes que aí experimentou, mas esta lembrança nada tem de penosa, porque ele chegou à meta; ele é como o velho soldado que, na calma do lar doméstico, recorda-se das batalhas às quais assistiu. Estas florestas disseminadas pela estrada são para ele como pontos negros sobre uma fita branca; ele diz para si mesmo: "Quando eu estava naquelas florestas, nas primeiras, sobretudo, como me pareciam longas de atravessar! Parecia-me que nunca chegaria ao objetivo; tudo me parecia gigantesco e intransponível à minha volta. E quando penso que, sem este bravo lenhador que me colocou no bom caminho, talvez eu ainda estivesse por lá! Agora, que considero estas mesmas florestas do ponto onde estou, como me parecem pequenas! Parece-me que com um único passo, teria podido transpô-las; ainda mais, minha visão as penetra e lhes distingo os menores detalhes; vejo até os passos em falso que dei."

Então, um ancião lhe diz: "— Meu filho, chegaste ao fim da viagem, mas um repouso indefinido causar-te-ia logo um tédio mortal e tu te porias a lamentar as vicissitudes que experimentaste e que davam atividade a teus membros e a teu espírito. Vês daqui um grande número de viajantes na estrada que percorreste, e que, como tu, correm o risco de se perderem no caminho; tens a experiência, nada mais temes; vai ao seu encontro, e tenta através dos teus conselhos guiá-los, a fim de que cheguem mais cedo.

— Irei com alegria, replica nosso homem; mas, acrescenta, por que não há uma estrada direta do ponto de partida até aqui? Isto pouparia aos viajantes passarem por estas abomináveis florestas.

— Meu filho, retruca o ancião, olha bem e verás nelas muitos que evitam um certo número delas; são aqueles que, tendo adquirido mais cedo a experiência necessária, sabem pegar um caminho mais direto e mais curto para chegar; mas esta experiência é o fruto do trabalho que necessitaram as primeiras travessias, de tal maneira que não chegam aqui senão em razão de seu mérito. O que saberias, tu mesmo, se não tivesses passado por lá? A atividade que tiveste que desenvolver, os recursos da imaginação que te foram necessários para te franquear o caminho, aumentaram teus conhecimentos e desenvolveram tua inteligência; sem isto, serias tão noviço quanto o eras ao partir. E depois, procurando livrar-te dos problemas, contribuiste, tu mesmo, para a melhoria das florestas que atravessaste; o que fizeste é pouca coisa, imperceptível; mas pensa nos milhares de viajantes que fazem outro tanto, e que, trabalhando por eles, trabalham, sem suspeitarem, para o bem comum. Não é justo que recebam o salário de suas penas através do repouso de que gozam aqui? Que direito teriam a este repouso se nada tivessem feito?

— Meu pai, responde o viajante, numa dessas florestas, encontrei um homem que me disse: "Nos confins há um abismo que é preciso atravessar de um só pulo; porém, de mil, apenas um único consegue; todos os outros caem ao fundo de uma fornalha ardente e ficam perdidos sem retorno. Este abismo, eu não o vi."

— Meu filho, é que ele não existe, de outra forma, seria uma armadilha abominável armada para todos os viajantes que vêm a mim. Bem sei que lhes é necessário ultrapassar dificuldades, mas sei também que cedo ou tarde eles as ultrapassarão; se eu tivesse criado impossibilidades para um só, sabendo que ele devia sucumbir, teria sido crueldade, pior seria se tivesse feito para atingir a maioria. Este abismo é uma alegoria, cuja explicação vais ver. Olha a estrada, no intervalo das florestas; entre os viajantes, vês os que caminham lentamente, com um ar alegre, vê estes amigos que se perderam de vista nos labirintos da floresta, como são felizes por se reencontrarem à saída; mas ao lado deles, há outros que se arrastam penosamente; estão estropiados e imploram a piedade dos transeuntes, pois sofrem cruelmente das feridas que, pela sua falta, se fizeram através dos espinheiros; mas eles se curarão, e será para eles uma lição da qual aproveitarão na nova floresta que terão que atravessar e de onde sairão menos machucados. O abismo simboliza os males que experimentam, e dizendo que em mil só um o atravessa, este homem teve razão, pois o número dos imprudentes é bem grande; mas se enganou ao dizer que tendo caído uma vez, daí, não se sai mais; há sempre uma saída para chegar até mim. Vai, meu filho vai mostrar esta saída àqueles que estão no fundo do abismo, vai sustentar os feridos da estrada e mostrar o caminho àqueles que atravessam as florestas.

A estrada simboliza a vida espiritual da alma, no percurso da qual somos mais ou menos felizes; as florestas são as existências corporais em que trabalhamos para nosso adiantamento, ao mesmo tempo que para a obra geral; o viajor, tendo chegado ao objetivo e que retorna para ajudar os que lhes vêm atrás, simboliza os anjos guardiães, os missionários de Deus, que encontram sua felicidade nesta visão, mas, também, na atividade em que se desdobram para fazer o bem e obedecer ao Senhor supremo.

As cinco alternativas
da humanidade

Há bem poucos homens que vivem sem se preocupar com o dia seguinte. Se nos inquietamos, portanto, com o que virá após um dia de 24 horas, com mais forte razão é natural nos preocuparmos com o que será de nós após o grande dia da vida, pois não se trata de alguns instantes, mas da eternidade. Viveremos ou não viveremos! Não há meio-termo; é uma questão de vida ou de morte; é a suprema alternativa!...

Se interrogarmos o sentimento íntimo de quase a universalidade dos homens, todos responderão: "Nós viveremos." Esta esperança é para eles uma consolação. Entretanto, uma pequena minoria se esforça, sobretudo, de algum tempo para cá, para lhes provar que não viverão. Esta escola fez prosélitos, é preciso confessá-lo, e principalmente entre aqueles, que temendo a responsabilidade do futuro, acham mais cômodo gozar o presente, sem constrangimento, sem serem perturbados pela perspectiva das consequências. Mas isto é a opinião de uma minoria.

Se vivemos, como viveremos? Em que condições estaremos? Aqui, os sistemas variam com as crenças religiosas e filosóficas. Todavia, todas as opiniões sobre o futuro do homem podem se reduzir a cinco alternativas principais, que vamos resumir sumariamente, a fim de que a comparação seja mais fácil e que cada um possa escolher, com conhecimento de causa, a que lhe parece a mais racional e que melhor responde às suas aspirações pessoais e às necessidades da sociedade. Estas cinco alternativas são as que resultam das doutrinas do *materialismo*, do *panteísmo*, do *deísmo*, do *dogmatismo* e do *Espiritismo*.

§ I. Doutrina materialista

A inteligência do homem é uma propriedade da matéria; ela nasce e morre com o organismo. O homem nada é *antes, nada é após* a vida corporal.

Consequências: O homem, sendo apenas matéria, os gozos materiais são as únicas coisas reais e invejáveis; as afeições morais não têm futuro; os laços morais são partidos sem retorno com a morte; as misérias da vida não têm compensação; o suicídio torna-se o fim racional e lógico da existência, quando os sofrimentos não têm esperança de melhora; inútil impor-se um constrangimento para vencer seus maus pendores, viver para si o melhor possível, enquanto estamos aqui; estupidez aborrecer-se e sacrificar seu repouso, seu bem-estar por outrem; quer dizer, pelos seres que serão aniquilados, a seu turno, e que jamais se reverá; deveres sociais sem base, o bem e o mal são meras convenções; o freio social está reduzido ao poder material da lei civil.

Nota: — Talvez não seja inútil lembrar aqui, aos nossos leitores, algumas passagens de um artigo que publicamos sobre o materialismo, no número de agosto de 1868, na *Revista Espírita*.

"O materialismo, dizíamos, fixando-se como nunca tinha feito em época alguma, colocando-se como regulador supremo dos destinos morais da Humanidade, teve como efeito aterrorizar as massas, pelas consequências inevitáveis das suas doutrinas para a ordem social; por isso mesmo, provocou, em favor das ideias espiritualistas, uma enérgica reação que deve lhe provar que está longe de ter simpatias tão gerais quanto ele o supõe, e se ilude se espera um dia impor suas leis ao mundo.

Certamente, as crenças espiritualistas do passado são insuficientes para este século; não estão no nível intelectual de nossa geração; elas estão, em muitos pontos, em contradição com os dados positivos da Ciência; deixam no espírito, ideias incompatíveis com a necessidade do positivo que domina na sociedade moderna; além disso, cometem o erro imenso de se impor pela fé cega e de prescrever o livre exame; daí, sem nenhuma dúvida, o desenvolvimento da incredulidade na maioria; é bem evidente que se os homens fossem alimentados, desde sua infância, apenas com ideias de natureza a serem mais tarde confirmadas pela razão, não haveria incrédulos. Quantas pessoas reconduzidas à crença pelo Espiritismo, disseram-nos: Se sempre nos tivessem apresentado Deus, a alma e a vida futura, de uma maneira racional, nunca teríamos duvidado!

Pelo fato de que um princípio recebe uma má ou uma falsa aplicação, segue-se que se deva rejeitá-la? Acontece com as coisas espirituais o que se verifica com a legislação e com todas as instituições sociais; é preciso apropriá-las aos tempos, sob pena de sucumbir. Mas, ao invés de apresentar algo melhor que o velho espiritualismo, o materialismo preferiu suprimir tudo o que o dispensava de pesquisar, e parecia mais cômodo àqueles a quem a ideia de Deus e do futuro importuna. O que se pensaria de um médico que, achando que o regime de um convalescente não é bastante substancial para seu temperamento, lhe prescrevesse não comer, absolutamente, nada?

O que causa espanto é de encontrar na maioria dos materialistas da escola moderna, o espírito de intolerância levado aos seus últimos limites, eles que reivindicam, incessantemente, o direito de liberdade de consciência!...

...Há, neste momento, da parte de um certo partido, um levante geral contra as ideias espiritualistas em geral, nas quais o Espiritismo se encontra naturalmente envolvido. O que ele procura, não é um Deus melhor e mais justo, é o Deus matéria, menos embaraçoso porque não há contas a lhe prestar. Ninguém contesta a esse partido o direito de ter sua opinião, de discutir as opiniões contrárias; mas o que não se lhe poderia conceder, é a pretensão, pelo menos singular, para homens que se colocam como apóstolos da liberdade, de impedir os outros de crerem à sua maneira e de discutir as doutrinas de que não partilham. Intolerância por intolerância, uma não vale mais do que a outra..."

§ II. Doutrina panteísta

O princípio inteligente ou alma, independente da matéria, é tirado ao nascer do todo universal; individualiza-se em cada ser durante a vida, e retorna com a morte à massa comum, como as gotas de chuva no oceano.

Consequências: Sem individualidade e sem consciência de si mesmo, o ser é como se não existisse; as consequências morais desta doutrina são exatamente as mesmas que as da doutrina materialista.

Nota: — Um certo número de panteístas admitem que a alma, tirada ao nascer do todo universal, conserva sua individualidade durante um tempo indefinido, e só retorna à massa após ter chegado aos últimos degraus da perfeição. As consequências desta variedade de crença são absolutamente as mesmas que as da doutrina panteísta propriamente dita, pois é perfeitamente inútil dar-se ao trabalho para adquirir alguns conhecimentos, dos quais deve-se perder a consciência, aniquilando-se após um tempo relativamente curto; se a alma geralmente se recusa a admitir uma concepção semelhante, como deveria ser mais penosamente afetada, pensando que o instante em que ela atingisse o conhecimento e a perfeição supremas, seria aquele em que ela estaria condenada a perder o fruto de todos os seus labores, perdendo sua individualidade.

§ III. Doutrina deísta

O deísmo compreende duas categorias bem distintas de crentes: os *deístas independentes* e os *deístas providenciais*.

Os *deístas independentes* creem em Deus; admitem todos seus atributos como criador. Deus, dizem, estabeleceu as leis gerais que regem o Universo, mas estas leis, uma vez criadas, funcionam por si sós, e seu autor de nada mais se ocupa. As criaturas fazem o que querem ou o que podem, sem que ele se inquiete. Não há providência; Deus não se ocupando conosco, nada temos que agradecer-lhe, nem a ele pedir.

Os que negam qualquer intervenção da Providência na vida do homem, são como crianças que se julgam muito razoáveis para se libertarem da tutela, dos conselhos, e da proteção de seus pais, ou que pensariam que seus pais não devem mais ocuparem-se deles desde que foram colocados no mundo.

Sob pretexto de glorificar Deus, grande demais, dizem, para se abaixar até suas criaturas, fazem dele um grande egoísta e o rebaixam ao nível dos animais que abandonam suas crias aos elementos.

Esta crença é um resultado do orgulho; é sempre o pensamento de estar submetido a uma potência superior que machuca o amor-próprio e do qual procura se libertar. Enquanto uns recusam absolutamente esta potência, outros consentem reconhecer sua existência, porém, a condenam à nulidade.

Há uma diferença essencial entre o *deísta independente* do qual acabamos de falar, e o *deísta providencial*; este último, com efeito, crê não somente na existência e na potência criadora de Deus, na origem das coisas; crê ainda na sua intervenção incessante na criação e a ele ora, mas não admite o culto exterior e o dogmatismo atual.

§ IV. Doutrina dogmática

A alma, independente da matéria, é criada por ocasião do nascimento de cada ser; sobrevive e conserva sua individualidade após a morte; sua sorte está, desde este momento, irrevogavelmente fixada; seus progressos ulteriores são nulos; ela é, por conseguinte, pela eternidade, intelectual e moralmente, o que era durante a vida. Os maus sendo condenados aos castigos perpétuos e irremissíveis no inferno, resulta para eles a inutilidade completa do arrependimento; Deus parece assim recusar-se a lhes deixar a possibilidade de reparar o mal que fizeram. Os bons são recompensados através da visão de Deus e a contemplação perpétua no céu. Os casos que podem merecer, pela eternidade, o céu ou o inferno são deixados à decisão e ao julgamento de homens falíveis, a quem é dado absolver ou condenar.

Nota: — Se se censurasse a esta última proposição que Deus julga em última instância, poder-se-ia perguntar qual é o valor da decisão pronunciada pelos homens, já que ela pode ser infirmada.

Separação definitiva e absoluta dos condenados e dos eleitos. Inutilidade dos socorros morais e das consolações para os condenados. Criação de anjos ou almas privilegiadas, isentas de qualquer trabalho para chegar à perfeição, etc., etc.

Consequências: Esta doutrina deixa sem solução os graves problemas seguintes:

1º) De onde vêm as disposições inatas intelectuais e morais que fazem com que os homens nasçam bons ou maus, inteligentes ou idiotas?

2º) Qual é a sorte das crianças que morrem em tenra idade?

Por que entram na vida bem-aventurada, sem o trabalho a que os outros estão sujeitos durante longos anos?

Por que são recompensados sem terem podido fazer o bem ou privados de uma felicidade perfeita sem terem feito o mal?

3º) Qual é a sorte dos cretinos e dos idiotas que não têm consciência de seus atos?

4º) Onde a justiça das misérias e das enfermidades de nascença, quando não são o resultado de qualquer ato da vida presente?

5º) Qual é a sorte dos selvagens e de todos aqueles que morrem, forçosamente, no estado de inferioridade moral onde se encontram colocados pela própria natureza mesma, se não lhes é dado progredirem ulteriormente?

6º) Por que Deus cria umas almas mais favorecidas do que as outras?

7º) Por que chama a si, prematuramente, aqueles que teriam podido melhorar-se se vivessem mais tempo, desde que não lhes é dado adiantarem-se após a morte?

8º) Por que Deus criou anjos, chegados à perfeição sem trabalho, enquanto outras criaturas estão submetidas às mais rudes provas, nas quais têm maiores possibilidades de sucumbir do que saírem vitoriosas? Etc., etc.

§ V. Doutrina Espírita

O princípio inteligente é independente da matéria. A alma individual preexiste e sobrevive ao corpo. Mesmo ponto de partida para todas as almas, sem exceção, todas são criadas simples e ignorantes, e estão submetidas ao progresso indefinido. Nada de criaturas privilegiadas e mais favorecidas umas do que outras; os anjos são seres que chegaram à perfeição, após terem passado, como as outras criaturas, por todos os degraus da inferioridade. As almas ou espíritos progridem mais ou menos rapidamente, em virtude de seu livre-arbítrio, através do seu trabalho e sua boa vontade.

A vida espiritual é a vida normal; a vida corporal é uma fase temporária da vida do espírito, durante a qual ele reveste, momentaneamente, um envoltório material do qual ele se despoja com a morte.

O espírito progride no estado corporal e no estado espiritual. O estado corporal é necessário ao espírito até que tenha atingido um certo grau de perfeição; ele aí se desenvolve pelo trabalho ao qual está sujeito pelas suas próprias necessidades, e aí adquire conhecimentos práticos especiais. Uma única existência corporal sendo insuficiente para fazê-lo adquirir todas as perfeições, retoma um corpo tantas vezes quantas lhe forem necessárias, e a cada vez aí chega com o progresso que efetuou nas suas existências anteriores e na vida espiritual. Quando adquiriu no mundo tudo o que ele aí pode obter, deixa-o para ir a outros mundos mais adiantados intelectual e moralmente, cada vez menos materiais, e assim por diante, até a perfeição da qual é suscetível a criatura.

O estado feliz ou infeliz dos espíritos é inerente ao seu adiantamento moral; sua punição é a consequência de seu endurecimento no mal, de maneira que, perseverando no mal, punem-se a si próprios; a porta do arrependimento, porém, jamais lhes é fechada, e eles podem quando o querem, voltar ao caminho do bem, e chegar com o tempo a todos os progressos.

As crianças que morrem em tenra idade podem ser mais ou menos adiantadas, pois já viveram em existências anteriores em que puderam fazer o bem ou cometer más ações. A morte não as liberta das provas a que devem se submeter, e recomeçam, em tempo útil, uma nova existência na Terra ou em mundos superiores, segundo seu grau de elevação.

A alma dos cretinos e dos idiotas é da mesma natureza que a de qualquer outro encarnado; sua inteligência é frequentemente superior, e sofrem pela insuficiência de meios que têm para entrar em relação com seus companheiros de existência, como os mudos sofrem por não poderem falar. Abusaram de sua inteligência nas suas existências anteriores e aceitaram, voluntariamente, ser reduzidos à impotência para expiar o mal que cometeram, etc., etc.

A morte espiritual

A questão da *morte espiritual* é um dos princípios novos que marcam os passos do progresso da ciência espírita. A maneira pela qual foi apresentado em certa teoria individual fez com que, primeiramente, fosse rejeitado, porque parecia implicar, num dado tempo, a perda do *eu* individual e assimilar as transformações da alma à da matéria, cujos elementos se desagregam para formar novos corpos. Os seres felizes e aperfeiçoados seriam, na realidade, novos seres, o que é inadmissível. A equidade das penas e dos gozos futuros só é evidente com a perpetuidade dos mesmos seres, gravitando a escala do progresso e depurando-se através do seu trabalho e dos esforços de sua vontade.

Tais eram as consequências que se podiam tirar *a priori* desta teoria. Entretanto, devemos convir, ela não foi apresentada com a presunção de um orgulhoso que vem impor seu sistema; o autor disse modestamente que acabava de lançar uma ideia sobre o terreno da discussão, e que desta ideia poderia surgir uma nova verdade. Segundo a opinião de nossos eminentes guias espirituais, ele teria pecado menos pelo fundo do que pela forma que se prestou a uma falsa interpretação; é por isso que eles nos exortam a estudar seriamente a questão; é o que vamos tentar fazer, baseando-nos na observação dos fatos que ressaltam da situação do espírito, em duas épocas capitais, do retorno à vida corporal e da volta à vida espiritual.

No momento da morte corporal, vemos o espírito entrar em perturbação e perder a consciência de si mesmo, de maneira que ele nunca é testemunha do último suspiro de seu corpo. Pouco a pouco, a perturbação se dissipa e o espírito se reconhece, como o homem que sai de um sono profundo; sua primeira sensação é a da libertação do seu fardo carnal; depois vem a emoção da visão do novo meio onde ele se encontra. Acha-se na condição de um homem a quem se cloroformiza para fazer-lhe uma amputação, e que é transportado, durante seu sono, para um outro lugar. Ao despertar, sente-se desembaraçado do membro que o fazia sofrer; frequentemente, ele procura este membro, surpreendido de não mais o sentir; da mesma forma, no primeiro momento, o espírito procura seu corpo; ele o vê ao seu lado, sabe que é o seu e se espanta de estar dele separado; só, pouco a pouco, ele se dá conta de sua nova situação.

Neste fenômeno, operou-se apenas uma mudança de situação material; mas, no moral, o espírito é exatamente o que ele era algumas horas antes; ele não sofreu nenhuma modificação sensível; suas faculdades, suas ideias, seus gostos, seus pendores, seu caráter são os mesmos; as mudanças que pode sofrer não se operam senão gradualmente, por influência do que o cerca. Em resumo, só houve morte para o corpo; para o espírito, só o sono existiu.

Na reencarnação, as coisas se passam de uma outra maneira.

No momento da concepção do corpo destinado ao espírito, este é tomado por uma corrente fluídica que, semelhante a um laço, o atrai e o aproxima de sua nova morada. Desde então, ele pertence ao corpo, como o corpo lhe pertence até a morte deste último; entretanto, a união completa, a tomada da posse real só acontece na época do nascimento.

Desde o instante da concepção, a perturbação toma conta do espírito; suas ideias tornam-se confusas, suas faculdades se anulam, a perturbação vai crescendo à medida que o laço se estreita, torna-se completo nos últimos tempos da gestação; de maneira que o espírito nunca é testemunha do nascimento do seu corpo, não mais do que o foi de sua morte; ele não tem disso nenhuma consciência.

A partir do momento em que a criança respira, pouco a pouco a perturbação se dissipa, as ideias gradualmente retornam, mas em outras condições, quando da morte do corpo.

No ato da reencarnação, as faculdades do espírito não ficam simplesmente entorpecidas por uma espécie de sono momentâneo, como no retorno à vida espiritual; todas, sem exceção, passam pelo estado *latente*. A vida corporal tem por objetivo desenvolvê-las pelo exercício, mas nem todas podem desenvolver-se simultaneamente, porque o exercício de uma poderia prejudicar o desenvolvimento da outra, enquanto que, através do desenvolvimento sucessivo, elas se apoiam uma sobre a outra. É útil, pois, que algumas permaneçam em repouso, enquanto outras se desenvolvem; é por isso que, na sua nova existência, o espírito pode se apresentar sob um aspecto completamente diferente, sobretudo se ele é menos adiantado, que na existência precedente.

Por exemplo, num, a faculdade musical poderá ser ativa; ele conservará, perceberá e, por conseguinte, executará tudo o que for necessário ao desenvolvimento desta faculdade; numa outra existência, será a vez da pintura, das ciências exatas, da poesia, etc.; enquanto estas novas faculdades se exercem, a da música permanecerá latente, conservando o progresso efetuado. Resulta daí que aquele que foi artista numa existência, poderá ser um sábio, um homem de Estado, um estrategista numa outra, sendo nulo do ponto de vista artístico e reciprocamente.

O estado latente das faculdades na reencarnação explica o esquecimento das existências precedentes, enquanto que por ocasião da morte do corpo, estando as faculdades apenas no estado de sono de pouca duração, a lembrança da vida que se acaba de deixar é completa ao despertar.

As faculdades que se manifestam estão naturalmente em relação com a posição que o espírito deve ocupar no mundo, e com as provas que tenha escolhido; todavia, acontece frequentemente que os preconceitos sociais o deslocam, o que faz com que certas pessoas estejam intelectual e moralmente acima ou abaixo da posição que ocupam. Essa desqualificação, pelos entraves que acarreta, faz parte das provas; ela deve cessar com o progresso. Numa ordem social mais adiantada, tudo se regula de acordo com a lógica das leis naturais, e aquele que apenas tiver aptidão para fazer sapatos, não será, por direito de nascença, chamado a governar os povos.

Voltemos à criança. Até o nascimento, estando todas as faculdades em estado latente, o espírito não tem alguma consciência de si mesmo. No momento do nascimento, as que devem se exercer não tomam subitamente seu impulso; seu desenvolvimento segue o dos órgãos que devem servir para sua manifestação; através de sua atividade íntima, elas impulsionam o desenvolvimento do órgão correspondente, como o broto que nasce empurra a casca da árvore. Daí, resulta que, na primeira infância, o espírito não goza em plenitude de nenhuma de suas faculdades, não somente como encarnado, mas também como espírito; ele é verdadeiramente criança, como o corpo ao qual está ligado. Ele não se encontra comprimido penosamente no corpo imperfeito, se assim fosse, Deus teria feito da encarnação um suplício para todos os espíritos bons ou maus. Acontece diferentemente com o idiota e o cretino; os órgãos, não tendo se desenvolvido paralelamente com as faculdades, o espírito acaba por se encontrar na posição de um homem preso por laços que lhe tiram a liberdade de seus movimentos. Tal é a razão pela qual pode-se evocar o espírito de um idiota e dele obter respostas sensatas, enquanto que o de uma criança em idade muito tenra ou que ainda não veio à luz, é incapaz de responder.

Todas as faculdades, todas as aptidões, estão em gérmen no espírito, desde a sua criação; elas aí estão em estado rudimentar, como todos os órgãos na primeira pequena porção do feto informe, como todas as partes da árvore na semente. O selvagem que, mais tarde, se tornará um homem civilizado, possui, portanto em si os germens que, um dia, dele farão um sábio, um grande artista ou um grande filósofo.

À medida que estes germens chegam à maturidade, a Providência lhe dá, *para a vida terrestre*, um corpo apropriado às suas novas aptidões; é assim que o cérebro de um europeu é mais organizado, provido de um número maior de teclas do que o do selvagem. *Para a vida espiritual* ela lhe dá um corpo fluídico ou perispírito, mais sutil, impressionável às novas sensações. À medida que o espírito se engrandece, a Natureza o provê dos instrumentos que lhe são necessários.

No sentido da desorganização, da desagregação das partes, da dispersão dos elementos, só há morte para o envoltório material e o envoltório fluídico, mas a alma ou espírito não pode morrer para progredir; de outro modo, ela perderia sua individualidade, o que equivaleria ao nada. No sentido da transformação, regeneração, pode-se dizer que o espírito morre a cada encarnação para ressuscitar com novos atributos, sem deixar de ser ele próprio. Tal como um camponês, por exemplo, que se enriquece e se torna um grande senhor; abandonou a choupana por um grande palácio, o paletó pela vestimenta bordada; todos seus hábitos mudaram, seus gostos, sua linguagem, seu próprio caráter; numa palavra, o camponês morreu, enterrou o burel de lã, para renascer como homem do mundo, e, entretanto, é sempre o mesmo indivíduo, porém transformado.

Cada existência corporal é, pois, para o espírito uma oportunidade de progredir mais ou menos sensível. De volta ao mundo dos espíritos, leva para lá novas ideias; seu horizonte moral alarga-se; suas percepções são mais finas, mais delicadas; ele vê e compreende o que não via e não compreendia antes; sua visão que, no início, não se estendia além de sua última existência, abarca sucessivamente suas existências passadas, como o homem que se eleva e para quem o nevoeiro se dissipa, abrange sucessivamente um horizonte muito mais vasto. A cada nova estação da erraticidade, novas maravilhas do mundo invisível desenrolam-se aos seus olhos, porque a cada uma, um véu se rasga. Ao mesmo tempo, seu envoltório fluídico se depura; torna-se mais leve, mais brilhante; mais tarde, resplandecerá. É quase um novo espírito, é o camponês esclarecido e transformado; o espírito velho morreu, e, entretanto, é sempre o mesmo espírito.

É assim, acreditamos, que convém entender a morte espiritual.

A vida futura

A vida futura não é mais um problema; é um fato obtido pela razão e pela demonstração para quase a unanimidade dos homens, pois seus negadores formam apenas uma ínfima minoria, apesar do barulho que se esforçam para fazer. Não é, pois, sua realidade que nos propomos a demonstrar aqui; seria repetir-se sem nada acrescentar à convicção geral. Admitido o princípio, como primícias, o que nos propomos é examinar sua influência sobre a ordem social e a moralização, segundo a maneira pela qual é encarada.

As consequências do princípio contrário, quer dizer, da nulidade, são igualmente muito conhecidas e bastante compreendidas para que seja necessário desenvolvê-las de novo. Diremos somente que, se estivesse demonstrado que a vida futura não existe, a vida presente não teria outro objetivo senão a manutenção de um corpo que, amanhã, dentro de uma hora, poderia deixar de existir, e tudo, neste caso, teria terminado para sempre. A consequência lógica de semelhante condição da Humanidade, seria a concentração de todos os pensamentos no crescimento dos gozos materiais, sem se importar com o prejuízo de outrem, pois, por que privar-se, impor-se sacrifícios? Qual a necessidade de se constranger para melhorar-se, corrigir-se de seus defeitos? Seria ainda a perfeita inutilidade do remorso, do arrependimento, já que

211

nada se teria a esperar; seria, finalmente, a consagração do egoísmo e da máxima: *O mundo pertence aos mais fortes e aos mais espertos.* Sem a vida futura, a moral não é senão um constrangimento, um código convencional imposto arbitrariamente, não tem nenhuma raiz no coração. Uma sociedade fundada sobre uma tal crença, não teria outro laço senão a força, e cairia logo em dissolução.

Entre os negadores da vida futura, que não se objete, há pessoas honestas, incapazes de cientemente causar dano a outrem e suscetíveis dos maiores devotamentos! Digamos, primeiramente, que entre muitos incrédulos, a negação do futuro é muito mais uma fanfarronada, uma jactância, o orgulho de passarem por espíritos fortes, do que o resultado de uma convicção absoluta. No foro íntimo de suas consciências, há uma dúvida que os importuna, é por isso que procuram atordoar-se; mas não é sem um secreto pensamento dissimulado que pronunciam o terrível *nada* que os priva do fruto de todos os trabalhos da inteligência, e despedaça para sempre as mais caras afeições. Muitos daqueles que mais gritam, são os primeiros a tremer com a ideia do desconhecido; assim também, quando o momento fatal de entrar neste desconhecido se aproxima, bem poucos adormecem no derradeiro sono com a firme persuasão de que não despertarão em algum lugar, pois a Natureza jamais abdica dos seus direitos.

Digamos, pois, que na maioria, a incredulidade é apenas relativa; quer dizer que, sua razão não estando satisfeita nem com os dogmas, nem com as crenças religiosas, e nada tendo encontrado em parte alguma com que preencher o vazio que neles se tinha produzido, concluíram que nada havia e que haviam construído sistemas para justificar a negação; não são, pois, incrédulos senão por falta de coisa melhor. Os incrédulos absolutos são extremamente raros, se é que eles existem.

Uma intuição latente e inconsciente do futuro pode, portanto, deter um grande número deles no declive do mal, e poder-se-ia citar uma imensidão de atos, mesmo nos mais endurecidos, que testemunham este sentimento secreto que os domina contra sua vontade.

É preciso dizer também que, qualquer que seja o grau de incredulidade, as pessoas de uma certa condição social são contidas pelo respeito humano; sua posição os obriga a manterem-se numa linha de conduta muito reservada; o que temem acima de tudo, é a desonra e o desprezo, que, fazendo-lhes perder, pela queda da categoria que ocupam, a consideração do mundo, privá-los-iam dos gozos de que desfrutam; se não têm o fundo da virtude, têm dela pelo menos o verniz. Mas, para aqueles que não têm razão alguma para sustentar a opinião, que zombam do disse que disse, e não se contestará de que seja a maioria; que freio pode ser imposto ao transbordamento das paixões brutais e dos apetites grosseiros? Em que base apoiar a teoria do bem e do mal, a necessidade de reformar seus maus pendores, o dever de respeitar o que os outros possuem, enquanto eles próprios nada possuem? Qual pode ser o estimulante do ponto de honra para pessoas a quem se tenha persuadido de que não passam de animais? A lei, diz-se, aí está para mantê-los; a lei, porém, não é um código de moral que toca o coração; é uma força que suportam e que iludem, se o podem; se caem sob seus golpes, isso é para eles o resultado da má sorte ou da imperícia, que tentam reparar na primeira ocasião.

Aqueles que pensam que há mais mérito para os incrédulos por fazerem o bem, sem a esperança de uma recompensa na vida futura, na qual não creem, apoiam-se num sofisma igualmente pouco fundamentado. Os crentes dizem também que o bem efetuado com vistas a vantagens que se possam recolher é menos meritório; eles vão mesmo mais longe, pois estão persuadidos de que, segundo o móvel que faz agir, o mérito pode ser completamente anulado. A perspectiva da vida futura não exclui o desinteresse nas boas ações, porque a felicidade da qual aí se goza está, antes de tudo, subordinada ao grau de adiantamento moral; ora, os orgulhosos e os ambiciosos aí estão entre os menos aquinhoados. Mas os incrédulos que fazem o bem são tão desinteressados como o pretendem? Se nada esperam do outro mundo, também nada esperam deste aqui? O amor-próprio não se leva nunca em conta? Serão eles insensíveis ao aplauso dos homens? Seria um grau de perfeição rara, e não cremos que hajam muitos que para aí sejam levados, unicamente pelo culto da matéria.

Uma objeção mais séria é esta: Se a crença na vida futura é um elemento moralizador, por que os homens, a quem se prega desde que estão na Terra, são igualmente tão maus?

Primeiramente, quem nos diz que não seriam piores sem isso? Não se poderia disso duvidar, se considerarmos os resultados inevitáveis da nulidade popularizada. Não se vê, ao contrário, observando as diferentes escalas da Humanidade, desde a selvageria até a civilização, caminhar à frente o progresso intelectual e moral, o abrandamento dos costumes, a ideia mais racional da vida futura? Mas esta ideia, ainda muito imperfeita, não pôde exercer a influência que ela terá necessariamente, à medida que for melhor compreendida, e que se adquiram noções mais justas sobre o futuro que nos está reservado.

Por mais firme que seja a crença na imortalidade, o homem quase não se preocupa com sua alma senão do ponto de vista místico. A vida futura, definida com pouca clareza, só vagamente o impressiona; não passa de um objetivo que se perde ao longe, e não um meio, porque a sorte lhe está irrevogavelmente fixada, e que em parte alguma não lhe foi apresentada como progressiva; donde se conclui que, saindo daqui, somos o que somos por toda a eternidade. Aliás, o quadro que se faz da vida futura, as condições determinantes da felicidade ou da infelicidade que lá se experimenta, estão longe, sobretudo num século de exame como o nosso, de satisfazer completamente a razão. Depois, ela não se prende muito diretamente à vida terrestre; entre as duas, nenhuma solidariedade há, mas um abismo, de maneira que aquele que se preocupa principalmente com uma das duas, perde quase sempre a outra de vista.

Sob o império da fé cega, esta crença abstrata tinha sido suficiente às inspirações dos homens, quando então eles se deixavam conduzir; hoje, sob o reino do livre exame, eles querem conduzir-se a si próprios, ver através dos seus próprios olhos, e compreender; estas vagas noções da vida futura não estão à altura das ideias novas, e não respondem mais às necessidades criadas pelo progresso. Com o desenvolvimento das ideias, tudo deve progredir em torno do homem, porque tudo se mantém, tudo é solidário na Natureza: ciências, crenças, cultos, legislações, meios de ação; o movimento adiante é irresistível, porque é lei da existência dos seres; o que quer que fique para trás, abaixo do nível social, é colocado de lado, como vestes que não servem mais ao tamanho, e, finalmente, é arrastado pela onda que sobe.

Assim também acontece com as ideias pueris sobre a vida futura com as quais nossos pais se contentavam; persistir em impô-las, hoje, seria compelir à incredulidade. Para ser aceita pela opinião, e para exercer sua influência moralizadora, a vida futura deve se apresentar sob o aspecto de uma coisa positiva, tangível de alguma forma, capaz de suportar o exame; satisfatória para a razão, sem nada deixar na sombra. É no momento em que a insuficiência das noções sobre o futuro abria a porta à dúvida e à incredulidade, que novos meios de investigação são dados ao homem para penetrar este mistério, e fazer-lhe compreender a vida futura na sua realidade, no seu positivismo, nas suas relações íntimas com a vida corporal.

Por que, geralmente, cuidamos tão pouco da vida futura? Entretanto, trata-se de uma atualidade, já que cada dia veem-se milhares de homens partir para este destino desconhecido? Como cada um de nós deve fatalmente partir a seu turno, e que a hora da partida pode soar a qualquer minuto, parece natural inquietar-se com o que disso advier. Por que isso não se dá? Precisamente porque o destino é desconhecido, e que não se teve, até o presente, meio algum de conhecê-lo. A inexorável Ciência veio desalojá-lo dos lugares onde o haviam circunscrito. Ele está perto? Está distante? Está perdido no infinito? As filosofias de antigamente não respondem, porque elas próprias nada sabem a respeito; diz-se então: "Será o que for"; daí a indiferença.

Ensinam-nos que somos felizes ou infelizes, conforme o bem ou o mal vivenciado; mas isto é tão vago! Em que consiste esta felicidade e esta infelicidade? O quadro que nos traçaram está tão em desacordo com a ideia que fazemos da justiça de Deus, semeado de tantas contradições, de inconsequências, de impossibilidades radicais, que, involuntariamente, se é tomado pela dúvida, se não for pela incredulidade absoluta; e depois, diz-se que aqueles que se enganaram com relação aos lugares indicados para as moradas futuras, puderam também ser induzidos em erro, quanto as condições que determinam para a felicidade ou sofrimento. Aliás, como seremos neste outro mundo? Seremos aí seres concretos ou abstratos? Nele teremos uma forma, uma aparência? Se nada tivermos de material, como poderemos, aí, experimentar sofrimentos materiais? Se os felizes nada tiverem que fazer, a ociosidade perpétua ao invés de uma recompensa, torna-se um suplício, a menos que se admita o Nirvana do Budismo que não é absolutamente mais invejável.

O homem só se preocupará com a vida futura quando nela vir um objetivo evidente e claramente definido, uma situação lógica, respondendo a todas suas aspirações, resolvendo todas as dificuldades do presente, e que nada, aí, encontre que a razão não possa admitir. Se ele se preocupa com o dia seguinte, é porque a vida do dia seguinte se liga intimamente à vida da véspera; elas são solidárias uma a outra: ele sabe que sua posição de amanhã depende do que fizer hoje, e sua posição de depois de amanhã, dependerá do que fizer amanhã, e assim por diante.

Assim deve ser para ele a vida futura, quando esta não estiver mais perdida nas nuvens da abstração, mas uma atualidade palpável, complemento necessário da vida presente, *uma das fases* da vida geral, como os dias são fases da vida corporal: quando ele vir o presente reagir sobre o futuro, pela força das coisas, e, sobretudo, quando ele compreender *a reação do futuro sobre o presente*: quando, numa palavra, ele vir o passado, o presente e o futuro encadearem-se por uma inexorável necessidade, como o ontem, o hoje e o amanhã na vida atual. Oh! então suas ideias mudarão completamente, porque verá na vida futura, não somente um objetivo, mas um meio; não um efeito distante, mas atual; é então que também esta crença se exercerá inevitavelmente, e por uma consequência toda natural, uma ação preponderante sobre o estado social e a moralização.

Tal é o ponto de vista sob o qual o Espiritismo nos faz encarar a vida futura.

Questões e problemas

As expiações coletivas

QUESTÃO: — *O Espiritismo nos explica perfeitamente a causa dos sofrimentos individuais, como consequências imediatas das faltas cometidas na existência presente, ou expiação do passado; mas, já que cada um só deve ser responsável pelas suas próprias faltas, explicam-se menos as desgraças coletivas que atingem as aglomerações de indivíduos como, às vezes, toda uma nação ou toda uma raça, e que atingem tanto os bons como os maus, os inocentes como os culpados.*

RESPOSTA: — Todas as leis que regem o Universo, sejam físicas ou morais, materiais ou intelectuais, foram descobertas, estudadas, compreendidas, partindo do estudo da individualidade e do da família para o de todo o conjunto, generalizando gradualmente, e constatando a universalidade dos resultados.

Acontece o mesmo hoje para com as leis que o estudo do Espiritismo dá a conhecer; podem se aplicar, sem medo de errar, às leis que regem o indivíduo à família, à nação, às raças, ao conjunto dos habitantes dos mundos, que são individualidades coletivas. Há as faltas do indivíduo, as da família, as da nação, e cada uma, qualquer que seja seu caráter, expia-se em virtude da mesma lei. O carrasco expia com relação à sua vítima, seja encontrando-se em sua presença no Espaço, seja vivendo em contato com ela numa ou em várias existências sucessivas, até a reparação de todo o mal cometido. Acontece o mesmo quando se trata de crimes cometidos solidariamente por um certo número; as expiações são solidárias, o que não anula a expiação simultânea das faltas individuais.

Em todo homem há três caracteres: o do indivíduo, do ser em si mesmo, o do membro da família, e, finalmente, o do cidadão; sob cada uma dessas três faces, ele pode ser criminoso ou virtuoso, quer dizer, que ele pode ser virtuoso como pai de família, ao mesmo tempo que criminoso como cidadão, e reciprocamente; daí as situações especiais que lhe são feitas nas suas existências sucessivas.

Salvo exceção, pode-se, pois, admitir como regra geral que todos aqueles que uma tarefa comum reúne numa existência, já viveram juntos para trabalhar com o mesmo objetivo, e se encontrarão ainda reunidos no futuro até que tenham atingido o objetivo, quer dizer, expiado o passado, ou desempenhado a missão aceita.

Graças ao Espiritismo, compreendeis agora a justiça das provas que não decorrem da vida presente, porque reconheceis que é o resgate das dívidas do passado; por que não aconteceria da mesma forma com relação às provas coletivas? Dizeis que os infortúnios de ordem geral atingem tanto o inocente quanto o culpado; mas não sabeis que o inocente de hoje, pode ter sido o culpado de ontem? Quer seja ele atingido individualmente ou coletivamente, é que o mereceu. Depois, como já o dissemos, há as faltas do indivíduo e as do cidadão; a expiação de umas não isenta da expiação das outras, pois é preciso que toda dívida seja paga até a última moeda. As virtudes da vida privada não são as da vida pública; um que é excelente cidadão, pode ser mau pai de família, e um que é bom pai de família, probo e honesto nos seus negócios, pode ser um mau cidadão, ter soprado o fogo da discórdia, oprimido o fraco, molhado a mão nos crimes de lesa-sociedade. São estas faltas coletivas que são expiadas, coletivamente, pelos indivíduos que para elas concorreram, os quais se reencontram para sofrerem juntos a pena de talião, ou ter a oportunidade de reparar o mal que fizeram, provando seu devotamento à coisa pública, socorrendo e assistindo aqueles a quem outrora maltratou. O que é incompreensível, inconciliável com a justiça de Deus, sem a preexistência da alma, torna-se claro e lógico pelo conhecimento desta lei.

A solidariedade, que é o verdadeiro laço social, não é somente para o presente; ela se estende ao passado e ao futuro, já que as mesmas individualidades se encontraram, se encontram e se encontrarão para gravitar juntas a escala do progresso, prestando-se um concurso mútuo. Eis o que o Espiritismo torna compreensível, pela equitativa lei da reencarnação e da continuidade das relações entre os mesmos seres.

Clélie Duplantier

Nota: — Embora esta comunicação esteja contida nos princípios conhecidos da responsabilidade do passado e da continuidade das relações entre os espíritos, ela encerra uma ideia de alguma forma nova e de uma grande importância. A distinção que estabelece entre a responsabilidade das faltas individuais ou coletivas, as da vida privada e da vida pública, explica certos fatos ainda pouco compreendidos e mostra, de uma maneira mais precisa, a solidariedade que religa os seres uns aos outros, e as gerações entre si.

Assim, frequentemente renasce-se na mesma família, ou, pelo menos, os membros de uma mesma família renascem juntos para constituir uma nova família numa outra posição social, a fim de apertarem seus laços de afeição, ou reparar seus erros recíprocos. Por considerações de uma ordem mais geral, renasce-se frequentemente no mesmo meio, numa mesma nação, numa mesma raça, seja por simpatia, seja para continuar com os elementos já elaborados, os estudos já feitos, aperfeiçoar-se, prosseguir com os trabalhos iniciados e que a brevidade da vida ou as circunstâncias não permitiram terminar. Esta reencarnação, no mesmo meio, é a causa do caráter distintivo dos povos e das raças; melhorando-se, os indivíduos conservam o matiz primitivo até que o progresso os tenha completamente transformado.

Os franceses de hoje são, portanto, os do século passado, os da Idade Média, os dos tempos druídicos; são os exatores e as vítimas do feudalismo; os que submeteram os povos e os que trabalharam pela sua emancipação, que se reencontram na França transformada, onde uns expiam no rebaixamento, seu orgulho de raça, e onde os outros gozam do fruto de seus labores. Quando se consideram todos os crimes desses tempos em que a vida dos homens e a honra das famílias eram contadas por nada, em que o fanatismo erguia fogueiras em honra da divindade, em que todos os abusos de poder, todas as injustiças se cometiam com desprezo dos direitos mais sagrados, quem pode estar certo de não ter aí mais ou menos manchado as mãos, e admirar-se de assistir a grandes e terríveis expiações coletivas?

Mas, dessas convulsões sociais surge sempre uma melhora; os espíritos se esclarecem pela experiência; o infortúnio é o estimulante que os impele a procurar um remédio para o mal; refletem na erraticidade, tomam novas resoluções, e quando retornam, fazem coisa melhor. É assim que o progresso se efetua, de geração a geração.

Não se pode duvidar de que haja famílias, cidades, nações, raças culpadas, porque, dominadas pelos instintos do orgulho, do egoísmo, da ambição, da cupidez, enveredam por um mau caminho, e fazem coletivamente o que o indivíduo faz isoladamente; uma família se enriquece às custas de uma outra família; um povo subjuga um outro povo, leva-lhe a desolação e a ruína; uma raça quer aniquilar uma outra raça. Eis porque há famílias, povos e raças sobre os quais torna-se mais pesada a pena de talião.

"Quem matou pela espada, perecerá pela espada", disse o Cristo; estas palavras podem se traduzir assim: aquele que derramou o sangue, verá o seu derramado; aquele que levou a tocha do incêndio a outrem, verá a tocha do incêndio ser levada contra o que era seu; aquele que despojou, será despojado; aquele que escraviza e maltrata o fraco, será fraco, escravizado e maltratado, a seu turno, quer se trate de um indivíduo, de uma nação ou de uma raça, porque os membros de uma individualidade coletiva são solidários, tanto no bem como no mal, que em comum praticaram.

Enquanto o Espiritismo alarga o campo da solidariedade, o materialismo o reduz às mesquinhas proporções da existência efêmera do homem; fazendo dele um dever social sem raízes, sem outra sanção, além da boa vontade e o interesse pessoal do momento; é uma teoria, uma máxima filosófica, cuja prática nada impõe; para o Espiritismo, a solidariedade é um fato que repousa sobre uma lei universal da Natureza, que religa todos os seres do passado, do presente e do futuro, e às consequências da qual ninguém pode subtrair-se. Eis o que todo homem pode compreender, por mais iletrado que seja.

Quando todos os homens compreenderem o Espiritismo, compreenderão a verdadeira solidariedade, e, consequentemente, a verdadeira fraternidade. A solidariedade e a fraternidade não serão mais deveres circunstanciais que com muita frequência prega-se mais em seu próprio interesse do que no de outrem. O reino da solidariedade e da fraternidade será forçosamente o da justiça para todos, e o reino da justiça será o da paz e da harmonia entre os indivíduos, as famílias, os povos e as raças. Chegar-se-á a ele? Duvidar disso, seria negar o progresso. Se compararmos a sociedade atual, nas nações civilizadas, ao que ela era na Idade Média, certamente a diferença é grande; se, portanto, os homens caminharam até aqui, por que parariam? Observando o caminho que percorreram há apenas um século, pode-se avaliar o que farão daqui a um outro século.

As convulsões sociais são as revoltas dos espíritos encarnados contra o mal que os mata aos poucos, o indício de suas aspirações para este mesmo reino da justiça, do qual têm sede, sem, todavia, se aperceberem claramente do que querem e dos meios de consegui-lo; é por isso que se movimentam, se agitam, subvertem a torto e a direito, criam sistemas, propõem remédios mais ou menos utópicos, cometem mesmo mil injustiças, supostamente pelo espírito de justiça, esperando que deste movimento saísse, talvez, alguma coisa. Mais tarde, definirão melhor suas aspirações, e o caminho se aclarará.

Quem quer que penetre nos princípios do Espiritismo filosófico, considera os horizontes que ele descobre, as ideias que faz nascer e os sentimentos que desenvolve, não poderia duvidar da parte preponderante que ele deve ter na regeneração, pois ele conduz, precisamente, e pela força das coisas, ao objetivo a que aspira a Humanidade: o reino da justiça, pela extinção dos abusos que fizeram estancar o progresso, e pela moralização das massas. Se aqueles que sonham com a manutenção do passado não o julgassem assim, não se aferrariam tanto a ele; eles se deixariam morrer tranquilamente como aconteceu a várias utopias. Só isto deveria dar a pensar a certos zombadores, que deve haver aí algo de mais sério do que imaginam. Mas, há pessoas que riem de tudo, que ririam de Deus se o vissem na Terra. Depois, há aqueles que têm medo de ver apresentar-se diante de si, a alma que se obstinavam em negar.

Qualquer que seja a influência que o Espiritismo deva um dia exercer sobre o futuro das sociedades, não quer dizer que ele substituirá sua autocracia por uma outra autocracia, nem que imporá leis; primeiro, porque proclamando o direito absoluto da liberdade de consciência e do livre exame em matéria de fé, como crença, ele quer ser livremente aceito, pela convicção e não pelo constrangimento; pela sua natureza, ele não pode e nem deve exercer qualquer pressão; proscrevendo a fé cega, ele quer ser compreendido; para ele, não há mistérios, mas uma fé raciocinada, apoiada sobre os fatos, e que deseja a luz; nenhuma das descobertas da Ciência é repudiada, já que a Ciência é a coletânea das leis da Natureza, e que sendo de Deus estas leis, repudiar a Ciência, seria repudiar a obra de Deus.

Em segundo lugar, estando a ação do Espiritismo no seu poder moralizador, ele nenhuma forma autocrática pode afetar, pois então, ele faria o que condena. Sua influência será preponderante, pelas modificações que trará para as ideias, as opiniões, o caráter, os hábitos dos homens e as relações sociais; esta influência será tanto maior porque não será imposta. O Espiritismo, poderoso como filosofia, só poderia perder, neste século de raciocínio, se se transformasse em poder temporal. Não será, pois, ele que fará as instituições sociais do mundo regenerado; serão os homens que as farão sob o império das ideias de justiça, de caridade, de fraternidade e solidariedade melhor compreendidas, graças ao Espiritismo.

O Espiritismo, essencialmente positivo nas suas crenças, rejeita qualquer misticismo, a menos que não estenda este nome, como o fazem os que em nada creem, a qualquer ideia espiritualista, à crença em Deus, na alma, e na vida futura. Ele leva, certamente, os homens a se ocuparem seriamente da vida espiritual, porque é a vida normal, e porque lá é que deve se efetuar seu destino, já que a vida terrestre é apenas transitória e passageira; pelas provas que dá da vida espiritual, ele ensina a dar às coisas desse mundo uma importância apenas relativa, e através disso dá-lhes a força e a coragem para suportar pacientemente as vicissitudes da vida terrestre; mas lhes ensinando que morrendo, não deixam este mundo para sempre; que podem aqui retornar para aperfeiçoar sua educação intelectual e moral, a menos que sejam bastante adiantados para merecerem ir para um mundo melhor; que os trabalhos e os progressos que, aí, se efetuam, ou que, aí, fazem efetuar, serão proveitosos para eles próprios, melhorando sua posição futura, é para lhes mostrar que eles têm todo interesse em não negligenciá-lo; se lhes repugna aí retornar, como têm o livre-arbítrio, depende deles fazer o que é preciso para irem além; mas que não se equivoquem sobre as condições que podem fazer-lhes merecer uma mudança de residência! Não é com a ajuda de algumas fórmulas em palavras ou em ação que obterão, mas por uma reforma séria e radical de suas imperfeições; é modificando-se, despojando-se de suas más paixões, adquirindo, a cada dia, novas qualidades; ensinando a todos, por exemplo, a linha de conduta que deve conduzir solidariamente todos os homens à felicidade pela fraternidade, a tolerância e o amor.

A Humanidade se compõe de personalidades que constituem as existências individuais, e gerações que constituem as existências coletivas. Umas e outras caminham para o progresso através das fases variadas das provas, que são assim, individuais para as pessoas, e coletivas para as gerações. Assim também para o encarnado, cada existência é um passo adiante, cada geração marca uma etapa do progresso para o conjunto; é este progresso do conjunto que é irresistível, e arrasta as massas ao mesmo tempo que ele modifica e transforma em instrumento de regeneração, os erros e os preconceitos de um passado chamado a desaparecer. Ora, como as gerações são compostas de indivíduos que já viveram nas gerações precedentes, o progresso das gerações é assim a resultante do progresso dos indivíduos.

Mas quem me demonstrará, dir-se-á talvez, a solidariedade que existe entre a geração atual e as gerações que a precederam ou as que seguirão? Como poder-se-ia me provar que vivi na Idade Média, por exemplo, e que voltarei a tomar parte nos acontecimentos que se efetuarão na sucessão dos tempos?

O princípio da pluralidade das existências foi, com muita frequência, demonstrado na *Revista Espírita* e nas obras fundamentais da doutrina, para que nos detenhamos aqui; a experiência e a observação dos fatos da vida quotidiana fervilham de provas físicas e de uma demonstração quase matemática. Apenas concitamos os pensadores para que atentem nas provas morais que resultam do raciocínio e da indução.

Será absolutamente necessário ver uma coisa para nela acreditar? Vendo efeitos, não se pode ter a certeza material da causa?

Afora a experimentação, a única senda legítima que se abre para esta pesquisa, consiste em remontar do efeito à causa. A justiça nos oferece um exemplo muito notável deste princípio, quando se aplica a descobrir *os indícios* dos meios que serviram à perpetração de um crime, *as intenções* que aumentam a culpabilidade do malfeitor. Este não foi preso em flagrante e, entretanto, é condenado por esses indícios.

A Ciência, que pretende caminhar apenas pela experiência, afirma, todos os dias, princípios que não são senão induções das causas, das quais apenas viu os efeitos.

Em Geologia, determina-se a idade das montanhas; os geólogos assistiram ao seu levantamento, viram se formar as camadas de sedimento que determinam esta idade?

Os conhecimentos astronômicos, físicos e químicos permitem apreciar o peso dos planetas, sua densidade, seu volume, a rapidez que os anima, a natureza dos elementos que os compõem; entretanto, os sábios não puderam fazer a experiência direta e é à analogia e à indução que devemos tão belas e preciosas descobertas.

Os primeiros homens, pelo testemunho de seus sentidos, afirmavam que é o Sol que gira em torno da Terra. Todavia, este testemunho os enganava e o raciocínio prevaleceu.

Acontecerá o mesmo com os princípios preconizados pelo Espiritismo, desde que se queira estudá-los sem prevenções, e é, então, que a Humanidade entrará verdadeira e rapidamente na era de progresso e de regeneração, porque os indivíduos não se sentindo mais isolados entre dois abismos, o desconhecido do passado e a incerteza do futuro, trabalharão com ardor para aperfeiçoar e multiplicar elementos de felicidade que são sua obra; porque reconhecerão que a posição que ocupam neste mundo não se deve ao acaso, e que gozarão eles próprios no futuro e em melhores condições, dos frutos de seus labores e de suas vigílias. É que, finalmente, o Espiritismo lhes ensinará que se as faltas cometidas coletivamente são expiadas solidariamente, os progressos efetuados em comum são igualmente solidários, e é em virtude deste princípio que desaparecerão as dissensões das raças, das famílias e dos indivíduos, e que a Humanidade despojada dos cueiros da infância, marchará, rápida e virilmente, para a conquista dos seus verdadeiros destinos.

O egoísmo e o orgulho

Suas causas, seus efeitos
e os meios de destruí-los

É bem sabido que a maior parte das misérias da vida tem sua origem no egoísmo dos homens. Desde que cada um pensa em si, antes de pensar nos outros, e quer sua própria satisfação antes de tudo, cada um procura, naturalmente, proporcionar-se esta satisfação a qualquer preço, e sacrifica, sem escrúpulo, os interesses de outrem, desde as menores coisas até as maiores, na ordem moral como na ordem material; daí, todos os antagonismos sociais, todas as lutas, todos os conflitos e todas as misérias, porque cada um quer afastar, com intrigas, seu vizinho.

O egoísmo tem sua origem no orgulho. A exaltação da personalidade leva o homem a se considerar acima dos outros; julgando-se com direitos superiores, melindra-se com tudo o que, segundo ele, é um golpe contra os seus direitos. A importância que, por orgulho, dá à sua pessoa, torna-o naturalmente egoísta.

O egoísmo e o orgulho têm sua origem num sentimento natural: o instinto de conservação. Todos os instintos têm sua razão de ser e sua utilidade, porque Deus nada pode ter feito de inútil. Deus não criou, absolutamente, o mal; é o homem que o produz pelo abuso que fez dos dons de Deus, em virtude de seu livre-arbítrio. Este sentimento, encerrado nos justos limites, é bom, portanto, em si mesmo; é o exagero que o torna mau e pernicioso; assim também se dá com todas as paixões que o homem desvia frequentemente do seu objetivo providencial. Deus não criou o homem egoísta e orgulhoso: criou-o simples e ignorante; é o homem que se faz egoísta e orgulhoso, exagerando o instinto que Deus lhe deu para sua conservação.

Os homens não podem ser felizes se não viverem em paz, quer dizer, se não estiverem animados por um sentimento de benevolência, de indulgência e de condescendência recíprocas, numa palavra, enquanto procurarem se esmagar uns aos outros. A caridade e a fraternidade resumem todas as condições e todos os deveres sociais; elas porém, supõem a abnegação; ora, a abnegação é incompatível com o egoísmo e o orgulho; portanto, com estes vícios, não há verdadeira fraternidade, logo, não há igualdade nem liberdade, porque o egoísta e o orgulhoso querem tudo para si. Aí estarão sempre os vermes roedores de todas as instituições progressistas; enquanto reinarem, os sistemas sociais mais generosos, os mais sabiamente combinados desabarão sob seus golpes. É belo, sem dúvida, proclamar o reino da fraternidade, mas de que adianta, se existe uma causa destrutiva? É construir sobre um terreno movediço; tanto quanto decretar a saúde numa região malsã. Numa tal região, se quisermos que os homens estejam bem, não basta enviar médicos, pois eles morrerão como os outros: é preciso destruir as causas da insalubridade. Se desejam que eles vivam como irmãos na Terra, não basta dar-lhes lições de moral, é preciso destruir as causas do antagonismo; é preciso atacar o princípio do mal: o orgulho e o egoísmo. Aí está a chaga; aí deve-se concentrar toda a atenção daqueles que querem seriamente o bem da humanidade. Enquanto subsistir este obstáculo, eles verão seus esforços paralisados, não somente por uma resistência da inércia, mas por uma força ativa que trabalhará incessantemente para destruir sua obra, porque toda ideia grande, generosa e emancipadora arruína as pretensões pessoais.

Destruir o egoísmo e o orgulho é coisa impossível, dir-se-á, porque estes vícios são inerentes à espécie humana. Se assim fosse, seria preciso desesperar-se com todo progresso moral; todavia, quando se considera o homem nas diferentes épocas, não se pode menosprezar um progresso evidente; logo, se ele progrediu, ainda pode progredir. Por outro lado, não se encontrará nenhum homem desprovido de orgulho e de egoísmo? Não se veem, ao contrário, dessas naturezas generosas, em quem o sentimento de amor ao próximo, de humildade, de devotamento e de abnegação parece inato? O número é menor do que o dos egoístas, isto é certo, de outra forma não fariam estes últimos a lei; mas há mais dessas criaturas do que se imagina, e se parecem tão pouco numerosos, é que o orgulho coloca-se em evidência, enquanto que a virtude modesta permanece na sombra. Se, portanto, o egoísmo e o orgulho fossem as condições necessárias da Humanidade, como as de se alimentar para viver, não haveria aí exceções; o ponto essencial é, pois, de conseguir fazer com que a exceção passe a constituir a regra; para isso, trata-se, antes de tudo, de destruir as causas que produzem e entretêm o mal.

A principal dessas causas se deve, evidentemente, à falsa ideia que o homem faz da sua natureza, de seu passado e de seu futuro. Não sabendo de onde vem, acredita-se mais do que é; não sabendo para onde vai, concentra todo seu pensamento na vida terrestre; deseja-a tão agradável quanto possível; deseja todas as satisfações, todos os gozos; é por isso que pisa no seu vizinho, se este lhe opõe algum obstáculo; mas para isso, é preciso que ele domine: a igualdade daria, aos outros, direitos que ele quer só para si; a fraternidade lhe imporia sacrifícios, em detrimento do seu bem-estar; a liberdade, ele a quer para si, e não a concede aos outros, senão quando ela nenhum prejuízo traz às suas prerrogativas. Tendo cada um as mesmas pretensões, daí resultam conflitos perpétuos que fazem pagar bem caro os poucos gozos que chegam a obter.

Que se identifique o homem com a vida futura, e sua maneira de ver mudará completamente, como a do indivíduo, que deve permanecer por apenas poucas horas numa habitação ruim, e que sabe que à sua saída, terá uma magnífica, para o resto dos seus dias.

A importância da vida presente, tão triste, tão curta, tão efêmera, apaga-se diante do esplendor do futuro infinito que diante dele se abre. A consequência natural, lógica desta certeza, é de sacrificar um presente fugidio a um futuro durável, enquanto que, antes, sacrificava tudo ao presente. A vida futura tornando-se seu objetivo, pouco lhe importa ter um pouco mais ou um pouco menos nesta outra; os interesses mundanos são o acessório, ao invés de ser o principal; ele trabalha no presente visando a assegurar sua posição no futuro, e além disso, sabe em que condições pode ser feliz.

Os homens podem opor obstáculos aos interesses mundanos: é preciso que ele os afaste, e se torna egoísta pela força das coisas; se lançar seu olhar para mais alto, para uma felicidade que nenhum homem pode entravar, não tem interesse em esmagar ninguém, e o egoísmo não tem mais objetivo; todavia, resta-lhe sempre o estimulante do orgulho.

A causa do orgulho está na crença que o homem tem da sua superioridade individual; e é ainda aqui que se faz sentir a influência da concentração do pensamento na vida terrestre. No homem que nada vê atrás de si, nada adiante de si, nada acima de si, o sentimento da personalidade leva a melhor, e o orgulho não tem contrapeso.

A incredulidade não somente nenhum meio possui de combater o orgulho, ela porém, o estimula e lhe dá razão, negando a existência de uma potência superior à Humanidade. O incrédulo só crê em si mesmo; é, pois, natural que tenha orgulho; enquanto que, nos golpes que o atingem, não vê senão o acaso e se endireita; aquele que tem a fé vê a mão de Deus e se submete. Crer em Deus e na vida futura é, portanto, a primeira condição para temperar o orgulho, mas isto não basta; ao lado do futuro, é preciso ver o passado, para se ter uma ideia justa do presente.

Para que o orgulhoso deixe de crer na sua superioridade, é preciso provar-lhe que ele não é mais que os outros, e que os outros são tanto quanto ele; que a igualdade é um fato e não simplesmente uma bela teoria filosófica; verdades que ressaltam da preexistência da alma e da reencarnação.

Sem a preexistência da alma, o homem é levado a crer que Deus concedeu-lhe vantagens excepcionais, quando crê em Deus; quando não crê, dá graças ao acaso e ao seu próprio mérito. A preexistência, iniciando-o na vida anterior da alma, ensina-lhe a distinguir a vida espiritual infinita da vida corporal temporária; daí fica sabendo que as almas partem iguais das mãos do Criador; que têm um mesmo ponto de partida e um mesmo objetivo, que todas devem chegar, em mais ou menos tempo, conforme seus esforços; que ele próprio não chegou a ser o que é, senão depois de ter por longo tempo e penosamente vegetado, como os outros, nos degraus inferiores; entre os mais atrasados e os mais adiantados há apenas uma questão de tempo, que as vantagens do nascimento são puramente corporais e independentes do espírito; que o simples proletário pode, numa outra existência, nascer num trono, e o mais poderoso renascer proletário. Se apenas considera a vida corporal, vê as desigualdades sociais do momento; elas o chocam; porém, se coloca seu olhar sobre o conjunto da vida do espírito, sobre o passado e sobre o futuro, desde o ponto de partida até o da chegada, estas desigualdades se apagam, e ele reconhece que Deus nenhuma vantagem concedeu a qualquer de seus filhos em prejuízo dos outros; que deu parte igual a cada um e não aplainou a estrada para uns, mais do que para outros; que aquele que é menos adiantado que ele na Terra, pode chegar antes dele, se trabalhar mais que ele no seu aperfeiçoamento; reconhecerá, finalmente, que, nenhum chegando senão através de seus esforços pessoais, o princípio de *igualdade* é, assim, um princípio de justiça e uma lei da Natureza, perante os quais, cai o orgulho do privilégio.

A reencarnação, provando que os espíritos podem renascer em diferentes condições sociais, seja como expiação, seja como prova, ensina que naquele que se trata com desdém pode se encontrar um homem que foi nosso superior ou nosso igual numa outra existência, um amigo ou um parente. Se o homem soubesse disso, ele o trataria com consideração, mas, então, nenhum mérito teria; por outro lado, se soubesse que seu amigo atual foi seu inimigo, seu servo ou seu *escravo*, ele o rejeitaria; ora, Deus não quis que fosse assim, é por isso que lançou um véu sobre o passado; desta maneira, o homem é levado a ver, em todos, irmãos seus e seus iguais; daí, uma base natural para a *fraternidade*; sabendo que ele próprio pode ser tratado como haja tratado os outros, a *caridade* se torna um dever e uma necessidade fundados na própria Natureza.

Jesus assentou o princípio da caridade, da igualdade e da fraternidade; fazendo dele uma condição expressa para a salvação; mas, estava reservado à terceira manifestação da vontade de Deus, ao Espiritismo, pelo conhecimento que faculta da vida espiritual, pelos horizontes novos que descortina, e as leis que revela, sancionar este princípio, provando que não é somente uma doutrina moral, mas uma lei da Natureza, e que é do interesse do homem praticá-lo. Ora, ele o praticará quando, deixando de encarar o presente como o princípio e o fim, ele compreenderá a solidariedade que existe entre o presente, o passado e o futuro. No campo imenso do infinito que o Espiritismo lhe faz entrever, sua importância pessoal anula-se; ele compreende que só, nada é, nada pode; que todos têm necessidade uns dos outros e que uns não são mais do que os outros: duplo golpe para seu orgulho e seu egoísmo.

Mas, para isso, é-lhe necessária a fé, sem a qual permanecerá, forçosamente, na rotina do presente; não a fé cega que foge da luz, restringe as ideias, e por isso mesmo entretém o egoísmo, mas a fé inteligente, raciocinada, que quer a claridade e não as trevas, que rasga corajosamente o véu dos mistérios e alarga o horizonte; é esta fé, primeiro elemento de todo progresso, que o Espiritismo lhe traz, fé robusta porque está fundamentada na experiência e nos fatos, porque lhe dá provas palpáveis da imortalidade de sua alma, ensina-lhe de onde vem, para onde vai, e por que está na Terra; finalmente porque ela fixa suas ideias incertas sobre seu passado e sobre seu futuro.

Uma vez que tenha entrado decisivamente neste caminho, o egoísmo e o orgulho não tendo mais as mesmas causas de superexcitação, se extinguirão pouco a pouco por falta de objetivo e de alimento, e todas as relações sociais se modificarão sob o império da caridade e da fraternidade bem compreendidas.

Isto poderá acontecer por uma brusca modificação? Não, isto é impossível: nada se opera bruscamente na Natureza; jamais a saúde volta subitamente a um enfermo; entre a doença e a saúde, há sempre a convalescência. O homem não pode, pois, instantaneamente, mudar seu ponto de vista, e desviar seu olhar da Terra para o céu; o infinito o confunde e o deslumbra; ele precisa de tempo para assimilar as ideias novas. O Espiritismo é, sem contradita, o mais poderoso elemento moralizador, porque solapa o egoísmo e o orgulho pela base, dando um ponto de apoio à moral: ele fez milagres de conversão; é verdade que são ainda apenas curas individuais, e, com frequência, parciais; porém, o que ele produziu sobre os indivíduos, é a garantia do que produzirá, um dia, sobre as massas. Ele não pode arrancar, de uma só vez, todas as ervas daninhas; ele dá a fé; a fé é a boa semente, mas é preciso dar a essa semente o tempo de germinar e de dar frutos; eis por que todos os espíritas não são ainda perfeitos. Ele tomou o homem no meio da vida, no fogo das paixões, na força dos preconceitos, e se, em tais circunstâncias, operou prodígios, o que será quando o tomar desde o nascimento, ainda virgem de todas as impressões malsãs; quando este sugar a caridade com o leite, e for embalado pela fraternidade; quando, finalmente, toda uma geração for educada e alimentada com ideias que a razão, desenvolvendo-se, fortificará ao invés de desunir? Sob o império dessas ideias transformadas na fé de todos, o progresso, não encontrando mais obstáculo no egoísmo e no orgulho, as instituições se reformarão por si mesmas e a Humanidade avançará rapidamente para os destinos que lhe foram prometidos na Terra, esperando os do Céu.

Liberdade, Igualdade, Fraternidade

Liberdade, igualdade, fraternidade, estas três palavras são, por si sós, o programa de toda uma ordem social que realizaria o progresso mais absoluto da Humanidade, se os princípios que elas representam pudessem receber inteira aplicação. Vejamos os obstáculos que, no estado atual da sociedade, podem se lhes oporem, e ao lado do mal, procuremos o remédio.

A fraternidade, na rigorosa acepção da palavra, resume todos os deveres dos homens, uns para com os outros; ela significa: devotamento, abnegação, tolerância, benevolência, indulgência; é a caridade evangélica por excelência e a aplicação da máxima: "Agir para com os outros como quereríamos que os outros agissem para conosco." O oposto é o *egoísmo*. A fraternidade diz: "Cada um por todos e todos por um." O egoísmo diz: "Cada um por si." Estas duas qualidades, sendo a negação uma da outra, é tão impossível para um egoísta agir fraternalmente para com seus semelhantes, quanto o é para um avarento ser generoso, para um homem de pequena estatura atingir a altura de um homem alto. Ora, o egoísmo sendo a chaga dominante da sociedade, enquanto ele reinar soberano, o reino da verdadeira fraternidade será impossível; cada um a quererá em seu proveito, mas não a quererá em proveito dos outros; ou, se o fizer, será após estar seguro de que nada perderá.

Considerada do ponto de vista de sua importância para a realização da felicidade social, a fraternidade está na primeira linha: é a base; sem ela não poderiam existir nem a igualdade nem a liberdade séria; a igualdade decorre da fraternidade, e a liberdade é a consequência das duas outras.

Com efeito, suponhamos uma sociedade de homens bastante desinteressados, bons e benevolentes para viverem fraternalmente entre si, sem haver entre eles nem privilégios nem direitos excepcionais, sem o que não haveria fraternidade. Tratar qualquer um como irmão, é tratá-lo de igual para igual; é querer para ele o que quereria para si próprio; num povo de irmãos, a igualdade será a consequência de seus sentimentos, de sua maneira de agir e se estabelecerá pela força das coisas. Qual, porém, o inimigo da igualdade? É o orgulho; o orgulho que quer primar e dominar em toda parte, que vive de privilégios e exceções, pode suportar a igualdade social, mas nunca a apoiará e a desmantelará na primeira ocasião. Ora, sendo o orgulho também uma das chagas da sociedade, enquanto não for destruído, oporá uma barreira à verdadeira igualdade.

A liberdade, dissemos, é filha da fraternidade e da igualdade; falamos da liberdade legal e não da liberdade natural, que é, de direito, imprescritível para toda criatura humana, desde o selvagem até o homem civilizado. Os homens que vivem como irmãos, com direitos iguais, animados de um sentimento de benevolência recíproca, praticarão entre si a justiça, não procurarão enganarem-se uns aos outros, e não terão, por conseguinte, nada a temer uns dos outros. A liberdade nenhum perigo oferecerá porque ninguém pensará em abusar dela com prejuízo de seus semelhantes. Mas como o egoísmo que quer tudo para si, o orgulho que quer incessantemente dominar, dariam a mão à liberdade que os destronaria? Os inimigos da liberdade são, pois, ao mesmo tempo, o egoísmo e o orgulho, como o são da igualdade e da fraternidade.

A liberdade pressupõe a confiança mútua; ora, não poderia haver confiança entre as pessoas dominadas pelo sentimento exclusivo da personalidade; não podendo se satisfazer senão às custas de outrem, estão incessantemente em guarda umas contra as outras. Sempre com receio de perder o que eles chamam de seus direitos, a dominação constitui a condição mesma das suas existências, é por isso que armarão sempre emboscadas à liberdade, e a sufocarão por tanto tempo quanto puderem.

Estes três princípios são, portanto, como o dissemos, solidários uns aos outros e se prestam mútuo apoio; sem sua reunião, o edifício social não poderia estar completo. A fraternidade, praticada em sua pureza, não pode estar só, pois sem a igualdade e a liberdade não há verdadeira fraternidade. A liberdade sem a fraternidade é a rédea colocada no pescoço de todas as más paixões, que não têm mais freio; com a fraternidade, o homem nenhum mau uso faz da sua liberdade: é a ordem; sem a fraternidade, dela faz uso para dar curso a todas suas torpezas; é a anarquia, a licença. É por isso que as nações mais livres são forçadas a criar restrições à liberdade. A igualdade sem a fraternidade conduz aos mesmos resultados, pois a igualdade quer a liberdade; sob pretexto de igualdade, o pequeno rebaixa o grande, para tomar-lhe o lugar, e torna-se tirano a seu turno; é apenas um deslocamento de despotismo.

Seguir-se-á que, até que os homens estejam imbuídos do sentimento da verdadeira fraternidade, seria preciso tê-los em servidão? Dar-se-á que sejam impróprios às instituições fundadas sobre os princípios de igualdade e de liberdade? Uma tal opinião seria mais do que um erro; seria um absurdo. Não se espera que uma criança tenha feito todo seu crescimento para ensiná-la a andar. Quem, além do mais, o tem, com mais frequência, sob tutela? Serão homens de ideias elevadas e generosas, guiados pelo amor ao progresso? Aproveitando da submissão de seus inferiores para neles desenvolver o senso moral e elevá-los, pouco a pouco, à condição de homens livres? Não; são, na maioria, homens ciumentos do seu poder a cuja ambição e cupidez outros homens servem de instrumentos mais inteligentes do que animais, e que, por isso, ao invés de emancipá-los, os conservam o maior tempo possível sob o jugo e na ignorância. Mas esta ordem de coisas muda, por si mesma, pelo poder irresistível do progresso. A reação é, às vezes, violenta e tanto mais terrível quanto o sentimento da fraternidade, imprudentemente abafado, não vem interpor seu poder moderador; a luta se empenha entre aqueles que querem tomar e os que querem reter; daí, um conflito que se prolonga, com frequência, durante séculos. Um equilíbrio fictício estabelece-se, enfim; há qualquer coisa de melhor; mas sente-se que as bases sociais não são sólidas; o solo treme a cada instante sob seus passos, pois ainda não reinam a liberdade e a igualdade sob a égide da fraternidade, porque o orgulho e o egoísmo estão sempre lá para fazer fracassar os esforços dos homens de bem.

Todos vós que sonhais com esta idade de ouro para a Humanidade, trabalhai, antes de tudo na base do edifício, antes de querer colocar a cúpula; colocai como assentada a fraternidade na sua mais pura acepção; mas para isso, não basta decretá-la e inscrevê-la numa bandeira; é preciso que ela esteja no coração, e não se muda o coração dos homens por ordenações. Do mesmo modo que para fazer frutificar um campo, é necessário arrancar-lhe as pedras e as sarças, trabalhai sem descanso para extirpar o vírus do orgulho e do egoísmo, pois aí está a origem de todo mal, o obstáculo real ao reino do bem; destruí nas leis, nas instituições, nas religiões, na educação até os últimos vestígios dos tempos de barbárie e de privilégios, e todas as causas que entretêm e desenvolvem estes eternos obstáculos ao verdadeiro progresso, que sugamos, por assim dizer, com o leite e que aspiramos por todos os poros na atmosfera social; somente, então, os homens compreenderão os deveres e os benefícios da fraternidade; e assim também se estabelecerão por si mesmos, sem abalo, sem perigo, os princípios complementares de igualdade e de liberdade.

Será possível a destruição do egoísmo e do orgulho? Responderemos alto e decididamente: SIM, do contrário, seria necessário determinar uma parada no progresso da Humanidade. O homem cresce em inteligência, é um fato incontestável; terá ele chegado ao ponto culminante, além do qual não poderia ultrapassar? Quem ousaria sustentar esta tese absurda? Progride ele em moralidade? Basta para responder a esta pergunta comparar as épocas de um mesmo país. Por que, então, ele teria atingido mais o limite do progresso moral que o progresso intelectual? Sua aspiração por uma ordem de coisas melhor é um indício da possibilidade de aí chegar. Cabe aos homens do progresso ativar este movimento pelo estudo e pela colocação em prática dos meios mais eficazes.

As aristocracias

Aristocracia vem do grego *aristos*, o melhor, e *Kratos*, poder; a aristocracia, na sua acepção literal, significa, portanto: *Poder dos melhores*. Há de se convir que o sentido primitivo tem sido, às vezes, singularmente desviado; mas, vejamos que influência o Espiritismo pode exercer na sua aplicação. Por isso, tomemos as coisas no ponto de partida e sigamo-las através das idades, para daí deduzir o que acontecerá mais tarde.

Em tempo algum, nem no seio de qualquer povo, os homens em sociedade puderam ficar sem chefes; encontramo-los nos povos mais selvagens. Daí, decorre que, em razão da diversidade das aptidões e dos caracteres inerentes à espécie humana, há, por toda parte homens incapazes, que é preciso dirigir, fracos que é preciso proteger, paixões que é preciso reprimir; daí, a necessidade de uma autoridade. Sabe-se que nas sociedades primitivas, esta autoridade foi deferida aos chefes de família, aos anciãos, aos velhos, numa palavra, aos patriarcas; esta foi a primeira de todas as aristocracias.

Tornando-se mais numerosas as sociedades, a autoridade patriarcal foi impotente em certas circunstâncias. As querelas entre as povoações vizinhas deram lugar aos combates; fez-se necessário para dirigi-las, não homens velhos, mas homens fortes, vigorosos e inteligentes; daí, os chefes militares. Vitoriosos, esses chefes, conferiram-lhes a autoridade, esperando encontrar no seu valor, uma garantia contra os ataques dos inimigos; muitos, abusando da sua posição, apossavam-se dela por si mesmos; depois, os vencedores se impuseram aos vencidos, ou os reduziram à servidão; daí, a autoridade da força bruta que foi a segunda aristocracia.

Os fortes, com seus bens, transmitiram muito naturalmente sua autoridade aos seus filhos, e os fracos, oprimidos, nada ousaram dizer, habituaram-se pouco a pouco a considerar estes como herdeiros dos direitos conquistados pelos seus pais, e como seus superiores; daí a divisão da sociedade em duas classes: os superiores e os inferiores, aqueles que comandam e aqueles que obedecem; daí, por conseguinte, a aristocracia do nascimento que se tornou tão poderosa e tão preponderante quanto a da força, porque se ela não tivesse a força por si mesma, como nos primeiros tempos, em que era necessário pagar com o sacrifício da sua pessoa, ela dispunha de uma força mercenária. Tendo todo o poder, ela se deu, muito naturalmente, os privilégios.

Para a conservação desses privilégios, era necessário lhes dar o prestígio da legalidade, e ela fez as leis em seu proveito, o que lhe era fácil, já que apenas ela as fazia. Isso não era sempre suficiente; ela acrescentou-lhe o prestígio do direito divino, para torná-las respeitáveis e invioláveis. A fim de assegurar o respeito da parte da classe submetida que se tornava cada vez mais numerosa e mais difícil de ser contida, mesmo pela força, só havia um meio, impedi-la de ver com clareza, quer dizer, mantê-la na ignorância.

Se a classe superior tivesse podido alimentar a classe inferior, sem nada fazer, tê-la-ia dominado durante longo tempo ainda; mas como esta era obrigada a trabalhar para viver, e a trabalhar tanto mais quanto mais era extorquida, resultou que a necessidade de encontrar incessantemente novos recursos, de lutar contra uma concorrência invasora, de procurar novos mercados para os produtos, desenvolveu sua inteligência, e fez com que fosse esclarecida pelas mesmas causas das quais se serviam para submetê-la. Não se vê, aí, o dedo da Providência?

A classe submetida viu, pois, com clareza; ela viu a pouca consistência do prestígio que lhe opunham, e sentindo-se forte pelo número, aboliu os privilégios e proclamou a legalidade diante da lei. Este princípio marcou, para alguns povos, o fim do reinado da aristocracia do nascimento, que não é mais senão nominal e honorífica, já que não confere mais direitos legais.

Então, uma nova potência elevou-se, a do dinheiro, porque com o dinheiro dispõe-se dos homens e das coisas. Era um sol nascente diante do qual todos se inclinaram, como, outrora, inclinava-se diante de um brasão, e mais baixo ainda. O que não se concedia mais ao título, concedia-se à fortuna, e a fortuna teve seus privilégios igualmente. Mas, então, percebeu-se que, se para fazer fortuna, é preciso uma certa dose de inteligência, para herdá-la não era tão necessária, e que os filhos são, com frequência, mais hábeis para consumi-la do que para ganhá-la, de que os próprios meios de se enriquecer não são sempre irrepreensíveis; daí resulta que o dinheiro perde pouco a pouco seu prestígio moral, e que esta potência tende a ser substituída por uma outra potência, uma outra aristocracia mais justa: a da inteligência, diante da qual cada um pode se curvar sem se envilecer, porque ela pertence tanto ao pobre quanto ao rico.

Será a última? Será a mais alta expressão da Humanidade civilizada? Não.

A inteligência nem sempre é a garantia de moralidade, e o homem mais inteligente pode fazer um uso muito ruim das suas faculdades. De um outro lado, a moralidade isolada pode ser, frequentemente, incapaz. A união dessas duas faculdades, *inteligência* e *moralidade*, é, portanto, necessária para criar uma preponderância legítima, e à qual a massa se submeterá cegamente, porque ela lhe inspirará toda confiança pelas suas luzes, e pela sua justiça. Será a última aristocracia, a que for a consequência, ou melhor, o sinal do advento do reino do bem na Terra. Ela chegará, muito naturalmente, pela força das coisas; quando os homens desta categoria forem bastante numerosos para formar uma maioria imponente, é a eles que a massa confiará seus interesses.

Como vimos, todas as aristocracias tiveram sua razão de ser; elas nasceram do estado da Humanidade; acontecerá o mesmo com aquela que se tornará uma necessidade; todas tiveram ou terão seu tempo, conforme os países, porque nenhuma teve por base o princípio moral; só este princípio pode constituir uma supremacia durável, porque ela será animada pelos sentimentos de justiça e de caridade; supremacia que nós chamaremos: *aristocracia intelecto-moral.*

Um tal estado de coisas será possível com o egoísmo, o orgulho, a cupidez que reinam soberanos sobre a Terra? A isto responderemos decididamente: sim, não somente é possível, mas se dará, pois é inevitável.

Hoje, domina a inteligência; ela é soberana, ninguém poderia contestá-lo; e isto é tão verdadeiro, que já se vê o homem do povo chegar aos primeiros postos. Esta aristocracia não será mais justa, mais lógica, mais racional que a da força bruta, do nascimento ou do dinheiro? Por que, então, seria impossível que se lhe juntasse a moralidade? — Porque, dizem os pessimistas, o mal domina sobre a Terra. — Foi dito que o bem nunca a dominará? Os costumes e, por conseguinte, as instituições sociais, não valem cem vezes mais, hoje, do que na Idade Média? Cada século não foi assinalado por um progresso? Por que, então, a Humanidade pararia quando ela tem ainda tanto que fazer? Os homens, por um instinto natural, procuram seu bem-estar; se eles não o encontram completo no reino da inteligência, eles o procurarão alhures; e onde eles poderão encontrá-lo, se não for no reino da moralidade? Para isso, é preciso que a moralidade domine numericamente. Há muito a fazer, é incontestável, mas ainda uma vez, haveria tola presunção em dizer que a Humanidade chegou ao seu apogeu, quando a vemos caminhar incessantemente na senda do progresso.

Digamos, primeiramente, que os bons, na Terra, não são absolutamente tão raros como se crê; os maus são numerosos, isto é, infelizmente, verdadeiro; porém o que os faz parecerem ainda mais numerosos, é que eles têm mais audácia e sentem que esta audácia mesmo lhes é necessária para ter êxito; e, entretanto, compreendem tanto a preponderância do bem, que não podendo praticá-lo, tomam-no como máscara.

Os bons, ao contrário, não fazem alarde de suas boas qualidades; não se colocam em evidência e eis porque eles parecem tão pouco numerosos; mas sondai os atos íntimos efetuados sem ostentação, e, em todas as camadas da sociedade, encontrareis ainda criaturas bastante boas e leais para vos asserenar o coração e não desesperar a Humanidade. E, depois, é preciso dizê-lo também, entre os maus há muitos que o são apenas pelo arrastamento, e que se tornariam bons se estivessem submetidos a uma boa influência. Admitamos de fato que em 100 indivíduos, há 25 bons e 75 maus; desses últimos, há 50 que o são por fraqueza, e que seriam bons se tivessem bons exemplos sob seus olhos, e, sobretudo, se tivessem tido uma boa direção desde a infância; e que dos 25, francamente maus, nem todos serão incorrigíveis.

No estado atual das coisas, os maus estão em maioria e ditam a lei aos bons; suponhamos que uma circunstância opere a conversão dos 50 medianos, os bons estarão em maioria e farão a lei a seu turno; dos 25 outros francamente maus, vários sofrerão a influência, e apenas restarão alguns incorrigíveis sem preponderância.

Tomemos um exemplo por comparação: há povos no meio dos quais o assassínio e o roubo são o estado normal; o bem, aí, a exceção. Nos povos mais adiantados e melhor governados da Europa, o crime é a exceção; perseguido pelas leis, ele nenhuma influência exerce sobre a sociedade. O que ainda o domina são os vícios de caráter: o orgulho, o egoísmo, a cupidez e seus cortejos.

Por que, então, estes povos progredindo, os vícios não se tornariam a exceção, como o são, hoje, os crimes, ao passo que os povos inferiores chegariam ao nosso nível? Negar a possibilidade dessa marcha ascendente seria negar o progresso.

Certamente, um tal estado de coisas não pode ser a obra de um dia, mas se há uma causa que deva apressar o advento, é, sem nenhuma dúvida, o Espiritismo. Agente, por excelência, da solidariedade humana, mostrando as provas da vida atual como a consequência lógica e racional dos atos efetuados nas existências anteriores, fazendo de cada homem o artesão voluntário de sua própria felicidade, de sua vulgarização universal resultará necessariamente uma elevação sensível do nível moral da atualidade.

Os princípios gerais de nossa filosofia se acham apenas elaborados e coordenados, e já estão reunidos, numa imponente comunhão de pensamentos, milhões de adeptos disseminados por toda a Terra. Os progressos efetuados sob sua influência, as transformações individuais e locais que provocaram, em menos de 15 anos, nos permitem apreciar as imensas modificações fundamentais que estão chamados a determinar no futuro.

Mas, se graças ao desenvolvimento e a aceitação geral dos ensinos dos espíritos, o nível moral da Humanidade tende constantemente a se elevar, enganar-se-ia, estranhamente, supondo que a moralidade se tornará preponderante com relação à inteligência. O Espiritismo, com efeito, não pede para ser aceito cegamente. Ele apela para a discussão e a luz.

"Ao invés da fé cega, que aniquila a liberdade de pensar, ele diz: *Não há fé inabalável senão a que pode encarar face a face a razão em todas as épocas da Humanidade. A fé necessita de uma base, e essa base, é a inteligência perfeita daquilo em que se deve crer; para crer, não basta ver, é preciso sobretudo compreender.*" (*O Evangelho Segundo o Espiritismo*.)[21] É, portanto, com bom direito que podemos considerar o Espiritismo como um dos mais poderosos precursores da aristocracia do futuro, quer dizer, da *aristocracia intelecto-moral*.

---

[21] Cap. XIX, item 7, Edição CELD. (**N.E.**)

Os desertores

Se todas as grandes ideias tiveram seus apóstolos fervoro-sos e devotados, mesmo as melhores tiveram, também, seus desertores. O Espiritismo não podia escapar às consequências da fraqueza humana; ele teve os seus, e a esse respeito não serão inúteis algumas observações.

No princípio, muitos se equivocaram sobre a natureza e o objetivo do Espiritismo, e não lhe perceberam o alcance. Antes de tudo, ele excitou a curiosidade; muitos não viram nas mani-festações senão assunto de distração; eles se divertiram com os espíritos, enquanto estes quiseram diverti-los; era um passatem-po, frequentemente um complemento das reuniões familiares.

Esta maneira de apresentar a coisa, no princípio, era uma tática hábil da parte dos espíritos; sob a forma de divertimento, a ideia penetrou por toda parte e semeou germens sem amedrontar as consciências timoratas; brincaram com a criança, mas a crian-ça devia crescer.

Quando aos espíritos engraçados sucederam os espíritos sérios, moralizadores; quando o Espiritismo se tornou ciência, filosofia, as pessoas superficiais não o acharam mais divertido; para aqueles que se preocupam, sobretudo, com a vida material, era um censor aborrecido e incômodo, que mais de um colocou de lado. Não há que lamentar esses desertores, pois as pessoas frívolas são em toda parte pobres auxiliares. Todavia, esta primeira fase não foi tempo perdido, bem longe disso. Graças a esse disfarce, a ideia popularizou-se cem vezes mais do que se ela tivesse revestido, desde a origem, uma forma severa; mas desses meios levianos e negligentes saíram pensadores sérios.

Estes fenômenos, postos na moda pelo atrativo da curiosidade, tornados uma admiração, tentaram a cupidez das pessoas à cata do que é novidade, na esperança de aí encontrar uma porta aberta. As manifestações pareciam uma matéria maravilhosamente explorável, e mais de um pensou em fazer dela um auxiliar de sua indústria; outros aí viram uma variante da arte da adivinhação, um meio talvez mais seguro do que a cartomancia, a quiromancia, a borra de café, etc., etc., para conhecer o futuro e descobrir as coisas ocultas, pois, segundo a opinião corrente, os espíritos deviam tudo saber.

Desde que essas pessoas viram que a especulação escapava por entre as mãos e dava em mistificação, que os espíritos não vinham ajudá-los a fazer fortuna, dar-lhes os números certos na loteria, dizer-lhes a boa sorte verdadeira, fazer-lhes descobrir tesouros ou recolher heranças, dar-lhes alguma boa invenção frutuosa e que pudesse ser patenteada, suprir a sua ignorância e dispensá-las do trabalho intelectual e material, os espíritos não serviriam para nada, e suas manifestações não eram senão ilusões. Tanto enalteceram o Espiritismo, enquanto tiveram a esperança de tirar dele um proveito qualquer, quanto o denegriram quando veio o desapontamento. Mais de um dos críticos que o achincalham, tê-lo-iam elevado às nuvens, se ele lhe tivesse feito descobrir um tio rico na América ou ganhar na Bolsa. É a mais numerosa categoria dos desertores, mas concebe-se que não se pode, conscienciosamente, qualificá-los de espíritas.

Esta fase teve igualmente sua utilidade; mostrando o que não se devia esperar do concurso dos espíritos, ela deu a conhecer o objetivo sério do Espiritismo e depurou a doutrina. Os espíritos sabem que as lições das experiências são as mais proveitosas;

se, desde o princípio, eles tivessem dito: Não peçais tal ou qual coisa porque nada conseguireis, talvez não se tivesse acreditado neles; é por isso que deixaram fazer, a fim de que a verdade saísse da observação. Estas decepções desencorajaram os exploradores e contribuíram para diminuir o número deles; são os parasitas que elas livraram do Espiritismo, e não adeptos sinceros.

Certas pessoas, mais perspicazes que outras, entreviram o homem na criança que acabava de nascer, e tiveram medo, como Herodes teve medo do menino Jesus. Como não ousassem atacar de frente o Espiritismo, arranjaram agentes que o abraçaram para asfixiá-lo; agentes que se mascaram a fim de se introduzir em toda parte, soprar habilmente a desafeição nos centros, espalhar, aí, com mão furtiva, o veneno da calúnia, lançar aí o facho da discórdia, inspirar atos comprometedores, tentar desencaminhar a doutrina para torná-la ridícula ou odiosa, e estimular, em seguida, defecções. Outros são ainda mais habilidosos: pregando a união, semeiam a divisão; expõem habilmente questões irritantes e ofensivas; excitam um ciúme de preponderância entre os diferentes centros; ficariam encantados de vê-los apedrejarem-se e erguer bandeira contra bandeira a propósito de algumas divergências de opiniões sobre certas questões, de forma ou de fundo, as mais das vezes, provocadas. Todas as doutrinas tiveram seus judas; o Espiritismo não poderia deixar de ter os seus, e eles não lhe faltaram.

Esses são espíritas de contrabando, mas que tiveram sua utilidade; eles ensinaram ao verdadeiro espírita a ser prudente, circunspecto, e a não se fiar nas aparências.

Em princípio, é preciso desconfiar dos ardores demasiado febris, que são, quase sempre, fogos de palha, ou simulacros, entusiasmos de ocasião, que suprem com atos a abundância das palavras. A verdadeira convicção é calma, refletida, motivada; ela se revela, como a verdadeira coragem, pelos fatos, quer dizer, pela firmeza, a perseverança, e, sobretudo, a abnegação. O desinteresse moral e material é a verdadeira pedra de toque da sinceridade.

A sinceridade tem um cunho *sui generis* [singular], ela se reflete através de matizes, muitas vezes mais fáceis de compreender, do que de definir; sentimo-la por efeito da transmissão do pensamento cuja lei o Espiritismo vem nos revelar, e que a falsidade nunca chega a simular completamente, ciente de que ela não pode mudar a natureza das correntes fluídicas que projeta. Ela considera erro dar o troco por uma baixa e servil lisonja, que não pode seduzir, senão as almas orgulhosas, mas é por esta mesma lisonja que ela se trai junto das almas elevadas.

Jamais o gelo pôde imitar o calor.

Se passarmos à categoria dos espíritas propriamente ditos, ainda, aí, nos depararemos com certas fraquezas humanas, das quais a doutrina nem sempre triunfa imediatamente. As mais difíceis de vencer são o egoísmo e o orgulho, estas duas paixões originárias do homem. Entre os adeptos convictos, não há deserções na acepção da palavra, pois aquele que desertasse por um motivo de interesse ou outro qualquer, nunca teria sido sinceramente espírita; porém, pode haver desfalecimentos. A coragem e a perseverança podem fraquejar diante de uma decepção, uma ambição frustrada, uma preeminência não obtida, um amor-próprio ferido, uma prova difícil. Recuamos diante do sacrifício do bem-estar, o temor de comprometer seus interesses materiais, o medo do "o que vão dizer"; somos confundidos por uma mistificação; não renunciamos, mas nos esfriamos; vive-se para si mesmo e não para os outros; o que se quer é beneficiar-se da crença, mas sob a condição de que nada lhe custe. Certamente, os que agem assim, podem ser crentes, mas, com certeza, são crentes egoístas, em quem a fé não ateou o fogo sagrado do devotamento e da abnegação; suas almas têm dificuldade de se desprenderem da matéria. Eles fazem número, nominalmente, mas não se pode contar com eles.

Todos os outros são espíritas que merecem verdadeiramente este nome; aceitam por si mesmos todas as consequências da doutrina e são reconhecidos pelos esforços que fazem para melhorarem-se. Sem negligenciar, além dos limites do razoável, os interesses materiais, estes são para eles o acessório e não o principal; a vida terrena é apenas uma travessia mais ou menos penosa; do seu emprego útil ou inútil depende o futuro; suas alegrias são mesquinhas junto ao objetivo esplêndido que entretêm no além; eles não se desanimam com os obstáculos que encontram no caminho; as vicissitudes, as decepções são as provas diante das quais não se desencorajam, porque o repouso é o prêmio do trabalho; é por isso que não se vê entre eles, nem deserções, nem desfalecimentos.

Por isso mesmo, os bons espíritos protegem, visivelmente, aqueles que lutam com coragem e perseverança, cujo devotamento é sincero e sem pensamento oculto; eles os ajudam a vencer os obstáculos e suavizam as provas que não podem evitar-lhes, enquanto que abandonam, não menos visivelmente, aqueles que os abandonam e sacrificam a causa da verdade à sua ambição pessoal.

Devemos incluir entre os desertores do Espiritismo os que se retiram, porque nossa maneira de ver não lhes satisfaz; os que, achando nosso método muito lento ou muito rápido, pretendem atingir mais cedo e em melhores condições, o objetivo a que nos propomos? Certamente que não, se a sinceridade e o desejo de propagar a verdade forem seus únicos guias. — Sim, se seus esforços tendem unicamente a se colocarem em evidência e a chamar a atenção pública para satisfazer seu amor-próprio e seu interesse pessoal!...

Tendes uma maneira de ver que não é a nossa; não simpatizais com os princípios que admitimos! Nada prova que estejais mais próximos da verdade do que nós. Pode-se divergir de opinião em matéria de ciência; pesquisai do vosso lado, como pesquisamos do nosso; o futuro fará ver qual de nós está em erro ou com a razão. Não pretendemos ser os únicos nas condições sem as quais não se pode fazer estudos sérios e úteis; o que fize-mos, outros podem, certamente, fazê-lo. Que os homens inteligentes juntem-se a nós ou se reúnam longe de nós, que importa!... Que os centros de estudos se multipliquem, tanto melhor, pois será um sinal de progresso incontestável, ao qual aplaudiremos com todas as nossas forças.

Quanto às rivalidades, às tentativas para nos suplantar, temos um meio infalível de não as temer. Trabalhemos para compreender, para engrandecer nossa inteligência e nosso coração; lutemos com os outros, mas lutemos com caridade e abnegação. Que o amor do próximo, inscrito na nossa bandeira, seja nossa divisa; a pesquisa da verdade de onde quer que venha, nosso único objetivo! Com tais sentimentos, enfrentaremos a zombaria dos nossos adversários e as tentativas dos nossos competidores. Se nos enganarmos, não teremos o tolo amor-próprio de nos obstinar-mos em ideias falsas; mas se há princípios sobre os quais estamos seguros de nunca nos enganarmos: é o amor do bem, a abnegação, a abjuração de todo sentimento de inveja e de ciúme. Estes princípios são os nossos; vemos neles o elo que deve unir todos os homens de bem, qualquer que seja a divergência de suas opiniões; somente o egoísmo e a má-fé erguem barreiras intransponíveis entre eles.

Mas, qual será a consequência deste estado de coisas? Indubitavelmente, a astúcia dos falsos irmãos poderá trazer algumas perturbações parciais. É por isso que é preciso fazer todos os esforços para, tanto quanto possível, frustrá-los; mas estas perturbações durarão, necessariamente, apenas algum tempo e não poderiam ser prejudiciais ao futuro: primeiro, porque elas representam uma manobra da oposição que cairá pela força das coisas; além disso, não importa o que digam e o que façam, não se poderia tirar da doutrina seu caráter distintivo, sua filosofia racional e lógica, sua moral consoladora e regeneradora. Hoje, as bases do Espiritismo estão colocadas de uma maneira inabalável; os livros escritos, sem equívoco, e colocados ao alcance de todas as inteligências, serão sempre a expressão clara e exata do ensino dos espíritos, e o transmitirão intacto àqueles que vierem depois de nós.

É preciso não perder de vista que estamos num momento de transição, e que nenhuma transição se opera sem conflito.

Ninguém deve, pois, se espantar de ver agitarem-se certas paixões: as ambições comprometidas, os interesses feridos, as pretensões frustradas; mas, pouco a pouco, tudo isso se extingue, a febre se abranda, os homens passam e as ideias novas permanecem. Espíritas, se quereis ser invencíveis, sede benévolos e caridosos; o bem é uma couraça contra a qual virão sempre se quebrar as manobras da malevolência!...

Nada, pois, temamos: o futuro nos pertence; deixemos nossos adversários debaterem-se sob o amplexo da verdade que os ofusca; toda oposição é impotente contra a evidência, que triunfa inevitavelmente pela força mesma das coisas. A vulgarização universal do Espiritismo é uma questão de tempo, e, neste século, o tempo marcha a passo de gigante, sob a impulsão do progresso.

Allan Kardec

Nota: Publicamos como complemento deste artigo, uma instrução dada sobre o mesmo assunto por Allan Kardec, logo que entrou no mundo dos espíritos. Pareceu-nos interessante para nossos leitores, juntar às páginas eloquentes e viris que precedem, a opinião atual do organizador, por excelência, de nossa filosofia.

Paris, novembro de 1869.

Quando me encontrava corporalmente entre vós, eu dizia frequentemente que haveria de fazer uma história do Espiritismo que não seria destituída de interesse; ainda hoje é minha opinião, e os elementos que eu havia reunido, com este objetivo, poderão servir um dia à realização da minha ideia. É que, com efeito, eu estava melhor colocado do que qualquer outro para apreciar o curioso espetáculo provocado pela descoberta e a vulgarização de uma grande verdade. Outrora pressentia, hoje sei, que ordem maravilhosa, que harmonia inconcebível presidem à concentração de todos os documentos destinados a criar a nova obra. A benevolência, a boa vontade, o devotamento absoluto de um; a má-fé, a hipocrisia, as manobras maldosas de outros, tudo isso concorre para assegurar a estabilidade do edifício que se eleva. Entre as mãos das potências superiores que presidem a todos os progressos, as resistências inconscientes ou simuladas, os ataques que têm por objetivo semear o descrédito e o ridículo, tornam-se instrumentos de elaboração.

O que não se tem feito? Que móveis não foram postos em movimento para asfixiar no berço a criança?

O charlatanismo e a superstição quiseram, alternadamente, apoderarem-se dos nossos princípios para explorá-los em seu proveito; todos os raios da imprensa voltaram-se, violentamente, contra nós; fez-se tornar irrisório as coisas mais respeitáveis; atribuiu-se ao espírito do mal os ensinos dos espíritos mais dignos da admiração e da veneração universais; e, entretanto, todos estes esforços acumulados, esta coalizão de todos os interesses frustrados, apenas conseguiram proclamar a impotência dos nossos adversários.

É no meio desta luta incessante contra os preconceitos estabelecidos, contra os erros acreditados, que se aprende a conhecer os homens. Eu sabia, consagrando-me à minha obra predileta, que me expunha ao ódio, à inveja e ao ciúme dos outros. A estrada se achava semeada de dificuldades que incessantemente se renovavam. Nada podendo contra a doutrina, atiravam-se ao homem; mas deste lado, eu era forte, pois havia renunciado à minha personalidade. Que me importavam as tentativas da calúnia; minha consciência e a grandeza do objetivo faziam-me esquecer, de boa vontade, as sarças e os espinhos do caminho. Os testemunhos de simpatia e de estima que recebi daqueles que me souberam apreciar, foram a mais doce recompensa que jamais ambicionara; mas, que pena! quantas vezes teria sucumbido sob o peso da minha tarefa, se o afeto e o reconhecimento do maior número não me tivessem feito esquecer a ingratidão e a injustiça de alguns; pois, se os ataques dirigidos contra mim encontraramme sempre insensível, devo dizer que fui penosamente afetado, todas as vezes em que encontrei falsos amigos entre aqueles com quem mais contava.

Se é justo lançar uma censura sobre aqueles que tentaram explorar o Espiritismo ou desnaturá-lo nos seus escritos, sem ter feito um estudo prévio, como são culpados aqueles que, depois de lhe terem assimilado todos os princípios, não contentes de se retirarem do convívio, voltaram contra ele seus esforços! É, sobretudo, para os desertores desta categoria que é preciso implorar a misericórdia divina, pois apagaram, voluntariamente, a tocha que os iluminava, e com a ajuda da qual podiam esclarecer os outros. Eles não tardam a perder a proteção dos bons espíritos, e, conforme a triste experiência que temos feito, vêmo-los logo chegarem, de queda em queda, às mais críticas situações!

Desde meu retorno ao mundo dos espíritos, revi um certo número desses infelizes! Arrependem-se agora; lamentam sua inação e má vontade, mas não podem reparar o tempo perdido!... Eles voltarão em breve à Terra, com a firme resolução de concorrer ativamente para o progresso e estarão ainda em luta com suas antigas tendências, até que tenham definitivamente triunfado.

Poderíamos crer que os espíritas de hoje, esclarecidos por esses exemplos, evitariam cair nos mesmos erros. Assim, porém, não se dá. Por longo tempo ainda, haverá falsos irmãos e amigos inábeis; porém, não mais do que seus irmãos mais velhos, eles não conseguirão fazer com que o Espiritismo saia do seu caminho. Se causam algumas perturbações momentâneas e puramente locais, a doutrina não periclitará por isso; ao contrário, os espíritas transviados, logo reconhecerão seu erro, e virão concorrer com um novo ardor na obra por um instante menosprezada, e agindo de acordo com os espíritos superiores que dirigem as transformações humanitárias, avançarão a passos rápidos para os tempos felizes prometidos à Humanidade regenerada.

Curta resposta aos detratores do Espiritismo

O direito de exame e de crítica é imprescritível e o Espiritismo não tem a pretensão de se subtrair, assim como não tem a de satisfazer a todo mundo. Cada um é, pois, livre para aprová-lo ou rejeitá-lo; mas é ainda preciso discuti-lo com conhecimento de causa: ora, a crítica só tem frequentemente provado sua ignorância de seus princípios mais elementares, fazendo-lhe dizer precisamente o contrário do que ele diz, atribuindo-lhe o que ele desaprova, confundindo-o com as imitações grosseiras e burlescas do charlatanismo, dando, enfim, como regra de todos, as excentricidades de alguns indivíduos. Com muita frequência também, a malevolência quis torná-lo responsável por atos repreensíveis ou ridículos, onde seu nome encontrou-se envolvido incidentalmente, e disso fez uma arma contra ele.

Antes de imputar a uma doutrina a incitação a um ato repreensível qualquer, a razão e a equidade exigem que se examine se esta doutrina contém máximas próprias que justifiquem este ato.

Para se conhecer a parte de responsabilidade que cabe ao Espiritismo, numa dada circunstância, há um meio bem simples, é de se inquirir *de boa-fé*, não entre os adversários, mas na própria fonte, o que ele aprova e o que ele condena. Isso é tanto mais fácil, quando nada tem de segredo; seus ensinos são patentes, e quem quer que seja pode controlá-los.

Se, portanto, os livros da Doutrina Espírita condenam, de uma maneira explícita e formal um ato justamente reprovável; se apenas encerram, ao contrário, instruções de natureza a conduzir ao bem, é que o indivíduo culpado da má ação não hauriu, neles, suas inspirações, mesmo que tivesse estes livros em seu poder.

O Espiritismo não é solidário com aqueles a quem agrada dizerem-se espíritas, do mesmo modo que a medicina não o é com os charlatães que a exploram, nem a sã religião, com os abusos ou mesmo crimes cometidos em seu nome. Ele não reconhece como adeptos, senão aqueles que colocam em prática seus ensinos, quer dizer, que trabalham pelo seu próprio melhoramento moral, esforçando-se por vencer suas más inclinações, por serem menos egoístas e menos orgulhosos, mais brandos, mais humildes, mais pacientes, mais benevolentes, mais caridosos para com o próximo, mais moderados em todas as coisas, porque é o sinal característico do verdadeiro espírita.

O objeto desta breve nota, não é o de refutar todas as falsas alegações dirigidas contra o Espiritismo, nem de desenvolver-lhe ou provar-lhe todos os princípios, e menos ainda procurar converter às suas ideias aqueles que professam opiniões contrárias, mas dizer, em algumas palavras, o que ele é, e o que ele não é, o que ele admite, e o que desaprova.

Suas crenças, suas tendências e seu objetivo se resumem nas seguintes proposições:

1º) *O elemento espiritual* e *o elemento material* são os dois princípios, as duas forças vivas da Natureza, completando-se uma a outra e reagindo incessantemente uma sobre a outra, ambas indispensáveis ao funcionamento do mecanismo do Universo.

Da ação recíproca desses dois princípios nascem fenômenos que, isoladamente, cada um deles é impotente para explicar.

A Ciência, propriamente dita, tem como missão especial o estudo das leis da matéria.

O Espiritismo tem por objeto o estudo do *elemento espiritual* nas suas relações com o *elemento material*, e encontra na união desses dois princípios, a razão de uma imensidade de fatos até então inexplicados.

O Espiritismo caminha de acordo com a Ciência no campo da matéria: ele admite todas as verdades que ela constata; porém, onde as investigações desta param, ele prossegue nas suas, no campo da espiritualidade.

2º) *O elemento espiritual*, sendo um estado ativo da Natureza, os fenômenos que a ele se ligam estão submetidos às leis, e, por isso mesmo, tão naturais quanto aqueles que têm sua origem na matéria neutra.

Alguns fenômenos foram reputados *sobrenaturais*, apenas pela ignorância das leis que os regem. Em consequência deste princípio, o Espiritismo não admite o caráter miraculoso atribuído a certos fatos, embora constatando a realidade ou a possibilidade. Para ele, não há *milagres*, no sentido de derrogação das leis naturais; donde se segue que os espíritas não fazem milagres e que o qualificativo de taumaturgos, que alguns lhes dão, é impróprio.

O conhecimento das leis que regem o princípio espiritual, prende-se, de uma maneira direta, à questão do passado e do futuro do homem. Sua vida limita-se à existência atual? Ao entrar neste mundo, sai ele do nada, e volta para o nada, quando o deixa? Ele já viveu e viverá ainda? *Como viverá e em que condições?* Numa palavra, de onde ele vem e para onde vai? Por que está na Terra, e por que sofre? Tais são as perguntas que cada um se faz, porque elas são para todo mundo de um interesse capital, e porque nenhuma doutrina deu a elas ainda solução racional. A que dá o Espiritismo, apoiada nos fatos, satisfazendo às exigências da lógica e da justiça mais rigorosa, é uma das principais causas da rapidez de sua propagação.

O Espiritismo não é nem uma concepção pessoal nem o resultado de um sistema preconcebido. É a resultante de milhares de observações feitas em todos os pontos do globo, e que convergiram para o centro que as coligiu e coordenou. Todos os seus princípios constitutivos, sem exceção, são deduzidos da experiência. A experiência sempre precedeu a teoria.

O Espiritismo achou-se assim, desde o início, com raízes por toda parte; a História nenhum exemplo oferece de uma doutrina filosófica ou religiosa que tenha, em dez anos, reunido um número tão grande de adeptos; e, entretanto, ele não empregou para se fazer conhecer, nenhum dos meios vulgarmente em uso; propagou-se por si mesmo, pelas simpatias que encontrou.

Um fato não menos constante é que, em nenhum país, a doutrina surgiu das ínfimas camadas da sociedade; em toda parte, ela se propagou de cima para baixo, na escala social; é ainda nas classes esclarecidas que ela se propagou, quase que exclusivamente, e as pessoas iletradas aí estão numa ínfima minoria.

Confirmou-se ainda que a propagação do Espiritismo seguiu, desde sua origem, uma marcha constantemente ascendente, apesar de tudo o que se fez para entravá-la e desnaturar-lhe o caráter, com o fito de desacreditá-lo na opinião pública. Deve-se mesmo observar que tudo o que se fez nesse objetivo, favoreceu-lhe a difusão; o alarido que foi feito, por ocasião do seu advento, fez com que pessoas que nunca tinham ouvido falar dele, viessem a conhecê-lo; quanto mais o denegriram ou ridicularizaram, mais foram violentas as declamações, mais foi aguçada a curiosidade; e como ele só pode ganhar com o exame, resultou que os seus adversários constituíram-se, sem o quererem, ardentes propagadores; se as diatribes não lhe causaram qualquer prejuízo, é que, estudando-o na sua fonte verdadeira, acharam-no bem diferente do que o tinham apresentado.

Nas lutas que teve que sustentar, as pessoas imparciais levaram-lhe em conta sua moderação; ele nunca usou de represálias para com seus adversários, nem respondeu com injúrias às injúrias.

O Espiritismo é uma doutrina filosófica que tem consequências religiosas, como qualquer filosofia espiritualista; por isso mesmo ele toca, forçosamente, às bases fundamentais de todas as religiões: Deus, a alma e a vida futura; mas não é uma religião constituída, visto que ele não tem nem culto, nem rito, nem templo, e que, entre seus adeptos, nenhum recebeu o título de sacerdote ou de sumo sacerdote. Estes qualificativos são uma pura invenção da crítica.

É-se espírita pelo único fato de simpatizar com os princípios da doutrina, e por eles conformar sua conduta. É uma opinião como qualquer outra, que cada um deve ter o direito de professar, como o de ser judeu, católico, protestante, fourierista, simonista, voltariano, cartesiano, deísta e, até, materialista.

O Espiritismo proclama a liberdade de consciência como um direito natural; reclama-a para os seus, como para todo mundo. Respeita todas as convicções sinceras, e pede para si a reciprocidade.

Da liberdade de consciência decorre o direito ao *livre exame*, em matéria de fé. O Espiritismo combate o princípio da fé cega, porque ela impõe ao homem a abdicação da sua própria razão; ele diz que toda fé imposta não tem raiz. É por isso que ele inscreve no número de suas máximas: *"Não há fé inabalável senão a que pode encarar face a face a razão, em todas as épocas da Humanidade."*

Coerente com seus princípios, o Espiritismo não se impõe a ninguém; ele quer ser aceito livremente e através da convicção. Expõe suas doutrinas e recebe aqueles que, voluntariamente, vêm até ele.

Não procura afastar ninguém de suas convicções religiosas; não se dirige àqueles que têm uma fé e a quem esta fé basta, mas àqueles que, não estando satisfeitos com o que se lhes deu, procuram alguma coisa melhor.

SEGUNDA PARTE

Extratos, *in extenso*,[22] extraídos do Livro das Previsões Concernentes ao Espiritismo

Manuscrito escrito com cuidado especial por Allan Kardec e do qual nenhum capítulo fora publicado até hoje.

Minha primeira iniciação no Espiritismo

Foi em 1854 que pela primeira vez ouvi falar das mesas girantes. Um dia, encontrei o Sr. Fortier, o magnetizador, a quem conhecia há muito tempo; ele me disse: Sabe a singular pro-priedade que se acaba de descobrir no magnetismo? Parece que não são apenas os indivíduos que podem ser magnetizados, mas as mesas que se fazem girar e caminhar à vontade. — "É, com efeito, muito singular, respondi; mas a rigor, isso não me parece radical-mente impossível. O fluido magnético, que é uma espécie de eletri-cidade, pode muito bem agir sobre os corpos inertes e fazê-los mover." Os relatos que os jornais publicaram, de experiências feitas em Nantes, em Marseille e em algumas outras cidades, não podiam deixar dúvida sobre a realidade do fenômeno.

---

[22] *In extenso*: expressão que significa, "na íntegra". (**N.E.** conforme o *Dicionário Enciclo-pédico Kougan Larousse.*)

Algum tempo depois, revi o Sr. Fortier, e ele me disse: Aqui temos algo muito mais extraordinário; não só se faz mover uma mesa magnetizando-a, mas fazem-na falar; quando interrogada, ela responde. — Isto, repliquei-lhe, é uma outra questão; acreditarei nisso quando o vir, e quando me tiverem provado que uma mesa tem um cérebro para pensar, nervos para sentir, e que ela pode tornar-se sonâmbula; até lá, permita-me que eu não veja aí mais do que um conto para fazer-nos dormir em pé.

Este raciocínio era lógico; eu concebia a possibilidade do movimento através de uma força mecânica, mas, ignorando a causa e a lei do fenômeno, parecia-me absurdo atribuir-se inteligência a uma coisa puramente material. Eu estava na posição dos incrédulos atuais que negam porque não veem senão um fato que não compreendem. Há 50 anos, se se dissesse pura e simplesmente a alguém que se podia transmitir um despacho telegráfico a 500 léguas e receber a resposta em uma hora, ele se riria, e não teriam faltado excelentes razões científicas para provar que a coisa era materialmente impossível. Hoje, quando já se conhece a lei da eletricidade, isso não espanta a ninguém, nem mesmo ao camponês. Acontece o mesmo com todos os fenômenos espíritas; para quem quer que não conheça a lei que os rege, eles parecem sobrenaturais, maravilhosos, e por conseguinte, impossíveis e ridículos; uma vez conhecida a lei, o maravilhoso desaparece; o fato nada mais tem que repugne a razão, porque compreende-se a possibilidade de produzir-se.

Estava, portanto, diante de um fato inexplicado, aparentemente contrário às leis da Natureza, e que minha razão repelia. Eu nada ainda tinha visto, nem observado; as experiências, feitas na presença de pessoas honradas e dignas de fé, confirmavam-me quanto à possibilidade do efeito puramente material, mas a ideia de uma mesa *falante* não entrava ainda na minha mente.

No ano seguinte, estávamos no começo de 1855, encontrei o Sr. Carlotti, um amigo de 25 anos, que me falou desses fenômenos durante quase uma hora com o entusiasmo que consagrava a todas as ideias novas. O Sr. Carlotti era corso, de temperamento ardente e enérgico; eu sempre estimara nele as qualidades que distinguem uma grande e bela alma, porém desconfiava de sua exaltação. Foi o primeiro a me falar da intervenção dos espíritos, e contou-me tantas coisas surpreendentes que, longe de me convencer, aumentou minhas dúvidas. Um dia, o senhor será um dos nossos, disse-me ele. Eu não digo que não, respondi-lhe; veremos isso mais tarde.

Algum tempo mais tarde, por volta do mês de maio de 1855, encontrei-me na casa da sonâmbula, Sra. Roger, com o Sr. Fortier, seu magnetizador; lá encontrei o Sr. Pâtier e a Sra. de Plainemaison que me falaram desses fenômenos, no mesmo sentido que o Sr. Carlotti, mas num outro tom. O Sr. Pâtier era um funcionário público, de uma certa idade, homem muito instruído, de caráter grave, frio e calmo; sua linguagem pausada, isenta de entusiasmo, causou em mim uma viva impressão, e quando me convidou para assistir às experiências que aconteciam na casa da Sra. de Plainemaison, na Rua de Grange-Batelière, nº 18, aceitei imediatamente. O encontro foi marcado para terça-feira,[23] de maio às oito horas da noite.

Foi, aí, que, pela primeira vez, fui testemunha do fenômeno das mesas girantes, que saltavam e corriam, e isto em condições tais, que não era possível duvidar. Vi, aí, também alguns ensaios muito imperfeitos, de escrita mediúnica sobre uma ardósia, com a ajuda de uma cesta. Minhas ideias estavam longe de ser interrompidas, mas havia ali um fato que devia ter uma causa. Entrevi, sob essas futilidades aparentes e a espécie de jogo que fazia-se daqueles fenômenos, algo de sério, como a revelação de uma nova lei, na qual prometi a mim mesmo aprofundar-me.

Logo, ofereceu-se a ocasião de observar mais atentamente, como ainda não tinha podido fazê-lo. Numa das reuniões da Sra. de Plainemaison, conheci a família Baudin que morava, então, na Rua Rochechouart. O Sr. Baudin convidou-me para assistir às

---

[23] Esta data ficou em branco no manuscrito. (**N. O. F.**)

sessões semanais que aconteciam em sua casa, e às quais fui, desde este momento, muito assíduo.

Estas reuniões eram bastante numerosas; além dos frequentadores habituais, aí se admitia, sem dificuldade, quem quer que solicitasse permissão. Os dois médiuns eram as Srtas. Baudin, que escreviam numa ardósia com a ajuda de uma cesta, chamada *pião*, descrita em *O Livro dos Médiuns*. Este processo, que exige o concurso de duas pessoas, exclui qualquer possibilidade de participação das ideias do médium. Aí, vi comunicações contínuas, e respostas dadas a perguntas formuladas, algumas vezes até a perguntas mentais, que acusavam, de uma maneira evidente, a intervenção de uma inteligência estranha.

Os assuntos tratados eram, geralmente, frívolos; as pessoas aí se ocupavam sobretudo de todas as coisas que se referiam à vida material, ao futuro, numa palavra, a nada de sério; a curiosidade e a diversão eram o principal móvel dos assistentes. O espírito que habitualmente se manifestava, tomava o nome de *Zéfiro*, nome perfeitamente acorde com seu caráter e o da reunião; entretanto, ele era bom, e declarou-se o protetor da família; se, com frequência, fazia rir, sabia também quando necessário, dar sábios conselhos, e manejar, na ocasião, o epigrama incisivo e espiritual. Fizemos logo amizade, e ele me deu provas constantes de uma grande simpatia. Não era um espírito muito adiantado, porém, mais tarde, assistido pelos espíritos superiores, ajudou-me nos meus primeiros trabalhos. Depois, disse que devia reencarnar, e não ouvi mais falar dele.

Foi nessas reuniões que fiz meus primeiros estudos sérios em Espiritismo, menos ainda por meio de revelações do que pelas observações. Apliquei a esta nova ciência, como o fizera até então, o método experimental; nunca elaborei teorias preconcebidas; observava atentamente, comparava, deduzia as consequências; dos efeitos eu procurava remontar às causas, pela dedução e o encadeamento lógico dos fatos, só admitindo como válida uma explicação, quando ela pudesse resolver todas as dificuldades da questão. É assim que sempre procedi nos meus trabalhos anteriores desde a idade de 15 a 16 anos. Compreendi, antes de tudo, a gravidade da exploração que ia empreender; entrevi nesses fenômenos a chave do problema tão obscuro e tão controvertido do passado e do futuro da Humanidade, a solução do que procurara durante toda minha vida; era, numa palavra, toda uma revolução nas ideias e nas crenças: era necessário, pois, agir com circunspeção, e não com leviandade; ser positivista e não idealista, para não se deixar levar pelas ilusões.

Um dos primeiros resultados das minhas observações foi que os espíritos, não sendo senão as almas dos homens, não tinham nem a soberana sabedoria, nem a soberana ciência; que seu saber era limitado ao grau de seu adiantamento, e que sua opinião tinha apenas o valor de uma opinião pessoal. Esta verdade reconhecida desde o princípio, preservou-me do grave escolho de crer na sua infalibilidade, e me impediu de formular teorias prematuras, sobre o dizer de um único ou de alguns.

O simples fato da comunicação com os espíritos, não importa o que quer que pudessem dizer, provava a existência do mundo invisível ambiente; já era um ponto capital, um campo imenso aberto às nossas explorações, a chave de uma multidão de fenômenos inexplicados; o segundo ponto, não menos importante, era o de conhecer o estado desse mundo, seus costumes, se podemos nos exprimir assim; vi logo que cada espírito, em razão de sua posição pessoal e de seus conhecimentos, desvendava-me uma fase, absolutamente como quando se chega a conhecer o estado de um país interrogando os habitantes de todas as classes e de todas as condições, cada um podendo nos ensinar alguma coisa, e nenhum, podendo, individualmente, nos ensinar tudo; cabe ao observador formar o conjunto, com a ajuda dos documentos recolhidos de diferentes lados, colecionados, coordenados e controlados uns pelos outros. Agi, pois, com os espíritos como o teria feito com os homens; eles foram para mim, desde o menor até o maior, meios de me informar, e não *reveladores predestinados*.

Tais são as disposições com as quais empreendi, e sempre prossegui meus estudos espíritas; observar, comparar e julgar, tal foi a regra constante que segui.

Até então, as sessões, na casa do Sr. Baudin, nenhum objetivo determinado tinham tido; tentei ali resolver os problemas que me interessavam do ponto de vista da Filosofia, da Psicologia e da natureza do mundo invisível; eu chegava a cada sessão com uma série de questões preparadas, e, metodicamente, dispostas; eram sempre respondidas com precisão, profundidade, e de uma maneira lógica. A partir desse momento, as reuniões tiveram um outro caráter; entre os assistentes encontravam-se pessoas sérias que tomavam por elas um vivo interesse e se me acontecia de faltar, ficavam sem saber o que fazer; as questões fúteis tinham perdido seu atrativo para o maior número deles. Eu não tinha em vista, primeiramente, senão minha própria instrução; mais tarde, quando vi que isto formava um conjunto e tomava proporções de uma doutrina, tive a ideia de publicá-las para a instrução de todo mundo. São estas mesmas questões que, sucessivamente desenvolvidas e completadas, constituíram a base de *O Livro dos Espíritos*.

No ano seguinte, em 1856, frequentei ao mesmo tempo as reuniões espíritas que aconteciam na Rua Tiquetone, na casa do Sr. Roustan e a Srta. Japhet, sonâmbula. Estas reuniões eram sérias e realizadas com ordem. As comunicações se davam por intermédio da Srta. Japhet, médium, com auxílio da cesta de bico.

Meu trabalho estava, em grande parte, concluído e tomava as proporções de um livro, eu, porém, o submetia ao controle de outros espíritos, com o auxílio de diferentes médiuns. Tive a ideia de fazer dele objeto de estudo nas reuniões do Sr. Roustan; ao final de algumas sessões, os espíritos disseram que preferiam revê-lo na intimidade, e determinaram-me para tal efeito, certos dias para trabalhar em particular com a Srta. Japhet, a fim de fazê-lo com mais calma, e, também, para evitar as indiscrições e os comentários prematuros do público.

Não me contentei com esta verificação; os espíritos mo haviam recomendado. As circunstâncias possibilitando-me a relação com outros médiuns, cada vez que a ocasião se apresentava, aproveitava-me dela para propor algumas das questões que me pareciam mais espinhosas. Foi, assim, que mais de dez médiuns prestaram sua assistência para este trabalho. Foi da comparação e da fusão de todas estas respostas, coordenadas, classificadas e, muitas vezes, remodeladas no silêncio da meditação, que formei a primeira edição de *O Livro dos Espíritos* que foi publicado em 18 de abril de 1857.

Por volta do final deste mesmo ano, as duas Srtas. Baudin se casaram; as reuniões terminaram, e a família se dispersou. Mas, então, minhas relações começavam a dilatarem-se, e os espíritos multiplicaram para mim os meios de instrução para meus trabalhos ulteriores.

11 de dezembro de 1855.

(Na casa do Sr. Baudin, médium: Sra. Baudin.)

Meu espírito protetor

Pergunta: (ao espírito Z.) — No mundo dos espíritos, haverá algum que seja para mim um bom gênio?

Resposta: — Sim.

Pergunta: — Será o espírito de um parente ou de um amigo?

Resposta: — Nem uma coisa, nem outra.

Pergunta: — Quem foi ele na Terra?

Resposta: — Um homem justo e sábio.

Pergunta: — Que devo fazer para me conciliar com sua benevolência?

Resposta: — Todo o bem possível.

Pergunta: — Por que sinais poderei reconhecer sua intervenção?

Resposta: — Pela satisfação que experimentarás.

Pergunta: — Há algum meio de invocá-lo, e qual esse meio?

Resposta: — Ter uma fé viva e chamá-lo com instância.

Pergunta: — Após minha morte, reconhecê-lo-ei, no mundo dos espíritos?

Resposta: — Sem dúvida; será ele quem virá receber-te e felicitar-te, se tiveres desempenhado bem tuas tarefas.

Nota: — Vê-se, por estas perguntas, que eu era ainda muito noviço acerca das coisas do mundo espiritual.

Pergunta: — O espírito de minha mãe vem me visitar algumas vezes?

Resposta: — Sim, e ela te protege tanto quanto lhe é possível.

Pergunta: — Vejo-a com frequência em sonho; será uma lembrança e um efeito de minha imaginação?

Resposta: — Não; é ela mesma que te aparece, deves compreendê-lo pela emoção que experimentas.

Nota: — Isto é perfeitamente exato; quando minha mãe me aparecia em sonho, experimentava uma emoção indescritível, o que o médium não podia saber.

Pergunta: — Quando, há algum tempo, evocamos S., e lhe perguntamos se ele poderia ser o gênio protetor de um de nós, ele respondeu: "Que um de vós mostre-se digno disso, e estarei com ele; Z. vo-lo dirá;" acreditas-me capaz de merecer este favor?

Resposta: — Se tu o quiseres.

Pergunta: — O que é preciso fazer para isso?

Resposta: — Fazer todo o bem que encontrares por fazer e suportar com coragem as penas da vida.

Pergunta: — Estarei apto, pela natureza de minha inteligência, a penetrar, tanto quanto é permitido ao homem fazê-lo, as grandes verdades de nosso destino futuro?

Resposta: — Sim, tens a aptidão necessária, o resultado, porém, dependerá de tua perseverança no trabalho.

Pergunta: — Poderei concorrer para a propagação dessas verdades?

Resposta: — Sem dúvida.

Pergunta: — Através de que meios?

Resposta: — Tu o saberás mais tarde; enquanto esperas, trabalha.

25 de março de 1856.

(Na casa do Sr. Baudin; médium: Srta. Baudin.)

Meu guia espiritual

Nessa época, eu morava na Rua des Martyrs, n° 8, no 2° andar, no fundo do pátio. Uma noite, estando no meu gabinete a trabalhar, pequenas batidas repetidas fizeram-se ouvir na parede que me separava do aposento vizinho. A princípio, nenhuma atenção lhes dei; porém, como estas batidas persistiam com mais força, mudando de lugar, fiz uma exploração minuciosa dos dois lados da parede, escutei para verificar se elas provinham de um outro andar e nada descobri. O que havia de particular, é que cada vez que eu fazia pesquisas, o barulho cessava, e recomeçava, logo que eu retomava o trabalho. Minha mulher retornou por volta de dez horas; ela veio ao meu gabinete, e ouvindo estas batidas, perguntou-me do que se tratava. Não sei de nada, respondi-lhe, há uma hora que isto dura. Procuramos juntos, sem melhor êxito, e o barulho continuou até meia-noite, hora em que fui deitar-me.

No dia seguinte, como era um dia de sessão na casa do Sr. Baudin, contei-lhe o fato, e pedi-lhe que me desse a explicação.

Pergunta: — Ouvistes, sem dúvida, o fato que acabo de citar; poderíeis dizer-me a causa dessas batidas que se fizeram ouvir com tanta persistência?

Resposta: — Era teu espírito familiar.

Pergunta: — Com que objetivo ele batia assim?

Resposta: — Ele queria comunicar-se contigo.

Pergunta: — Poderíeis dizer-me quem é ele e o que queria comigo?

Resposta: — Podes perguntar a ele mesmo, pois ele está aqui.

Nota: — Nessa época, não fazíamos ainda distinção entre as diversas categorias de espíritos simpáticos; nós os confundíamos, sob a denominação geral de espíritos familiares.

Pergunta: — Meu espírito familiar, quem quer que sejais, agradeço-vos por ter vindo me visitar; quereríeis dizer-me quem sois?

Resposta: — Para ti, chamar-me-ei *A Verdade*, e todos os meses, durante um quarto de hora, estarei aqui à tua disposição.

Pergunta: — Ontem, quando batestes enquanto eu trabalhava, tínheis alguma coisa de particular para me dizer?

Resposta: — O que tinha a te dizer era sobre o trabalho que fazias, o que escrevias desagradava-me, e eu queria fazer-te parar.

Nota: — O que escrevia era precisamente sobre os estudos que eu fazia sobre os espíritos e suas manifestações.

Pergunta: — Vossa desaprovação referia-se ao capítulo que eu escrevia, ou sobre o conjunto do trabalho?

Resposta: — Sobre o capítulo de ontem; submeto-o ao teu juízo; releia-o esta noite, reconhecerás tuas falhas e as corrigirás.

Pergunta: — Eu mesmo não me sentia muito satisfeito com este capítulo e o refiz hoje; está melhor?

Resposta: — Está melhor, mas não o bastante. Lê da 3ª à 30ª linha, e reconhecerás um erro grave.

— Rasguei o que eu tinha feito ontem.

— Não importa! Isto não impede que a falta subsista; relê e verás.

Pergunta: — O nome de *Verdade* que adotastes, é uma alusão à verdade que procuro?

Resposta: — Talvez; ou pelo menos é um guia que te protegerá e ajudará.

Pergunta: — Poderei evocar-vos em minha casa?

Resposta: — Sim, para te assistir pelo pensamento; mas para respostas escritas em tua casa, só daqui a muito tempo poderás obtê-las.

Nota: — Com efeito, durante quase um ano, não pude obter em minha casa qualquer comunicação escrita, e cada vez que ali se encontrava um médium do qual esperava obter alguma coisa, uma circunstância imprevista vinha a isso se opor. Só obtinha comunicações fora de minha casa.

Pergunta: — Poderíeis vir com mais frequência e não apenas de mês em mês?

Resposta: — Sim, mas não prometo senão uma vez por mês, até nova ordem.

Pergunta: — Teríeis animado algum personagem conhecido na Terra?

Resposta: — Já te disse que *para ti*, eu era a *Verdade*, isto *para ti* queria dizer discrição; não saberás nada além.

Nota: — À noite, voltando para casa, apressei-me para reler o que eu havia escrito, e, quer na cópia atirada à cesta, quer na nova cópia, na 30ª linha, reconheci um erro grave, que me espantei de ter cometido. Desde este momento, nenhuma manifestação do mesmo gênero se produziu; tendo-se estabelecido as relações com meu espírito protetor, estas manifestações não eram mais necessárias, é por isso que elas cessaram. O intervalo de um mês, que ele havia determinado para suas comunicações, apenas raramente foi observado, no princípio; mais tarde, deixou de o ser, era, sem dúvida, uma advertência de que devia trabalhar por mim mesmo, e não recorrer, incessantemente, a ele diante da menor dificuldade.

9 de abril de 1856.

(Na casa do Sr. Baudin, médium, Srta. Baudin.)

Pergunta: — (à Verdade). Criticastes o trabalho que eu fazia no outro dia, e tivestes razão. Eu o reli, e reconheci na 30ª linha um erro, contra o qual vossas batidas representavam um protesto. Isto levou-me a reconhecer outros defeitos e a refazer o trabalho. Estais mais satisfeito agora?

Resposta: — Acho-o melhor; mas aconselho-te a aguardar um mês, antes de divulgá-lo.

Pergunta: — O que quereis dizer com divulgá-lo? Certamente, não tenho a intenção de publicá-lo, ainda, talvez nunca o faça.

Resposta: — Quero dizer mostrá-lo a estranhos. Encontre um pretexto para recusá-lo àqueles que o pedirem; daqui até lá, melhorarás este trabalho. Faço-te esta recomendação para evitar a crítica; é do teu amor-próprio que cuido.

Pergunta: — Dissestes que seríeis para mim um guia que me ajudaríeis e me protegeríeis; compreendo esta proteção e seu objetivo numa certa ordem de coisas, mas, poderíeis me dizer se esta proteção se estende também às coisas materiais da vida?

Resposta: — Nesse mundo, a vida material representa muito; não te ajudar a viver, seria não te amar.

Nota: — A proteção deste espírito, cuja superioridade estava, então, longe de imaginar, de fato, jamais me faltou. Sua solicitude e a dos bons espíritos sob suas ordens, estendem-se sobre todas as circunstâncias da minha vida, seja por me facilitar nas dificuldades materiais, seja por me facilitar na execução dos meus trabalhos, seja, enfim, por preservar-me dos efeitos da malevolência dos meus antagonistas, sempre reduzidos à impotência. Se as tribulações inerentes à missão que eu devia desempenhar não me puderam ser evitadas, foram sempre suavizadas e largamente compensadas por satisfações morais muito gratas.

30 de abril de 1856.

(Na casa do Sr. Roustan, médium: Srta. Japhet.)

Primeira revelação da minha missão

Eu assistia há, algum tempo, as sessões que se realizavam na casa do Sr. Roustan, e, aí, começara a verificação do meu trabalho, que deveria formar, mais tarde, *O Livro dos Espíritos*. Numa sessão privativa, à qual assistiam apenas sete ou oito pessoas, comentava-se sobre diferentes coisas, relativas aos acontecimentos que poderiam provocar uma transformação social, quando o médium, segurando a cesta, escreveu, espontaneamente, o que se segue:

"Quando a hora soar, deixá-lo-eis; apenas aliviareis vosso semelhante; individualmente o magnetizareis a fim de curá-lo. Depois, cada um no posto que lhe foi preparado, pois tudo será necessário, uma vez que tudo será destruído, ao menos por um instante. Não haverá mais religião e uma será necessária, porém, verdadeira, grande, bela e digna do Criador... Os primeiros fundamentos já foram colocados... Quanto a ti, Rivail, aí está tua missão. (Livre, a cesta voltou-se rapidamente para meu lado, como o teria feito uma pessoa que me apontasse com o dedo). A ti, M..., a espada que não fere, mas que mata; contra tudo o que existe, serás o primeiro a vir. Ele, Rivail, virá em segundo lugar: é o operário que reconstrói o que foi demolido."

Nota: — Essa foi a primeira revelação positiva sobre minha missão, e confesso que, quando vi a cesta dirigir-se bruscamente na minha direção, e designar-me nominativamente, não pude me furtar de uma certa emoção.

O Sr. M... que assistia a esta reunião, era um rapaz de opiniões radicalíssimas, comprometido nos negócios políticos, e que era obrigado a não se colocar muito em evidência. Acreditando numa próxima subversão, apressava-se para tomar parte nela, e combinava seus planos de reforma; era, de resto, um homem brando e inofensivo.

7 de maio 1856.

(Na casa do Sr. Roustan, médium: Srta. Japhet.)

Minha missão

Pergunta: (a Hahnemann) — Outro dia, os espíritos me disseram que eu tinha uma missão importante a desempenhar, e indicaram-me o objeto; desejaria saber se confirmarias isso.

Resposta: — Sim, e se interrogares tuas aspirações, tuas tendências, e o objeto quase constante de tuas meditações, isto não deverá surpreender-te. Deves cumprir aquilo com que sonhas há muito tempo; é preciso que nisso trabalhes ativamente para estares pronto, pois o dia está mais próximo do que pensas.

Pergunta: — Para cumprir esta missão tal como a concebo, são necessários meios de execução que ainda estão fora do meu alcance.

Resposta: — Deixa a Providência fazer sua obra, e estarás satisfeito.

Acontecimentos

Pergunta: — A comunicação dada, outro dia, parece fazer presumir acontecimentos muito graves; poderíeis nos dar algumas explicações sobre este assunto?

Resposta: — Não podemos precisar os fatos; o que podemos dizer, é que haverá muitas ruínas e desolações, pois os tempos preditos para a renovação da Humanidade chegaram.

Pergunta: — Quem causará estas ruínas? Será um cataclismo?

Resposta: — Não haverá cataclismo material como o entendeis, porém, flagelos de toda espécie desolarão as nações; a guerra dizimará os povos; as instituições vetustas serão tragadas em ondas de sangue. É preciso que o velho mundo se desmorone, para que uma nova era se abra ao progresso.

Pergunta: — A guerra não se circunscreverá, então, a uma região?

Resposta: — Não; ela abrangerá a Terra.

Pergunta: — Nada, entretanto, parece pressagiar, neste momento, uma tempestade próxima.

Resposta: — As coisas estão por um fio de teia de aranha, meio rompido.

Pergunta: — Poder-se-á, sem indiscrição, perguntar de onde partirá a primeira centelha?

Resposta: — Da Itália.

12 de maio de 1856.

(Sessão pessoal na casa do Sr. Baudin.)

Acontecimentos

Pergunta: (à Verdade) — Que pensais do Sr. M...? É um homem que terá influência nos acontecimentos?

Resposta: — Muito ruído. Ele tem boas ideias; é um homem de ação, mas não é uma cabeça.

Pergunta: — Dever-se-á tomar ao pé da letra o que foi dito, que lhe cabe o papel de destruir o que existe?

Resposta: — Não, quiseram personificar nele o partido cujas ideias ele representa.

Pergunta: — Posso manter relações de amizade com ele?

Resposta: — No momento, não; correrias perigos inúteis.

Pergunta: — O Sr. M... que dispõe de um médium, diz que lhe precisaram a marcha dos acontecimentos, por assim dizer, para uma data fixa; será verdade?

Resposta: — Sim, fixaram-lhe épocas, mas foram espíritos levianos que não sabem mais do que ele, e que exploram sua exaltação. Sabes que não devemos absolutamente precisar as coisas futuras. Os acontecimentos pressentidos, certamente se darão em tempo próximo, mas que não pode ser determinado.

Pergunta: — Os espíritos disseram que chegaram os tempos em que as coisas devem se cumprir; que sentido é necessário atribuir a estas palavras?

Resposta: — Para coisas dessa gravidade, o que são alguns anos a mais ou a menos? Elas jamais acontecem bruscamente e como um raio, mas são longamente preparadas por acontecimentos parciais que delas são como precursores, tal como os ruídos surdos que precedem a erupção de um vulcão. Pode-se, pois, dizer-lhes que os tempos chegaram, sem que signifique que as coisas se darão amanhã. Isto quer dizer que estais no período em que elas acontecerão.

Pergunta: — Confirmais o que foi dito, de que não haverá cataclismo?

Resposta: — Sem dúvida, não devem temer nem o dilúvio, nem o abrasamento do vosso planeta, nem outras coisas desse gênero, pois não se pode dar o nome de cataclismo a perturbações locais que se têm produzido em todas as épocas.

Haverá apenas um cataclismo moral do qual os homens serão os instrumentos.

10 de junho de 1856.

(Na casa do Sr. Roustan; médium: Srta. Japhet.)

O Livro dos Espíritos

Pergunta: (a Hahnemann) — Pensei que, já que logo terminaremos a primeira parte do livro, para irmos mais rápido, eu poderia pedir a B... que me ajudasse como médium: o que pensais disso?

Resposta: — Penso que seria melhor não te servires dele. — Por quê? — Porque a verdade não pode ser interpretada pela mentira.

Pergunta: — Se o espírito familiar de B... é afeito à mentira, isso não impediria um bom espírito de se comunicar através do médium, desde que se não evocasse outro espírito.

Resposta: — Sim, mas aqui, o médium ajuda o espírito e quando o espírito é velhaco, ele se presta a isso. Aristo, seu intérprete e B... acabarão mal.

Nota: — B... era um jovem médium escrevente muito maleável, mas assistido por um espírito orgulhoso, déspota e arrogante, que tomava o nome de Aristo; ele lisonjeava-lhe uma tendência natural para o amor-próprio. As previsões de Hahnemann realizaram-se. Este jovem rapaz, tendo acreditado encontrar na sua faculdade uma fonte para enriquecer, seja através de consultas médicas, seja através das invenções e descobertas frutíferas, só recolheu decepções e mistificações. Após algum tempo, não se ouviu mais falar dele.

12 de junho de 1856.

(Na casa do Sr. C..., médium: Srta. Aline C...)

Minha missão

Pergunta: (à Verdade) — Bom espírito, desejaria saber o que pensais da missão que me foi designada por alguns espíritos; quereis dizer-me, peço-vos, se é uma prova para meu amor-próprio. Tenho, com certeza, como sabeis, o maior desejo de contribuir na propagação da verdade, porém, do papel de simples trabalhador ao de missionário em chefe, a distância é grande, e não compreenderia o que poderia justificar em mim tamanho favor, de preferência a tantos outros que possuem talentos e qualidades que não tenho.

Resposta: — Confirmo o que te foi dito, mas recomendo-te muita discrição, se quiseres vencer. Saberás, mais tarde, coisas que te explicarão o que hoje te surpreende. Não te esqueças de que podes triunfar, como podes falir; neste último caso, um outro te substituirá, pois os desígnios de Deus não se repousam sobre a cabeça de um homem. Não fala, pois, jamais de tua missão: seria o meio de fazê-la fracassar. Ela apenas pode ser justificada através da obra efetuada, e nada fizeste ainda. Se a cumprires, os próprios homens saberão reconhecê-lo, cedo ou tarde, pois é pelos frutos que se reconhece a qualidade da árvore.

Pergunta: — Certamente não tenho desejo algum de vangloriar-me de uma missão na qual creio, eu mesmo, com dificuldade. Se estou destinado a servir de instrumento aos desígnios da Providência, que ela disponha de mim; neste caso, reclamo vossa assistência e a dos bons espíritos para ajudarem-me e sustentarem-me na minha tarefa.

Resposta: — Nossa assistência não te faltará, mas ela será inútil se, de teu lado, não fizeres o que é necessário. Tens teu livre-arbítrio; cabe a ti usares como o entenderes; nenhum homem é constrangido a fazer coisa alguma.

Pergunta: — Quais as causas que poderiam fazer-me fracassar? Seria a insuficiência das minhas capacidades?

Resposta: — Não; mas a missão dos reformadores está cheia de escolhos e de perigos; a tua é rude, previno-te, pois trata-se de abalar e transformar o mundo inteiro. Não penses que te bastará publicar um livro, dois livros, dez livros, e ficares tranquilamente em casa; não, ser-te-á preciso expor tua pessoa; suscitarás contra ti ódios terríveis; inimigos encarniçados conjurarão tua perda; estarás exposto à malevolência, à calúnia, à traição mesmo daqueles que te parecerão os mais devotados; tuas melhores instruções serão desprezadas e deturpadas; sucumbirás, mais de uma vez, sob o peso da fadiga; numa palavra, será uma luta quase constante que terás que sustentar, e o sacrifício de teu repouso, de tua tranquilidade, de tua saúde, e até de tua vida, pois, sem isso, viverias muito mais tempo. Pois bem! Não poucos recuam quando, ao invés de uma estrada florida, encontram sob seus passos urzes, pedras pontiagudas e serpentes. Para tais missões, não basta a inteligência. Primeiramente, para agradar a Deus, é preciso a humildade, a modéstia e o desinteresse, pois ele abate os orgulhosos, os presunçosos e os ambiciosos. Para lutar contra os homens é preciso ter coragem, perseverança e uma firmeza inabalável; é preciso também prudência e tato para conduzir as coisas de modo conveniente e não lhes comprometer o êxito através de medidas ou de palavras intempestivas; é preciso, por fim, ter devotamento, abnegação, e estar pronto para todos os sacrifícios.

Vês que tua missão está subordinada a condições que dependem de ti.

Espírito Verdade

Eu — Espírito Verdade, agradeço vossos sábios conselhos. Aceito tudo, sem restrição e sem ideia preconcebida.

Senhor! Se vos dignastes a lançar os olhos sobre mim para o cumprimento dos vossos desígnios, que seja feita a vossa vontade! Minha vida está nas vossas mãos, disponhais do vosso servo. Reconheço minha fraqueza, diante de tão grande tarefa; minha boa vontade não falhará; minhas forças, porém, talvez me traiam. Supri minha insuficiência; dai-me as forças físicas e morais que me forem necessárias. Sustentai-me nos momentos difíceis, e com vossa ajuda e a dos vossos celestes mensageiros, esforçar-me-ei para corresponder aos vossos desígnios.

Nota: — Escrevo esta nota em 1º de janeiro de 1867, dez anos e meio depois que esta comunicação me foi dada, e constato que ela se realizou em todos os pontos, pois experimentei todas as vicissitudes que me foram preditas. Estive exposto ao ódio dos inimigos encarniçados, à injúria, à calúnia, à inveja e ao ciúme; libelos infames foram publicados contra mim; minhas melhores instruções foram falseadas; fui traído por aqueles em quem tinha depositado minha confiança, pagaram-me com a ingratidão aqueles a quem prestei serviço. A Sociedade de Paris constituiu-se num foco de intrigas urdidas por aqueles mesmos que se declaravam a meu favor, e que, de boa fisionomia em minha presença, golpeavam-me pelas costas. Disseram que aqueles que tomavam meu partido eram assalariados por mim com o dinheiro que eu recolhia do Espiritismo. Nunca mais conheci o que é o repouso; mais de uma vez sucumbi sob o excesso de trabalho, minha saúde foi alterada e minha vida comprometida.

Todavia, graças à proteção e à assistência dos bons espíritos, que incessantemente me deram provas manifestas de sua solicitude, estou feliz em reconhecer que não experimentei um único instante de desfalecimento nem de desencorajamento, e que prossegui constantemente na minha tarefa com o mesmo ardor, sem me preocupar com a maldade da qual eu era objeto. Segundo a comunicação do Espírito Verdade, eu devia contar com tudo isso, e tudo se verificou.

Mas, também, ao lado dessas vicissitudes, que satisfação experimentei vendo a obra crescer de uma maneira tão prodigiosa! Com que suaves compensações foram pagas as minhas tribulações! Quantas bênçãos, quantos testemunhos de real simpatia, não recebi da parte de numerosos aflitos que a Doutrina consolou! Este resultado não me fora anunciado pelo Espírito Verdade que, sem dúvida, intencionalmente, apenas me mostrou as dificuldades do caminho. Qual não seria, então, minha ingratidão se eu me lamentasse! Se dissesse que há uma compensação entre o bem e o mal, não estaria com a verdade, pois o bem, compreendo como as satisfações morais, superaram de muito o mal. Quando me acontecia alguma decepção, uma contrariedade qualquer, elevava-me pelo pensamento acima da Humanidade; colocava-me por antecipação na região dos espíritos, e desse ponto culminante, de onde eu divisava meu ponto de chegada, as misérias da vida deslizavam sobre mim sem me atingirem. Fiz disso um tal hábito que os gritos dos maus jamais me perturbaram.

17 de junho de 1856.

(Na casa do Sr. Baudin, médium: Srta. Baudin.)

O Livro dos Espíritos

Pergunta: (à Verdade) — Uma parte da obra foi revista, seríeis bastante bom para me dizer o que pensais dela?

Resposta: — O que foi revisado está bem; mas quando tudo terminar, ser-te-á necessário revê-la ainda, a fim de ampliá-la em certos pontos, e de abreviá-la em outros.

Pergunta: — Pensais que deva ser publicado antes que os acontecimentos preditos se tenham cumprido?

Resposta: — Uma parte, sim; mas tudo, não; pois eu te asseguro de que teremos capítulos muito espinhosos. Por mais importante que seja este primeiro trabalho, *não é senão uma espécie de introdução*; ele tomará proporções que hoje, estás longe de suspeitar, e que tu mesmo compreenderás que certas partes só poderão vir à luz muito mais tarde e gradualmente, à medida que as novas ideias se desenvolverem e criarem raízes. Dar tudo de uma só vez, seria uma imprudência; é preciso dar tempo para que a opinião se forme. Encontrarás com impacientes que te empurrarão para adiante: não os ouças; vê, observa, sonda o terreno, saibas esperar, e faz como o general prudente que só ataca quando chega o momento favorável.

Nota: (escrita em janeiro de 1867.) — Na época em que essa comunicação foi dada, eu apenas tinha em vista *O Livro dos Espíritos*, e estava longe, como disse o espírito, de imaginar as proporções que tomaria o conjunto do trabalho. Os acontecimentos preditos só deveriam se cumprir vários anos depois, já que ainda não aconteceram, até o momento. As obras que até agora apareceram, só foram publicadas sucessivamente, e fui levado a fazê-las, *à medida que as novas ideias se desenvolviam*. Das duas que restam a fazer, a mais importante, a que pode ser considerada como o coroamento do edifício e contém, com efeito, os capítulos *mais espinhosos*, não poderia vir à luz, sem prejuízo, antes do período dos desastres. Eu não via, então, senão um único livro, e não compreenderia que ele pudesse cindir, enquanto que o espírito fazia alusão àqueles que deveriam se seguir, e que teria havido inconvenientes em publicá-lo prematuramente.

"Saibas esperar, disse o espírito; não ouças os impacientes que te empurrarão para adiante." Não faltaram os impacientes, e se os tivesse ouvido, teria conduzido o navio em cheio para os arrecifes. Coisa estranha! enquanto alguns me incitavam a ir mais rápido, outros acusavam-me de não ir tão devagar quanto devia, e, constantemente, tomei por bússola a marcha das ideias.

De quanta confiança no futuro não deveria estar animado à medida que via efetuarem-se as coisas preditas, e que reconhecia a profundeza e a sabedoria das instruções dos meus protetores invisíveis.

11 de setembro de 1856.

(Na casa do Sr. Baudin, médium: Srta. Baudin.)

O Livro do Espíritos

Após ter feito a leitura de alguns capítulos de *O Livro dos Espíritos* concernentes às leis morais, o médium escreveu, espontaneamente:

"Compreendeste bem o objetivo do teu trabalho; o plano está bem concebido; estamos contentes contigo. Continua; mas, sobretudo, quando a obra estiver terminada, lembra-te de que te recomendamos fazê-la imprimir e propagá-la: é de utilidade geral. Estamos satisfeitos, e não te deixaremos nunca. Crê em Deus, e caminha."

Vários espíritos

6 de maio de 1857.

(Na casa da Sra. de Cardone.)

A tiara espiritual

Tivera a oportunidade de conhecer a Sra. de Cardone nas sessões do Sr. Roustan. Alguém me disse, creio que foi o Sr. Carlotti, que ela possuía um talento notável para ler nas mãos. Nunca acreditei na significação das linhas da mão, mas sempre pensei que, para certas pessoas dotadas de uma espécie de segunda vista, isto podia ser um meio de estabelecer uma relação que lhe permitisse, como nos sonâmbulos, dizer, algumas vezes, coisas verdadeiras. Os sinais da mão são apenas um pretexto, um meio de fixar a atenção, desenvolver a lucidez, como o são as cartas, a borra de café, espelhos ditos mágicos, para os indivíduos que gozam desta faculdade. A experiência me confirmou mais de uma vez a veracidade desta opinião. Seja como for, esta senhora, tendo-me convidado para ir vê-la, acedi ao seu convite, e eis um resumo do que ela me disse:

"Nascestes com uma grande abundância de recursos e de meios intelectuais... extraordinária força de raciocínio... vosso gosto formou-se; governado pela cabeça, moderais a inspiração pelo raciocínio; submeteis o instinto, a paixão, a intuição ao método, à teoria. Tivestes sempre o gosto para as ciências morais... Amor da verdade absoluta... Amor da arte definida.

Vosso estilo tem número, medida, cadência; mas, às vezes, trocaríeis um pouco da vossa precisão pela poesia.

Como filósofo idealista, estivestes submetido às opiniões de outrem; como filósofo crente, experimentais agora a necessidade de fazer seita.

Benevolência judiciosa; necessidade imperiosa de sustentar, socorrer, consolar; necessidade de independência.

Muito suavemente vos corrigis da prontidão do arrebatamento do vosso humor.

Éreis singularmente próprio para a missão que vos foi confiada, pois fostes feito mais para vos tornar o centro de desenvolvimentos imensos, do que capaz de trabalhos isolados... vossos olhos têm o olhar do pensamento.

Vejo aqui o sinal da *tiara espiritual*... ele está bem pronunciado... Vede." (Olhei e nada vi de particular).

O que entendeis, perguntei-lhe, por *tiara espiritual?* Quereis dizer que serei papa? Se isto devesse acontecer, não seria certamente nesta existência.

Resposta: — Observai que eu disse *tiara espiritual*, o que quer dizer *autoridade moral* e *religiosa*, e não soberania efetiva.

Relatei pura e simplesmente as palavras desta senhora que ela mesma me transcreveu. Não compete a mim julgar se elas são exatas em todos os pontos; reconheço algumas delas como verdadeiras, porque estão de acordo com meu caráter e as disposições do meu espírito; há, porém, uma passagem evidentemente errônea, é aquela em que ela diz, a propósito do meu estilo, que eu trocaria, às vezes, um pouco da minha precisão pela poesia. Não tenho instinto poético algum; o que procuro acima de tudo, o que me agrada, o que estimo nos outros, é a clareza, a limpidez, a precisão, e longe de sacrificar esta à poesia, poder-se-ia muito mais censurar em mim sacrificar o sentimento poético à secura da forma positiva. Sempre preferi o que fala à inteligência ao que apenas fala à imaginação.

Quanto à *tiara espiritual*, *O Livro dos Espíritos* acabava de aparecer; a Doutrina estava no seu início, e não se podia ainda prejulgar seus resultados ulteriores; dei pouca importância a esta revelação, e me limitei a tomar nota, a título informativo.

Esta senhora deixou Paris no ano seguinte, e não a revi senão oito anos mais tarde, em 1866, quando as coisas já tinham caminhado bastante neste intervalo. Ela me disse: Lembrais-vos da minha predição da *tiara espiritual?* Ei-la realizada. — Como realizada? Não estou, que eu saiba, no trono de São Pedro. — Não, mas, também, não foi isso que vos anunciei. Mas, não sois, de fato, o chefe da Doutrina, reconhecido pelos espíritas do mundo inteiro? Não são os vossos escritos que fazem a lei? Vossos adeptos não são contados aos milhões? Haverá um homem cujo nome tenha mais autoridade do que o vosso em matéria de Espiritismo? Os títulos de sumo sacerdote, de pontífice, mesmo de papa não vos são espontaneamente dados? É, sobretudo, pelos vossos adversários e por ironia, eu o sei, mas nem por isso deixa de indicar de que gênero é a influência que vos reconhecem; eles pressentem vosso papel, e estes títulos permanecerão convosco.

Em resumo, conquistastes, sem a procurar, uma posição moral que ninguém pode vos retirar, pois, quaisquer que sejam os trabalhos que se possam fazer depois dos vossos ou concorrerem com os vossos, sereis sempre reconhecido como o fundador da Doutrina. Desde este momento possuís portanto, na realidade, a *tiara espiritual*, quer dizer, a supremacia moral. Vêdes, pois, que eu disse a verdade.

Acreditais agora um pouco mais nos sinais das mãos? — Menos que nunca, e estou convencido de que se vistes alguma coisa, não foi na mão, mas no vosso próprio espírito, e vou prová-lo.

Admito que nas mãos, como nos pés, nos braços e em outras partes do corpo, existem certos sinais fisionômicos; cada órgão, porém, apresenta sinais especiais, segundo o uso ao qual está afeito e conforme suas relações com o pensamento; os sinais das mãos não podem ser os mesmos dos pés, dos braços, da boca, dos olhos, etc.

Quanto às pregas das palmas das mãos, sua maior ou menor acentuação depende da natureza da pele e da maior ou menor quantidade de tecido celular, e como estas partes não têm qualquer correlação fisiológica com os órgãos das faculdades intelectuais e morais, elas não podem ser-lhe a expressão. Admitindo até esta correlação, elas poderiam fornecer indícios sobre o estado atual do indivíduo, mas não poderiam ser sinais de presságios das coisas futuras, nem de acontecimentos passados, independentes de sua vontade. Na primeira hipótese, eu compreenderia, a rigor, que com o auxílio de tais traços, se pudesse dizer que uma pessoa possui esta ou aquela aptidão, este ou aquele pendor, porém o mais vulgar bom senso repele a ideia de que se possa ver ali, se ela foi casada ou não, quantas vezes, e quantos filhos teve, se é viúva ou não, e outras coisas semelhantes, como o pretende a maioria das quiromantes.

Entre as linhas das mãos, há uma bem conhecida de todo mundo, e que representa bem um "M"; se ele for bastante acentuado, é, dizem, o presságio de uma vida infeliz; mas a palavra *malheur* (infelicidade) é francesa, e se esquecem que a palavra equivalente não começa pela mesma letra em todas as línguas; donde se segue que esta linha deveria apresentar uma forma diferente, conforme a língua dos povos.

Quanto à *tiara espiritual* é, evidentemente, uma coisa especial, excepcional, e de algum modo, individual, e estou convencido de que a senhora não encontrou esta palavra no vocabulário de nenhum tratado de quiromancia. Como, então, ela lhe veio à mente? Pela intuição, pela inspiração, por esta espécie de presciência inerente à dupla vista que muitas pessoas possuem sem o suspeitarem. Sua atenção estava concentrada nos traços da mão, a senhora aplicou a ideia a um sinal no qual uma outra pessoa teria visto outra coisa, ou ao qual a senhora teria atribuído uma significação diferente num outro indivíduo.

17 de janeiro de 1857.

(Na casa do Sr. Baudin; médium: Srta. Baudin.)

Primeira notícia de uma nova encarnação

O espírito prometera escrever-me uma carta por ocasião do Ano Novo; ele tinha, dizia, algo de particular a me dizer. Tendo-a solicitado numa das reuniões ordinárias, disse que a daria na intimidade ao médium, que a transmitiria para mim. Eis a carta:

Caro amigo, não quis escrever-te na última terça-feira, diante de todo mundo, porque há certas coisas que só podem ser ditas, particularmente.

Primeiramente, eu gostaria de falar-te de tua obra, a que mandaste imprimir. (*O Livro dos Espíritos* acabava de entrar para o prelo.) Não te dês tanto, da manhã à noite, tu te sentirás melhor, e a obra nada perderá por esperar.

Conforme o que eu vejo, és bem capaz de levar a bom termo tua empresa, e tens que fazer grandes coisas; mas em nada exagere; vê e aprecia tudo judiciosa e friamente; não te deixes arrastar pelos entusiastas e os muito apressados; calcula todos teus passos e todos os meios a fim de chegares com segurança. Não creias mais do que naquilo que vês; não desvies a cabeça de tudo o que te pareça incompreensível; saberás mais do que outro qualquer, porque os assuntos de estudo te serão postos sob as tuas vistas.

Mas, que pena! a verdade não será conhecida ainda, nem acreditada por todos, senão daqui a muito tempo! Não verás, nesta existência, senão a aurora do êxito de tua obra; será preciso que voltes, *reencarnado num outro corpo*, para completar o que tiveres começado, e então, terás a satisfação de ver em plena frutificação a semente que tiveres espalhado na Terra.

Terás invejosos e ciumentos que procurarão denegrir-te e fazer-te oposição; não desanimes; não te preocupes com o que digam ou façam contra ti; prossegue na tua obra; trabalha sempre para o progresso da Humanidade, e serás sustentado pelos bons espíritos, enquanto perseverares no bom caminho.

Lembras-te de que há um ano, prometi minha amizade àqueles que, durante o ano, tivessem sido corretos em toda sua conduta? Pois bem! Declaro que tu és um dos que escolhi entre todos.

Teu amigo que te ama e te protege, Z.

Nota: — Disse que Z. não era um espírito superior, mas muito bom e muito benevolente. Talvez fosse mais adiantado do que o poderia fazer supor o nome que tomara; podemos supô-lo a julgar pelo caráter sério e a sabedoria de suas comunicações, conforme as circunstâncias. Graças a esse nome, ele podia se permitir uma linguagem familiar apropriada ao meio em que se manifestava, e dizer, o que lhe acontecia com frequência, duras verdades sob a forma leve do epigrama. Como quer que seja, sempre conservei dele uma boa recordação e o reconhecimento pelos bons avisos que me deu e pelo devotamento que me testemunhou. Ele desapareceu com a dispersão da família Baudin, e tinha dito que em breve devia reencarnar.

15 de novembro de 1857.

(Na casa do Sr. Dufaux, médium: Sra. E. Dufaux.)

A Revista Espírita

Pergunta: — Tenho a intenção de publicar um jornal espírita, pensais que chegue a fazê-lo, e me aconselhais a fazê-lo? A pessoa a quem me dirigi, Sr. Tiedeman, não parece disposto a me prestar seu concurso pecuniário.

Resposta: — Sim, tu o conseguirás com a perseverança. A ideia é boa, é preciso fazê-la amadurecer mais.

Pergunta: — Temo que outros me ultrapassem.

Resposta: — É preciso andar depressa.

Pergunta: — Não peço outra coisa, mas falta-me o tempo. Tenho dois empregos que me são necessários, como o sabeis; desejaria poder renunciar a eles, a fim de me consagrar inteiramente à tarefa, sem outras preocupações.

Resposta: — No momento, nada se deve abandonar, encontra-se sempre tempo para tudo; move-te e conseguirás.

Pergunta: — Devo agir sem o concurso do Sr. Tiedeman?

Resposta: — Age com ou sem seu concurso; não te inquietes com ele: podes prescindir dele.

Pergunta: — Eu pretendia publicar um primeiro número como ensaio a fim de lançar o jornal e marcar data, e continuar mais tarde, se possível; o que pensais disso?

Resposta: — A ideia é boa, mas um primeiro número não será suficiente; entretanto é útil e até necessário para abrir o caminho para o restante. Será preciso dispensar-lhe muito cuidado, de maneira a lançar as bases de um êxito durável; se ele for defeituoso, será melhor nada fazer, pois a primeira impressão pode decidir seu futuro. No começo, sobretudo, é preciso satisfazer à curiosidade; deve encerrar, ao mesmo tempo, o sério e o agradável: o sério que atrairá os homens de Ciência, e o agradável que divertirá o vulgo; esta parte é essencial, mas a outra é mais importante, pois sem ela, o jornal não teria fundamento sólido. Numa palavra, é preciso evitar a monotonia pela variedade, reunir a instrução sólida ao interesse, e este será um poderoso auxiliar para os trabalhos ulteriores.

Nota: — Apressei-me em redigir o primeiro número, e o fiz circular em 1º de janeiro de 1858, sem haver dito nada a ninguém. Não tinha um único assinante, e nenhum fornecedor de fundos. Eu o fiz inteiramente, pois, por minha conta e risco, e não tive do que me arrepender, pois o êxito ultrapassou minha expectativa. A partir de 1º de janeiro, os números se sucederam sem interrupção, e, como o espírito havia previsto, este jornal tornou-se para mim um poderoso auxiliar. Reconheci mais tarde que fora feliz por não ter tido um fornecedor de fundos, pois ficava mais livre, enquanto que um estranho interessado teria podido impor-me suas ideias e sua vontade, e entravar minha marcha; sozinho, não tinha que prestar contas a ninguém, embora minha tarefa fosse pesada como trabalho.

1º de abril de 1858.

Fundação da Sociedade Espírita de Paris

Embora nenhum caso de previsões haja aqui, menciono, para lembrar, a fundação da Sociedade, por causa do papel que ela desempenhou na marcha do Espiritismo, e das comunicações ulteriores às quais ela deu lugar.

Há mais ou menos seis meses, eu realizava em minha casa, na Rua des Martyrs, uma reunião com alguns adeptos, todas as terças-feiras. O médium principal era a Srta. E. Dufaux. Embora o local só pudesse comportar de 15 a 20 pessoas, às vezes ali se encontravam até 30 pessoas. Estas reuniões despertavam um grande interesse pelo seu caráter sério, e o alto alcance das questões que nelas eram tratadas; viam-se ali, com frequência, príncipes estrangeiros e outros personagens de distinção.

O local, pouco cômodo pela sua disposição, tornou-se, evidentemente, bastante exíguo. Alguns dos frequentadores propuseram a se cotizar para alugar um outro mais conveniente. Mas, então, tornava-se necessário ter uma autorização legal para evitar ser perturbado pela autoridade. O Sr. Dufaux, que conhecia pessoalmente o chefe de polícia, encarregou-se de tratar do caso. A autorização dependia, também, do ministro do interior, então, o general X..., que era, sem que ninguém soubesse, simpático às nossas ideias, sem as conhecer inteiramente, e, graças à sua influência, a autorização, que, seguindo o procedimento comum, teria levado três meses, foi obtida em 15 dias.

A Sociedade foi, então, legalmente constituída e se reuniu todas as terças-feiras, no local que ela alugara no Palais-Royal, na galeria de Valois. Permaneceu aí durante um ano, de 1º de abril de 1858 a 1º de abril de 1859. Não podendo, aí, permanecer por mais tempo, reuniu-se todas as sextas-feiras num dos salões do restaurante Douix, no mesmo Palais-Royal, na galeria Montpensier, de 1º de abril de 1859 a 1º de abril de 1860, época em que se instalou num local próprio, na Rua e Passagem Sainte-Anne, 59.

Formada a Sociedade, no início, de elementos pouco homogêneos e de pessoas de boa vontade, que eram aceitas com facilidade, teve que suportar numerosas vicissitudes que não foram dos menores percalços de minha tarefa.

24 de janeiro de 1860.

(Na casa da Sra. Forbes, médium: Sra. Forbes.)

Duração dos meus trabalhos

Segundo minha apreciação, estimava que ainda me seriam necessários dez anos para terminar meus trabalhos, mas não falara a ninguém sobre esta ideia. Fiquei, portanto, muito surpreso de receber de um dos meus correspondentes de Limoges, uma comunicação obtida espontaneamente na qual o espírito, falando dos meus trabalhos, dizia que dez anos se passariam antes que eu os terminasse.

Pergunta: (à Verdade) — Como é que um espírito, comunicando-se em Limoges, onde nunca fui, pôde dizer precisamente o que eu pensava sobre a duração dos meus trabalhos?

Resposta: — Sabemos o que te resta fazer e, por conseguinte, o tempo aproximado de que precisas para terminá-la. É, portanto, muito natural que os espíritos o tenham dito em Limoges, e além, para dar uma ideia do alcance da coisa, pelo trabalho que ela exige.

Entretanto, o prazo de dez anos não é absoluto; ele pode ser prolongado em alguns anos por circunstâncias imprevistas e independentes da tua vontade.

Nota: (escrita em dezembro de 1866.) — Publiquei quatro volumes substanciosos, sem falar das coisas acessórias. Os espíritos me apressam para publicar *A Gênese* em 1867, antes das perturbações. Durante o período de grande perturbação, deverei trabalhar nos livros complementares da Doutrina que não poderão aparecer senão após a grande tormenta, e para os quais ser-me-ão necessários de três a quatro anos. Isso nos leva, no máximo, a 1870, quer dizer, em torno de dez anos.

28 de janeiro de 1860.

(Na casa do Sr. Solichon, médium: Srta. Solichon.)

Acontecimentos. Papado

Pergunta: (ao espírito Ch.) — Fostes embaixador em Roma, e naquele tempo, predissestes a queda do governo papal; o que pensais hoje a esse respeito?

Resposta: — Creio que se aproxima o tempo em que minha profecia vai se cumprir; mas não será sem dores. Tudo se complica; as paixões exacerbam-se, e de uma coisa que se poderia fazer sem comoção, envolveu a todos, de uma tal forma, que toda a cristandade será abalada.

Pergunta: — Poderíeis nos dizer a vossa opinião sobre o poder temporal do papa?

Resposta: — Penso que o poder temporal do papa não é necessário à sua grandeza, nem ao seu poder moral, ao contrário, quanto menos súditos ele tiver, mais venerado será. Aquele que é o representante de Deus na Terra, está colocado bastante alto para não ter necessidade do realce do poder terreno. Dirigir a Terra, espiritualmente, eis a missão do pai dos cristãos.

Pergunta: — Pensais que o papa e o Sacro Colégio, melhor esclarecidos, não façam o necessário para evitar o cisma e a guerra intestina, embora não fosse apenas moral?

Resposta: — Não creio; todos estes homens são obstinados, ignorantes, habituados a todos os prazeres profanos; necessitam de dinheiro para satisfazê-los, e tinham medo de que a nova ordem de coisas não lhes deixasse o bastante. Por isso, levam tudo ao extremo, pouco se incomodando com o que possa acontecer, sendo cegos demais para compreender a consequência de sua maneira de agir.

Pergunta: — Nesse conflito não se deverá temer que a infeliz Itália sucumba, e que seja conduzida sob o espectro da Áustria?

Resposta: — Não, é impossível; a Itália sairá vitoriosa da luta, e a liberdade raiará nesta terra gloriosa. A Itália salvou-nos da barbárie, foi nossa mestra em tudo o que a inteligência tem de mais nobre e de mais elevado. Ela não recairá sob o jugo dos que a rebaixaram.

12 de abril de 1860.

(Na casa do Sr. Dehau, médium: Sr. Crozet.)

(Comunicação espontânea obtida na minha ausência.)

Minha missão

Pela sua firmeza e perseverança, o seu Presidente frustou os projetos daqueles que procuravam destruir seu crédito e arruinar a Sociedade, na esperança de desfecharem um golpe fatal na Doutrina. Honra a ele! que ele saiba que estamos com ele, e que os espíritos de sabedoria ficarão felizes de poder assisti-lo na sua missão. Quantos desejariam preencher a sombra desta missão, pois receberiam a sombra dos benefícios da qual ela é a causa!

Esta missão, porém, é perigosa, e para cumpri-la é necessário uma fé e uma vontade inabaláveis; é necessária, também, a abnegação e a coragem para afrontar as injúrias, os sarcasmos, as decepções e não se alterar com a lama atirada pela inveja e a calúnia. Nesta posição, o menos que pode acontecer, é ser tratado como louco e como charlatão. Deixem que digam, deixem que pensem à vontade: tudo passa, exceto a felicidade eterna. Tudo lhes será levado em conta, e saibam bem, que para ser feliz, é necessário ter contribuído para a felicidade dos pobres seres com os quais Deus povoou a Terra. Que sua consciência permaneça, portanto, tranquila e serena: é o precursor da felicidade terrestre.

15 de abril de 1860.

(Marseille, médium: Sr. Georges Genouillat.)

(Comunicação transmitida pelo Sr. Brion Dorgeval.)

Futuro do Espiritismo

O Espiritismo é chamado a desempenhar um papel imenso na Terra; é ele quem reformará a legislação tão frequentemente contrária às leis divinas; é ele quem retificará os erros da História; é ele quem reconduzirá a religião do Cristo, que se tornou nas mãos dos padres, um comércio e um tráfico vil; ele instituirá a verdadeira religião, a religião natural, a que parte do coração e vai direto a Deus, sem se deter nas franjas de uma batina, ou no degrau de um altar. Ele extinguirá para sempre o ateísmo e o materialismo, aos quais alguns homens foram levados pelos abusos incessantes daqueles que se dizem ministros de Deus, pregam a caridade com uma espada em cada mão, sacrificam às suas ambições e ao espírito de dominação os mais sagrados direitos da Humanidade.

Um espírito

10 de junho de 1860.

(Em minha casa, médium: Sra. Schmidt.)

Meu retorno

Pergunta: (à Verdade) — Acabo de receber uma carta de Marseille na qual dizem-me que no seminário desta cidade, estuda-se seriamente o Espiritismo e *O Livro dos Espíritos*. O que se pode esperar disso? Será que o clero levará a coisa a sério?

Resposta: — Não podes duvidar; ele leva a coisa muito a sério, pois prevê para ele as consequências disso, e suas apreensões são grandes. O clero, sobretudo a parte esclarecida dele, estuda o Espiritismo mais do que imaginas, mas não penses que seja por simpatia; ele aí procura, ao contrário, os meios de combatê-lo, e eu te asseguro que ele lhe fará uma guerra rude. Não te inquietes com isso; continua a agir com prudência e circunspeção; mantém-te em guarda contra as ciladas que te serão armadas; evita cuidadosamente nas tuas palavras e nos teus escritos, tudo o que puder fornecer armas contra ti.

Prossegue teu caminho sem temor, e se ele está semeado de espinhos, asseguro-te de que terás grandes satisfações antes de voltares "um pouco" para junto de nós.

Pergunta: — Que quereis dizer com estas palavras "um pouco"?

Resposta: — Não permanecerás por muito tempo entre nós; será preciso que retornes para terminar tua missão que não pode ser terminada nesta existência. Se fosse possível, não irias de forma alguma, mas é preciso submeter-se à lei da Natureza. Estarás ausente durante alguns anos e, quando voltares, estarás em condições que te permitirão trabalhar desde cedo. Todavia, há trabalhos que será útil terminares antes de partires; é por isso que nós te deixaremos o tempo necessário para terminá-los.

Nota: — Supondo, aproximadamente, a duração dos trabalhos que me restam a fazer, e levando em conta o tempo de minha ausência e os anos da infância e da juventude, até a idade em que um homem pode desempenhar um papel no mundo, isso nos leva, forçosamente, ao final deste século ou ao começo do outro.

21 de setembro de 1861.
(Em minha casa, médium: Sr. d'A...)

Auto de fé de Barcelona.
Apreensão dos livros

A pedido do Sr. Lachâtre, então residente em Barcelona, eu lhe havia expedido certa quantidade de *O Livro dos Espíritos*, *O Livro dos Médiuns*, as coleções da *Revista Espírita* e diversas obras e brochuras espíritas, formando um total de mais ou menos 300 volumes. A expedição havia sido feita regularmente pelo seu correspondente de Paris, numa caixa que continha outras mercadorias, e sem a menor infração à legalidade. Na chegada dos livros, fizeram pagar ao destinatário os direitos de entrada, mas antes de liberá-los, teve-se que entregar uma relação das obras ao bispo, pois nesse país, a polícia de livraria competia à autoridade eclesiástica. Este estava em Madrid; ao regressar, baseando-se na relação que lhe fora feita, ordenou que as ditas obras fossem apreendidas e queimadas em praça pública pela mão do carrasco. A execução da sentença foi fixada para 9 de outubro de 1861.

Se se tivesse procurado introduzir estas obras como contrabando, a autoridade espanhola teria estado no seu direito de dispor delas à vontade; mas, desde o momento em que não havia, absolutamente, fraude, nem surpresa, o que provavam o pagamento voluntário dos direitos, haveria rigorosa justiça se ela ordenasse a reexportação, já que não lhe convinha admiti-los. As reclamações feitas junto ao cônsul francês, em Barcelona, não tiveram resultado. O Sr. Lachâtre me perguntou se era preciso recorrer à autoridade superior; minha opinião era a de que se deixasse consumar este ato arbitrário; entretanto, acreditei dever consultar a opinião do meu guia espiritual.

Pergunta: (à Verdade) — Não ignorais, com certeza, o que acaba de acontecer em Barcelona a propósito das obras espíritas; teríeis a bondade de me dizer se convém prosseguir para a restituição delas?

Resposta: — Podes reclamar estas obras, por direito, e obterias, com certeza, a restituição delas, dirigindo-te ao Ministro dos Negócios Exteriores da França. Porém, minha opinião é a de que resultará deste auto de fé um bem muito maior do que a leitura de alguns volumes. A perda material nada é ao lado da repercussão que semelhante fato produzirá em favor da Doutrina. Compreendes como uma perseguição tão ridícula e tão atrasada poderá fazer progredir o Espiritismo na Espanha. As ideias lá se disseminarão com tão maior rapidez, e as obras serão procuradas com tanta maior avidez, quanto as tiverem queimado. Tudo vai bem.

Pergunta: — Convirá escrever a respeito um artigo no próximo número da *Revista Espírita*?

Resposta: — Espera o auto de fé.

9 de outubro de 1861.

Auto de fé de Barcelona

Esta data ficará marcada nos anais do Espiritismo pelo auto de fé dos livros espíritas em Barcelona. Eis o extrato do processo verbal da execução:

"Neste dia, nove de outubro, de mil oitocentos e sessenta e um, às dez e meia da manhã, na esplanada da cidade de Barcelona, no local onde são executados os criminosos condenados ao derradeiro suplício, e por ordem do bispo desta cidade, foram queimados trezentos volumes e brochuras sobre o Espiritismo, a saber: *O Livro dos Espíritos*, por Allan Kardec, etc..."

Os principais jornais da Espanha deram conta detalhada deste fato, que os órgãos da imprensa liberal deste país justamente censuraram. Deve-se observar que na França os jornais liberais limitaram-se a mencioná-lo sem comentários. O próprio *Siècle*, tão ardoroso ao estigmatizar os abusos de poder e os menores atos de intolerância do clero, não encontrou uma palavra de reprovação para este ato digno da Idade Média. Alguns jornais da pequena imprensa aí encontraram até motivo para riso. Colocando à parte o que diz respeito a toda crença, havia ali uma questão de princípio, de direito internacional que interessava a todo mundo, sobre a qual não teriam passado tão levianamente caso se tratasse de certas outras obras. Eles não se cansam de censurar quando se trata de uma simples recusa de estampilha para a venda de um livro materialista; ora, a Inquisição restaurando suas fogueiras com a solenidade antiga, às portas da França, apresentava uma gravidade bem maior. Por que, então, esta indiferença? É que se tratava de uma doutrina a cujos progressos a incredulidade assiste com pavor; reivindicar a justiça em seu favor, seria consagrar seu direito à proteção da autoridade e aumentar seu crédito. Seja como for, o auto de fé de Barcelona não deixou de produzir o efeito esperado, pela repercussão que teve na Espanha, onde contribuiu poderosamente para propagar as ideias espíritas. (Ver na *Revista Espírita* de novembro de 1861, página 321.)

O acontecimento deu lugar a numerosas comunicações da parte dos espíritos. A que se segue foi obtida espontaneamente na Sociedade de Paris em 19 de outubro, quando do meu retorno de Bordeaux.

"Era preciso que alguma coisa chocasse com violência certos espíritos encarnados, para que se decidissem a se ocuparem desta grande Doutrina que deve regenerar o mundo. Nada é feito inutilmente na vossa Terra, por isso, nós que inspiramos o auto de fé de Barcelona, sabíamos bem, que agindo assim, teríamos dado um passo imenso adiante. Este fato brutal, inaudito nos tempos atuais, consumou-se, tendo por objetivo chamar a atenção dos jornalistas que permaneciam indiferentes diante da agitação profunda que movimentava as cidades e os Centros Espíritas; eles deixavam que se falasse e deixavam que se fizesse; mas obstinavam-se em se fazerem de surdos, e respondiam com o mutismo ao desejo de propaganda dos adeptos do Espiritismo. De bom grado ou de mau grado, é preciso que falem dele, hoje; uns constatando o histórico do fato de Barcelona, os outros desmentindo-o, provocaram uma polêmica que dará a volta ao mundo, e da qual o Espiritismo será o único a tirar proveito. Eis porque, hoje, a retaguarda da Inquisição fez seu último auto de fé, porque nós assim o quisemos."

Um espírito

Nota: — Enviaram-me de Barcelona, um desenho a aquarela feito no local por um artista distinto, representando a cena do auto de fé. Mandei fazer dela uma fotografia reduzida. Possuo igualmente cinzas recolhidas na fogueira, entre as quais encontram-se fragmentos ainda legíveis de folhas queimadas. Conservei-as numa urna de cristal.[24]

22 de dezembro de 1861.
(Em minha casa; comunicação particular,
médium: Sr. d'A...)

Meu sucessor

Tendo uma conversa com os espíritos levado a falar do meu sucessor na direção do Espiritismo, formulei a seguinte questão:

Pergunta: — Entre os adeptos, muitos se inquietam com o que acontecerá ao Espiritismo depois de mim, e se perguntam quem me substituirá quando eu partir, já que não se vê ninguém surgir de uma maneira notória para tomar-lhe as rédeas.

Respondo que não tenho a pretensão de ser indispensável; que Deus é muito sábio para depositar o futuro de uma Doutrina que deve regenerar o mundo na vida de um homem, que, além

---

[24] A Sociedade da Livraria Espírita ainda as possui. (**N. O. F.**)

disso, sempre me foi dito que minha tarefa é a de constituir a Doutrina e que para isso me será dado o tempo necessário. A do meu sucessor será, portanto, mais fácil, já que o caminho estará traçado, e que bastar-lhe-á segui-lo. Entretanto, se os espíritos julgassem dizer-me alguma coisa de mais positivo a esse respeito, ser-lhes-ia grato.

Resposta: — Tudo isso é rigorosamente exato; eis o que nos é permitido dizer-te a mais.

Tens razão em dizer que não és indispensável; só o és aos olhos dos homens porque era necessário que o trabalho da organização se concentrasse nas mãos de um único para que houvesse unidade; mas tu não o és aos olhos de Deus. Foste escolhido, eis porque te vês só; mas, não és, como bem o sabes, de resto o único ser capaz de desempenhar esta missão; se ela fosse interrompida por uma causa qualquer, não faltariam a Deus outros que te substituíssem. Assim, aconteça o que acontecer, o Espiritismo não pode periclitar.

Até que o trabalho de elaboração esteja terminado, é, pois, necessário que sejas o único em evidência, porque era preciso uma bandeira em torno da qual se pudessem reunir; era preciso que te considerassem indispensável, para que a obra saída de tuas mãos tivesse mais autoridade no presente e no futuro; era preciso que temessem até pelas consequências da tua partida.

Se aquele que deve te substituir fosse designado com antecedência, a obra, ainda não acabada, poderia ser entravada; formar-se-iam contra ele oposições suscitadas pelo ciúme; discuti-lo-iam antes que tivesse feito suas provas; os inimigos da Doutrina procurariam barrar-lhe o caminho, e daí resultariam cismas e divisões. Ele se revelará, portanto, quando chegar o momento.

Sua tarefa se tornará mais fácil, porque, como tu o dizes, o caminho estará todo traçado; se ele daí se afastasse, perder-se-ia a si próprio, como já se perderam aqueles que quiseram atravessar-se no caminho; ela, porém, será mais penosa num outro sentido, pois ele terá lutas mais rudes a sustentar. A ti incumbe o encargo da concepção, a ele o da execução; é por isso que deverá ser um homem de energia e de ação. Admira aqui a sabedoria de Deus na escolha dos seus mandatários: tens as qualidades necessárias para o trabalho que deves realizar, mas não tens as que serão necessárias ao teu sucessor; a ti será necessária a calma, a tranquilidade do escritor que amadurece as ideias no silêncio da meditação; a ele será necessária a força do capitão que comanda um navio, conforme as regras traçadas pela Ciência. Despojado do trabalho da criação da obra, sob cujo peso teu corpo sucumbirá, ele estará mais livre para aplicar todas suas faculdades no desenvolvimento e na consolidação do edifício.

Pergunta: — Poderíeis dizer-me se a escolha do meu sucessor já está feita desde agora?

Resposta: — Está, sem o estar, já que o homem tendo seu livre-arbítrio, pode recuar, no último momento, diante da tarefa que ele próprio escolheu. É preciso também que ele faça suas provas de capacidade, de devotamento, de desinteresse e de abnegação. Se só estiver movido pela ambição e o desejo de primar, será, certamente, colocado de lado.

Pergunta: — Sempre foi dito que vários espíritos superiores deveriam encarnar para ajudar o movimento.

Resposta: — Sem dúvida, vários espíritos terão esta missão, mas cada um terá sua especialidade, e agirá através de sua posição sobre esta ou aquela parte da sociedade. Todos se revelarão pelas suas obras, e nenhum, por qualquer pretensão à supremacia.

Ségur, 9 de agosto de 1863.
(Médium: Sr. d'A...)

Imitação do Evangelho

Nota: — A ninguém havia dito o assunto do livro no qual trabalhava; conservava o título tão secretamente, que o editor, Sr. Didier, só o conheceu quando da impressão. Este título foi, a princípio, na primeira edição: *Imitação do Evangelho*.

Mais tarde, por causa das reiteradas observações do Sr. Didier e de algumas outras pessoas, ele foi mudado para: *O Evangelho Segundo o Espiritismo*. As reflexões contidas nas comunicações seguintes não podiam ser, portanto, o resultado das ideias preconcebidas do médium.

Pergunta: — O que pensais da nova obra em que trabalho neste momento?

Resposta: — Este livro de doutrina terá uma influência considerável; nele abordas questões capitais, e, não somente o mundo religioso aí encontrará as máximas que lhe são necessárias, mas a vida prática das nações nele haurirá excelentes instruções. Fizeste bem em abordar as questões de alta moral prática, do ponto de vista dos interesses gerais, dos interesses sociais e dos interesses religiosos. A dúvida deve ser destruída; a Terra e suas populações civilizadas estão prontas; já há bastante tempo que os amigos de além-túmulo a arrotearam, lança, pois, a semente que te confiamos, porque já é tempo que a Terra gravite na ordem irradiante das esferas, e que saia, enfim, da penumbra e dos nevoeiros intelectuais. Termina tua obra, e conta com a proteção do teu guia, o guia de todos nós, e com o auxílio devotado de teus mais fiéis espíritos, em cujo número queira sempre incluir-me.

Pergunta: — Que dirá o clero?

Resposta: — O clero gritará: heresia, porque verá que nele atacas decididamente as penas eternas e outros pontos sobre os quais ele apoia sua influência e seu crédito. Ele gritará tanto mais, quanto se sentirá muito mais ferido do que pela publicação de *O Livro dos Espíritos*, do qual, a rigor, podia aceitar os dados principais; mas, agora, vais entrar num novo caminho em que ele não poderá seguir-te. O anátema secreto se tornará oficial, e os espíritas serão rejeitados como foram os judeus e os pagãos pela Igreja Romana. Por outro lado, os espíritas verão seu número aumentar em razão dessa espécie de perseguição, sobretudo vendo os padres acusarem de obra absolutamente demoníaca uma doutrina cuja moralidade brilhará como um raio de sol, pela publicação mesma do teu livro, e daqueles que se seguirão.

Eis que se aproxima a hora em que te será necessário declarar, abertamente, o Espiritismo tal como ele é, e mostrar a todos onde se encontra a verdadeira doutrina ensinada pelo Cristo; aproxima-se a hora em que, à face do céu e da Terra, deverás proclamar o Espiritismo como a única tradição realmente cristã, a única instituição verdadeiramente divina e humana. Escolhendote, os espíritos sabiam da solidez das tuas convicções, e que a tua fé, como um muro de aço, resistiria a todos os ataques.

Entretanto, amigo, se tua coragem ainda não desfaleceu, diante da tarefa tão pesada que aceitaste, fica sabendo que foste o primeiro a comer teu pão branco, e eis que a hora das dificuldades chegou. Sim, caro Mestre, a grande batalha se prepara; o fanatismo e a intolerância, sustentados pelo êxito de tua propaganda, vão atacarte, e aos teus, com armas envenenadas. Prepara-te para a luta. Tenho, porém, fé em ti, como tens fé em nós, e porque tua fé é daquelas que transportam montanhas e fazem caminhar sobre as águas. Coragem, pois, e que tua obra se complete. Conta conosco, e conta sobretudo com a grande alma do Mestre de todos nós, que te protege de uma maneira muito particular.

Paris, 14 de setembro de 1863.

Nota: — Havia solicitado para mim, uma comunicação sobre um assunto qualquer, e pedido que ela me fosse enviada ao meu retiro de Sainte-Adresse.

"Quero falar-te de Paris, embora a utilidade disso não me pareça demonstrada, uma vez que minhas vozes íntimas se fazem ouvir em torno de ti, e que teu cérebro percebe nossas inspirações com uma facilidade com a qual nem tu mesmo suspeitas. Nossa ação, sobretudo a do *Espírito de Verdade*, é constante em torno de ti, e tal que não podes negar. É por isso que não entrarei em detalhes inúteis a respeito do plano de tua obra que, segundo meus conselhos ocultos, modificaste tão ampla e completamente. Compreendes agora por que precisávamos ter-te sob as mãos, desligado de qualquer outra preocupação, que não a Doutrina. Uma obra, como a que elaboramos de comum acordo, precisa de recolhimento e de insulamento sagrado. Tenho um vivo interesse pelos progressos do teu trabalho, que é um passo considerável adiante e abre, afinal, ao Espiritismo a estrada larga das aplicações úteis ao bem da sociedade. Com esta obra, o edifício começa a se libertar dos seus andaimes, e já se pode entrever sua cúpula desenhar-se no horizonte. Continua, pois, sem impaciência e sem fadiga; o monumento estará terminado na hora determinada.

Já tratamos contigo das questões incidentes do momento, quer dizer, das questões religiosas. O Espírito de Verdade falou-te dos levantes gerais que acontecem nesta hora; estas hostilidades previstas são necessárias para manter desperta a atenção dos homens, tão fáceis de se deixarem desviar de um assunto sério. Aos soldados que combatem pela causa, vão se juntar, incessantemente, novos combatentes, cuja palavra e os escritos causarão sensação, e levarão a perturbação e a confusão nas fileiras dos adversários.

Adeus, caro companheiro de antanho, discípulo fiel da verdade, que continua, através da vida, a obra a que outrora, nas mãos do grande espírito, que te ama e eu venero, juramos consagrar nossas forças e nossas existências, até que ela estivesse acabada. Saúdo-te."

Observação: — O plano da obra fora, com efeito, completamente modificado, o que, com certeza, o médium não podia saber, já que estava em Paris, e eu em Sainte-Adresse; ele também não podia saber que o Espírito de Verdade havia me falado a respeito do levante do Bispo de Alger e outros. Todas estas circunstâncias eram bem urdidas para me confirmar a parte que os espíritos tomavam nos meus trabalhos.

Paris, 30 de setembro de 1863.

(Médium: Sr. d'A...)

A Igreja

Aqui estás de volta, meu amigo, e não perdeste teu tempo; à obra ainda, pois é preciso não deixar enferrujar tua bigorna. Forja, forja armas bem temperadas; repousa dos teus trabalhos através de trabalhos mais difíceis; todos os elementos serão postos nas tuas mãos à medida que for necessário.

É chegada a hora em que a Igreja deve prestar contas do depósito que lhe foi confiado, da maneira como praticou os ensinamentos do Cristo, do uso que fez da sua autoridade, enfim, do estado de incredulidade para onde conduziu os espíritos; é chegada a hora em que deve dar a César o que é de César, e assumir a responsabilidade de todos os seus atos. Deus a julgou, e reconheceu-a imprópria, de hoje em diante, para a missão de progresso que incumbe a toda autoridade espiritual. Somente por uma transformação absoluta ela poderia viver; mas ela se resignará a esta transformação? Não, pois que, então, ela não seria mais a Igreja; para assimilar as verdades e as descobertas da Ciência, seria preciso renunciar aos dogmas que lhe servem de fundamentos; para voltar à prática rigorosa dos preceitos do Evangelho, ser-lhe-ia necessário renunciar ao poder, à dominação, trocar o fausto e a púrpura pela simplicidade e a humildade apostólicas. Ela está entre duas alternativas: se ela se transforma, suicida-se; se permanece estacionária, sucumbe sob as pressões do progresso.

Por fim, Roma já se mostra ansiosa, e sabe-se na Cidade Eterna, através das revelações inegáveis, que a Doutrina Espírita é chamada a causar uma dor viva ao papado, porque prepara-se na Itália, rigorosamente, o cisma. Portanto, não é preciso se espantar com o encarniçamento com que o clero se lança no combate ao Espiritismo, ele a isto é impelido pelo instinto de conservação; ele já viu, porém, suas armas se enfraquecerem contra esta potência nascente; seus argumentos não puderam se manter contra a lógica inflexível; sobra-lhe apenas o demônio; é um pobre auxiliar no século XIX.

De resto, a luta está aberta entre a Igreja e o progresso, mais do que entre ela e o Espiritismo; é o progresso geral das ideias que a ataca vivamente de todos os lados; e sob o qual sucumbirá, como tudo o que não se coloca no seu nível. A marcha rápida das coisas deve fazer-vos pressentir que o desenlace não se fará esperar muito tempo; a própria Igreja parece compelida, fatalmente, a precipitá-lo.

Espírito d'E.

Paris, 14 de outubro de 1863.
(Médium: Sr. d'A...)
(Sobre o futuro de diferentes publicações.)

"Vida de Jesus" por Renan

Pergunta: (à Erasto) — Que efeito produzirá a *Vida de Jesus*, de Renan?

Resposta: — O efeito será imenso; a repercussão será grande no clero, porque este livro desmorona os próprios fundamentos do edifício, sob o qual ele se abriga há dezoito séculos. Este livro não é irrepreensível, longe disso, porque é o reflexo de uma opinião exclusiva, que se circunscreve no círculo estreito da vida material. O Sr. Renan, todavia, não é materialista, mas pertence a essa escola que, se não nega o princípio espiritual, também não lhe atribui qualquer papel efetivo e direto na condução das coisas do mundo. Ele é desses cegos inteligentes que explicam a seu modo o que não podem ver; que, não compreendendo o mecanismo da visão a distância, imaginam que só se pode conhecer uma coisa, tocando-a. Por isso reduziu o Cristo às proporções do homem mais vulgar, negando-lhe todas as faculdades que são os atributos do espírito livre e independente da matéria.

Todavia, ao lado de erros capitais, sobretudo no que se refere à espiritualidade, este livro contém observações muito justas, que até aqui, tinham escapado aos comentadores, e que lhe dão um grande alcance, de um certo ponto de vista. Seu autor pertence a essa legião de espíritos encarnados que se podem chamar de demolidores do velho mundo; eles têm como missão nivelar o terreno sobre o qual será edificado um mundo novo, mais racional. Deus quis que um escritor, justamente conceituado junto aos homens, do ponto de vista do talento, viesse lançar a luz sobre certas questões obscuras e manchadas de preconceitos seculares, a fim de predispor os espíritos às novas crenças. Sem o suspeitar, o Sr. Renan aplainou o caminho para o Espiritismo.

Paris, 30 de janeiro de 1866.

(Grupo do Sr. Golovine, médium: Sr. L...)

Precursores da tempestade

Permiti a um antigo dignatário de Táurida abençoar vossos dois filhos; que eles possam, sob a égide de suas mães, tornarem-se inteligentes em tudo, e ser para vós, a fonte de reais satisfações! Desejo-lhes que sejam espíritas convictos, quer dizer, que estejam de tal modo saturados da ideia de outras vidas, dos princípios de fraternidade, de caridade e de solidariedade, que os acontecimentos que se precipitarão, quando estiverem na sua idade de consciência e de razão, não possam espantá-los, nem enfraquecer-lhes a confiança na justiça divina, no meio das provas pelas quais deve se submeter a Humanidade.

Às vezes, vos espantais com o azedume com o qual vossos adversários vos atacam; segundo eles, sois loucos, visionários; tomais a ficção pela verdade; ressuscitais o diabo e todos os erros da Idade Média.

Sabeis que responder a todos estes ataques seria começar uma polêmica sem resultado. Vosso silêncio prova vossa força, e não lhes dando ocasião de retrucar, acabarão por se calar.

O imprevisto é o que mais deveis temer. Que uma mudança de governo aconteça, no sentido do mais intolerante ultramontano, e, certamente, seríeis perseguidos, escarnecidos, combatidos, condenados, expatriados. Mas os acontecimentos, mais fortes que as manobras em surdina, preparam no horizonte político um temporal bem negro, e, quando a tempestade surgir, tentai estar bem abrigados, bem fortes, bem desinteressados. Haverá ruínas, invasões, delimitações de fronteiras, e desse naufrágio imenso que nos virá da Europa, da Ásia, da América, o que sobreviverá, sabei bem, serão as almas bem temperadas, os espíritos esclarecidos, tudo o que for justiça, lealdade, honra, solidariedade.

Vossas sociedades, tais como estão organizadas, são perfeitas? Mas tendes vossos párias aos milhões; a miséria enche incessantemente vossas prisões, vossos lupanares, e abastece o cadafalso. A Alemanha vê, como em todos os tempos, emigrar seus habitantes às centenas de milhares, o que não faz honra aos seus governos; o papa, príncipe temporal, espalha o erro no mundo, ao invés do *Espírito de Verdade* do qual é o emblema artificial. Por toda parte, a inveja; vejo interesses que se combatem e não esforços para reerguer o ignorante. Os governos, minados pelos princípios egoístas, pensam em apoiarem-se na maré que sobe, e esta maré, é a consciência humana que finalmente se insurge, após séculos de espera, contra a minoria que explora as forças vivas das nacionalidades.

Nacionalidades! Que a Rússia possa não ter encontrado um escolho terrível, um Cabo das Tormentas, nessa palavra! Bem-amado país, possam teus homens de estado não se esquecerem de que a grandeza de um país não consiste em possuir fronteiras indefinidas, muitas províncias e não aldeias, algumas grandes cidades num oceano de ignorância, planícies imensas, desertas, estéreis, inclementes como a inveja, como tudo o que é falso e soa falso. Pouco importa que o Sol não se ponha sobre vossas conquistas, não haverá menos deserdados, menos ranger de dentes, todo um inferno ameaçador e escancarado como a imensidade.

E, todavia, as nações, como os governos, têm seu livre-arbítrio; como as simples individualidades, elas sabem conduzir-se pelo amor, pela união, pela concórdia; elas fornecerão à tempestade anunciada, elementos elétricos próprios para melhor destruí-las e desagregá-las.

Inocente
Em vida, bispo de Táurida.

Lyon, 30 de janeiro de 1866.
(Grupo Villon, médium: Sr. G...)

A nova geração

A Terra estremece de alegria; aproxima-se o dia do Senhor; todos os que entre nós, estão à frente, disputam à porfia para entrar na liça. Já o espírito de algumas valorosas almas encarnadas agitam seus corpos até quase despedaçá-los; a carne interdita não sabe o que pensar, um fogo desconhecido a devora; elas serão libertadas, pois os tempos chegaram: uma eternidade está a ponto de expirar, uma eternidade gloriosa vai despontar em breve, e Deus conta seus filhos.

O reinado do ouro dará lugar a um reino mais puro; o pensamento logo será soberano, e os espíritos de elite que vieram desde épocas remotas iluminar seu século, e servir de baliza aos séculos futuros, vão encarnar entre vós. Que digo? Muitos se acham encarnados. A palavra sábia deles trará uma chama destrutiva que causará devastações irreparáveis no seio dos velhos abusos. Quantos preconceitos antigos vão desmoronar em bloco, quando o espírito, como um machado de duplo corte, vier solapá-los até seus fundamentos.

Sim, os pais do progresso do espírito humano deixaram, uns, as suas moradas radiosas, outros, os grandes trabalhos em que a felicidade junta-se ao prazer de se instruir, para retomar o bastão dos peregrinos, que eles mal depositaram no limiar do templo da Ciência, e dos quatro cantos do globo, logo os sábios oficiais vão ouvir com pavor, jovens imberbes que virão, numa linguagem profunda, retorquir seus argumentos que eles acreditavam irrefutáveis. O sorriso zombeteiro não poderá mais ser um escudo seguro, e, sob pena de queda, será preciso responder. Será, então, que o círculo vicioso no qual se encerram os mestres da vã filosofia mostrar-se-á a descoberto, pois os novos campeões trazem consigo, não somente um facho que é a inteligência desembaraçada dos véus grosseiros, mas também muitos dentre eles gozarão deste estado particular, privilégio das grandes almas, como Jesus, que dá o poder de curar e operar maravilhas reputadas como milagres. Diante dos fatos materiais, em que o espírito se mostra tão superior à matéria, como negar os espíritos? O materialista será repelido nos seus discursos, e pela palavra mais eloquente que a sua, e pelo fato patente, positivo, e averiguado por todos, pois, grandes e pequenos, novos São Tomés, poderão tocar com o dedo.

Sim, o velho mundo carcomido estala por toda parte; o velho mundo acaba, e com ele, todos esses velhos dogmas que só reluzem ainda pelo dourado com o qual se cobrem. Espíritos valorosos, cabe a vós a tarefa de raspar este ouro falso; para trás, vós que quereis em vão escorar este ídolo; golpeado de todos os lados, ele vai ruir, e vos arrastará na sua queda.

Para trás, todos vós, negadores do progresso; para trás, com vossas crenças de uma outra época. Por que negais o progresso e quereis entravá-lo? É que, desejando sobrepujar, sobrepujar ainda e sempre, condensaste vosso pensamento em artigos de fé, dizendo à Humanidade: "Tu serás sempre criança, e nós, que temos a iluminação do Alto, estamos destinados a conduzir-te."

Mas vistes as andadeiras da criança ficar-vos nas mãos; e a criança salta diante de vós, e negais ainda que ela possa caminhar sozinha! Será golpeando-a com as andadeiras que deviam sustentá-la que provareis a autoridade dos vossos argumentos? Não; e bem o sentis; porém é tão agradável, quando nos dizemos infalíveis, acreditar que os outros ainda têm fé nesta infalibilidade, na qual nem vós próprios acreditais mais!

Ah! quantos gemidos não soltam nos santuários! É, aí, que aguçando os ouvidos atentamente, ouvem-se os cochichos dolorosos. Que dizeis, pois, pobres obstinados? Que a mão de Deus se abate sobre sua Igreja? Que a imprensa livre vos ataca e destrói os vossos argumentos? Onde estará o novo Crisóstomo [orador eloquente], cuja palavra poderosa reduzirá a nada este dilúvio de raciocinadores? Em vão o esperais; vossas penas mais vigorosas e as mais conceituadas nada mais podem; elas se obstinam em agarrarem-se ao passado que se vai, quando a nova geração, no seu impulso irresistível que a impele para adiante, exclama: Não, nada de passado; a nós, o futuro; uma nova aurora se ergue, e é para lá que tendem nossas aspirações!

Avante! ela diz; alargai a estrada, nossos irmãos nos seguem; segui a onda que nos arrasta; necessitamos do movimento que é a vida, enquanto que vós nos apresentais a imobilidade que é a morte.

Abri vossos túmulos, vossas catacumbas; saciai vossa visão com as velhas ruínas de um passado que não mais existe. Vossos santos mártires não estão absolutamente mortos para que lhes imobilizeis o presente. Eles entreviram nossa época, e se lançaram à morte como à estrada que deveria conduzi-los. A cada época o seu gênio; queremos nos lançar à vida, pois os séculos futuros que nos surgem têm horror à morte.

Eis, aí, meus amigos, o que os corajosos espíritos que presentemente encarnam vão tornar compreensível. Este século não terminará sem que muitos destroços se espalhem sobre o solo. A guerra mortífera e fratricida logo desaparecerá diante da discussão; o espírito substituirá a força bruta. E depois que todas estas almas generosas tiverem combatido, retornarão ao nosso mundo espiritual para receber a coroa do vencedor.

Eis o objetivo, meus amigos; os campeões são aguerridos demais para que o êxito seja duvidoso. Deus escolheu a elite dos combatentes, e a vitória é alcançada para a Humanidade.

Alegrai-vos, pois, todos vós que aspirais à felicidade, e que desejais que vossos irmãos dela participem como vós; o dia chegou! A Terra pula de alegria, pois vai assistir ao começo do reinado da paz prometido pelo Cristo, o divino Messias, reinado cujos fundamentos ele veio assentar.

Um espírito

Paris, 23 de abril de 1866.

(Comunicação particular, médium: Sr. D...)

Instrução relativa à saúde do Sr. Allan Kardec

A saúde do Sr. Allan Kardec enfraquecendo-se dia a dia, em consequência dos trabalhos excessivos, aos quais ele não pode mais satisfazer, vejo-me na necessidade de repetir-lhe novamente o que já lhe disse várias vezes: Precisas de repouso; as forças humanas têm limites e o teu desejo de ver progredir o ensino leva-te frequentemente a infringir; estás errado, pois, agindo assim, não apressarás a marcha da Doutrina, mas arruinarás tua saúde e te colocarás na impossibilidade material de terminar a tarefa que vieste desempenhar neste mundo. Tua doença atual é apenas o resultado de um dispêndio incessante de forças vitais, que não dão tempo a que a reparação se faça, e de um aquecimento do sangue, produzido pela falta absoluta de repouso. Nós te sustentamos, sem dúvida, mas na condição de que não desfaças o que fazemos. De que adianta correr? Já não te dissemos várias vezes que cada coisa virá a seu tempo e que os espíritos prepostos ao movimento das ideias saberiam fazer surgir circunstâncias favoráveis, quando chegasse o momento de agir?

Quando cada espírita concentra suas forças para a luta, pensas que seja teu dever esgotar as tuas? Não; em tudo deves dar o exemplo e teu lugar será lutar sempre, no momento do perigo. Que farias lá, se teu corpo enfraquecido não permitisse mais ao teu espírito servir-se das armas que a experiência e a revelação te puseram nas mãos? — Acredita-me, deixa para mais tarde as grandes obras destinadas a completar a obra esboçada nas tuas primeiras publicações; teus trabalhos comuns e algumas pequenas brochuras urgentes bastam para absorver teu tempo, e devem constituir os únicos objetos das tuas atuais preocupações.

Não te falo apenas em meu próprio nome, sou, aqui, o delegado de todos os espíritos que contribuíram tão poderosamente para a propagação do ensino, através de suas sábias instruções. Eles te dizem, por meu intermédio, que este atraso que consideras prejudicial ao futuro da Doutrina, é uma medida necessária de mais de um ponto de vista, seja porque certas questões ainda não foram elucidadas, seja para preparar os espíritos para melhor as assimilarem. É preciso que outros tenham preparado o terreno, que certas teorias tenham provado sua insuficiência e produzido ainda mais vazio. Numa palavra, o momento não é oportuno; poupa-te, portanto, pois quando for o tempo, todo teu vigor do corpo e do espírito te serão necessários. O Espiritismo foi, até agora, objeto de muitas diatribes, agitou muitas tempestades? Acreditas que todo movimento esteja apaziguado, que todos os ódios estejam abrandados e reduzidos à impotência? Não te iludas, o cadinho depurador ainda não expeliu todas as impurezas; o futuro reserva-te outras provas e as últimas crises não serão as menos penosas de suportar.

Sei que tua posição particular te suscita uma imensidade de trabalhos secundários que consomem a melhor parte do teu tempo. Os pedidos de toda espécie te sobrecarregam, e te julgas no dever de satisfazê-los, tanto quanto possível. Farei aqui o que não ousarias, com certeza, fazer por ti mesmo, e, dirigindo-me à generalidade dos espíritos, pedir-lhes-ei, no interesse do próprio Espiritismo, que te economizem de toda sobrecarga de trabalho, de natureza que possa absorver instantes que deves consagrar, quase exclusivamente, ao término da obra. Se tua correspondência sofre um pouco com isso, o ensino, em compensação, ganhará.

Às vezes, é necessário sacrificar as satisfações particulares ao interesse geral. É uma medida urgente que todos os adeptos sinceros saberão compreender e aprovar.

A imensa correspondência que recebes é para ti uma fonte preciosa de documentos e de informações; ela te esclarece sobre a verdadeira marcha e os progressos reais da Doutrina; é um termômetro imparcial; proporciona-te, além disso, satisfações morais que mais de uma vez sustentaram tua coragem, vendo a adesão que encontram tuas ideias em todos os pontos do globo; sob esse aspecto, a superabundância é um bem e não um inconveniente, mas na condição de secundar teus trabalhos e não de entravá-los, criando-te um acréscimo de ocupações.

Dr. Demeure

Bom Sr. Demeure, agradeço os vossos sábios conselhos. Graças à resolução que tomei de enviar a um substituto, salvo os casos excepcionais, a correspondência habitual que sofre pouco agora, e não sofrerá mais no futuro; mas, o que fazer da que está acumulada de mais de 500 cartas que, apesar de toda a minha boa vontade, não consigo chegar a pôr em dia?

Resposta: É preciso, como se diz em termos de comércio, lançá-las em bloco, à conta de lucros e perdas. Anunciando esta medida na *Revista Espírita*, teus correspondentes saberão como fazer, compreender-lhe-ão a necessidade, e a considerarão, sobretudo, justificada pelos conselhos que precedem. Repito-o, seria impossível que as coisas continuassem por mais tempo como têm sido; tudo sofreria com isso; tua saúde e a Doutrina. É preciso, quando necessário, saber fazer os sacrifícios. Tranquiliza-te, de hoje em diante, sobre este ponto, poderás entregar-te mais livremente aos teus trabalhos obrigatórios. Eis o que te aconselha aquele que será sempre teu amigo devotado.

Demeure

Cedendo a este sábio conselho, pedimos àqueles dos nossos correspondentes com os quais estávamos há tanto tempo em atraso, que aceitassem nossas desculpas e nosso pesar, de não termos podido responder pormenorizadamente, e como desejáramos fazê-lo, às suas benevolentes cartas e que queiram aceitar coletivamente a expressão dos nossos sentimentos fraternos.

Paris, 25 de abril de 1866.
(Resumo das comunicações dadas
pelos Srs. M... e T... em estado sonambúlico.)

Regeneração da Humanidade

Os acontecimentos precipitam-se com rapidez, assim, não vos dizemos mais como outrora: "Os tempos estão próximos"; nós vos dizemos agora: "Os tempos chegaram."

Por estas palavras não suponhais um novo dilúvio, nem um cataclismo, nem uma convulsão geral. Convulsões parciais do globo aconteceram em todas as épocas e se produzem ainda, porque decorrem da sua constituição, mas não estão, aí, os sinais dos tempos.

E, todavia, tudo o que está predito no Evangelho deve se cumprir, e se cumpre, neste momento, assim como o conhecereis mais tarde; mas não tomais os sinais anunciados, senão como figuras, das quais é preciso extrair o espírito e não a letra. Todas as *Escrituras* encerram grandes verdades sob o véu da alegoria, e foi porque os comentadores apegaram-se à letra, que se transviaram. Faltou-lhes a chave para compreender-lhes o verdadeiro sentido. Esta chave está nas descobertas da Ciência e nas leis do mundo invisível, que o Espiritismo vem vos revelar. Daqui em diante, com o auxílio desses novos conhecimentos, o que era obscuro, torna-se claro e inteligível.

Tudo segue a ordem natural das coisas, e as leis imutáveis de Deus não serão subvertidas. Não vereis, portanto, nem milagres, nem prodígios, nem nada de sobrenatural, no sentido vulgar dado a estas palavras.

Não olheis para o céu para procurar sinais precursores, pois não os vereis, absolutamente, e aqueles que vos os anunciarem, enganar-vos-ão; olhai, porém, em torno de vós, entre os homens, é, aí, que os encontrareis.

Não sentis como um vento que sopra sobre a Terra e agita todos os espíritos? O mundo está à espera e como tomado por um vago pressentimento de que a tempestade se aproxima.

Entretanto, não acrediteis no fim do mundo material; a Terra tem progredido desde a sua transformação; ela deve progredir ainda, e não, ser destruída. Mas a Humanidade chegou a um dos seus períodos de transformação, e a Terra vai elevar-se na hierarquia dos mundos.

Não é, pois, o fim do mundo material que se prepara, mas o fim do mundo moral; é o velho mundo, o mundo dos preconceitos, do egoísmo, do orgulho e do fanatismo que se desmorona; cada dia leva consigo alguns destroços. Tudo terminará através dele com a geração que se vai, e a nova geração erguerá o novo edifício que as gerações seguintes consolidarão e completarão.

De mundo de expiação, a Terra é chamada a se tornar, um dia, um mundo feliz, e habitá-lo será uma recompensa, ao invés de ser uma punição. O reino do bem deve suceder ao reino do mal.

Para que os homens sejam felizes na Terra, é preciso que seja povoada somente por bons espíritos encarnados e desencarnados, que quererão apenas o bem. Tendo chegado este tempo, uma grande emigração se efetua neste momento entre os que a habitam; os que fazem o mal pelo mal, e que o sentimento do bem *não toca*, não sendo mais dignos da Terra transformada, dela serão excluídos, porque acarretariam para ela, de novo, a perturbação e a confusão, e seriam um obstáculo ao progresso. Eles irão expiar seu endurecimento em mundos inferiores, para onde levarão seus conhecimentos adquiridos, e que terão por missão fazê-los adiantar-se. Serão substituídos, na Terra, por espíritos melhores que farão reinar entre eles a justiça, a paz, a fraternidade.

A Terra, dissemo-lo, não deve ser transformada por um cataclismo que aniquilaria subitamente uma geração. A geração atual desaparecerá gradualmente, e a nova lhe sucederá da mesma maneira, sem que nada seja mudado na ordem natural das coisas. Tudo se passará, pois, exteriormente, como de hábito, com esta única diferença, mas esta diferença é capital, é que uma parte dos espíritos que nela encarnavam, não mais encarnarão. Numa criança que nasça, em vez de um espírito atrasado e propenso ao mal, que nele estaria encarnado, será um espírito mais adiantado e *propenso ao bem*. Trata-se, pois, muito menos de uma nova geração corporal do que uma nova geração de espíritos. Assim, os que esperavam ver a transformação se operar através de efeitos sobrenaturais e maravilhosos ficarão decepcionados.

A época atual é a da transição; os elementos das duas gerações se confundem. Colocados no ponto intermediário, assistis à partida de uma e à chegada de outra, e cada uma já se assinala no mundo através dos caracteres que lhe são próprios.

As duas gerações que sucedem uma a outra têm ideias e visões inteiramente opostas. Pela natureza das disposições morais, mas, sobretudo pelas disposições *intuitivas* e *inatas*, é fácil distinguir à qual das duas pertence cada indivíduo.

A nova geração, tendo que fundar a era do progresso moral, distingue-se por uma inteligência e uma razão geralmente precoces, aliadas ao sentimento *inato* do bem e das crenças espiritualistas, o que é o sinal indubitável de um certo grau de adiantamento anterior. Ela não será composta exclusivamente de espíritos eminentemente superiores, mas daqueles que, já tendo progredido, estão predispostos a assimilar todas as ideias progressistas e aptos a secundar o movimento regenerador.

O que distingue, ao contrário, os espíritos atrasados, é, primeiramente, a revolta contra Deus, pela negação da Providência e de qualquer poder superior à Humanidade; depois, a propensão *instintiva* para as paixões degradantes, para os sentimentos antifraternais do orgulho, do ódio, do ciúme, da cupidez, enfim, a predominância do apego a tudo o que é material.

Desses vícios é que a Terra deve ser expurgada, pelo afastamento daqueles que se recusam a emendar-se, porque são incompatíveis com o reino da fraternidade e os homens de bem sofrerão sempre ao seu contato. A Terra libertar-se-á deles, e os homens caminharão sem entraves na direção do futuro melhor que lhes está reservado nesse mundo, como recompensa pelos seus esforços e sua perseverança, esperando que uma depuração ainda mais completa lhes abra a entrada dos mundos superiores.

Através dessa emigração dos espíritos, não se deve entender que todos os espíritos retardatários serão expulsos da Terra e relegados para mundos inferiores. Muitos, ao contrário, aí voltarão, pois muitos cederam ao arrastamento das circunstâncias e do exemplo; neles, a casca era pior do que o fundo. Uma vez subtraídos à influência da matéria e dos preconceitos do mundo corporal, a maioria verá as coisas de uma maneira completamente diferente do que viam quando vivos, conforme tendes numerosos exemplos. Nisso, são ajudados pelos espíritos benfeitores que se interessam por eles e que se esforçam para esclarecê-los e lhes mostrar o falso caminho que seguiram. Através das vossas preces e vossas exortações, podeis vós mesmos contribuir para seu melhoramento, porque há solidariedade perpétua entre os mortos e os vivos.

Aqueles poderão, portanto, retornar, e se sentirão felizes, pois isso será uma recompensa. Que importa o que tenham sido e o que tenham feito, se se encontram animados de melhores sentimentos! Longe de serem hostis à sociedade e ao progresso, serão auxiliares úteis, pois pertencerão à nova geração.

Não haverá, portanto, exclusão definitiva, senão para os espíritos, essencialmente, rebeldes, os em que o orgulho e o egoísmo, mais do que a ignorância, tornam-se surdos à voz do bem e da razão. Mas, até mesmo estes, não estão votados a uma inferioridade perpétua, e um dia virá em que repudiarão seu passado e abrirão os olhos para a luz.

Orai, portanto, por estes endurecidos a fim de que se emendem enquanto ainda é tempo, pois o dia da expiação se aproxima.

Infelizmente, a maioria, desconhecendo a voz de Deus, persistirá na sua cegueira, e sua resistência marcará o fim do seu reino através das lutas terríveis. No seu desvario, correrá para sua própria perda; provocará a destruição que engendrará um sem-número de flagelos e de calamidades, de maneira que, sem o querer, apressará o advento da era de renovação.

E como se a destruição não marchasse com bastante rapidez, ver-se-ão multiplicarem-se os suicídios numa proporção inaudita, até entre as crianças. A loucura nunca terá atingido um número tão grande de homens que serão, antes da morte, riscados do número dos vivos. Aí estão os verdadeiros sinais dos tempos. E tudo isso se efetuará pelo encadeamento das circunstâncias, assim como o dissemos, sem que nada seja derrogado nas leis da Natureza.

Contudo, através da nuvem escura que vos envolve, e no seio da qual ronca a tempestade, já vêdes despontar os primeiros raios da nova era! A fraternidade lança seus fundamentos sobre todos os pontos do globo e os povos estendem-se as mãos; a barbárie se familiariza no contato da civilização; os preconceitos de raças e de seitas, que fizeram derramar ondas de sangue, extinguem-se; o fanatismo, a intolerância perdem terreno, enquanto que a liberdade de consciência se introduz nos costumes e se torna um direito. As ideias fermentam por toda parte; vê-se o mal e tentam-se remédios, porém, muitos caminham sem bússola e se perdem nas utopias. O mundo está num trabalho imenso de criação que teria durado um século; nesse trabalho, ainda confuso, vê-se, todavia, dominar uma tendência para um objetivo: o da unidade e da uniformidade que predispõem à confraternização.

Aí, também, estão os sinais dos tempos; mas, enquanto que os outros são os da agonia do passado, os últimos são os primeiros vagidos da criança que nasce, os precursores da aurora que verá elevar-se o próximo século; pois que, então, a nova geração estará com toda sua força. A fisionomia do século XIX difere tanto do século XVIII, sob certos pontos de vista, quanto a do século XX será diferente do século XIX, sob outros pontos de vista.

Um dos caracteres distintivos da nova geração será a fé *inata*; não a fé exclusiva e cega que divide os homens, mas a fé raciocinada que esclarece e fortifica, que os une e confunde num sentimento comum de amor a Deus e ao próximo. Com a geração que se extingue desaparecerão os últimos vestígios da incredulidade e do fanatismo, igualmente contrário ao progresso moral e social.

O Espiritismo é o caminho que conduz à renovação, porque ele arruína os dois maiores obstáculos que se opõem à renovação: a incredulidade e o fanatismo. Ele proporciona uma fé sólida e esclarecida; desenvolve todos os sentimentos e todas as ideias que correspondem às visões da nova geração; é por isso que se encontra como inato e no estado de intuição no coração de seus representantes. A nova era vê-lo-á, pois, crescer e prosperar, pela força mesma das coisas. Ele se tornará a base de todas as crenças, o ponto de apoio de todas as instituições.

Mas, daqui até lá, quantas lutas terá ainda que sustentar contra seus dois maiores inimigos: a incredulidade e o fanatismo que, coisa singular, se dão as mãos para abatê-lo! Eles pressentem seu futuro e sua ruína: é por isso que o temem, pois já o veem a plantar, sobre as ruínas do velho mundo egoísta, a bandeira que deve reunir todos os povos. Na máxima divina: *Fora da caridade não há salvação*, eles leem sua própria condenação, pois é o símbolo da nova aliança fraternal proclamada pelo Cristo. Ela se lhes mostra como as palavras fatais do festim de Baltazar. E, entretanto, deveriam bendizer esta máxima, pois ela os garante contra todas as represálias da parte daqueles que os perseguem. Mas, não, uma força cega os impulsiona a rejeitar a única coisa que poderia salvá-los!

Que poderão contra o ascendente da opinião que os repudia? O Espiritismo sairá triunfante da luta, não duvidem disso, pois ele está nas leis da Natureza, e, por isso mesmo, é imperecível. Observai através de que multiplicidade de meios a ideia se espalha e penetra em toda parte; crede que estes meios não são fortuitos, mas providenciais; o que, à primeira vista, pareceria dever prejudicá-lo, é precisamente o que ajuda à sua propagação.

Em breve, ele verá surgir campeões altamente devotados entre os mais considerados e acreditados, que o apoiarão com a autoridade do seu nome e de seu exemplo, e imporão silêncio aos seus detratores, pois não se ousará tratá-los de loucos. Estes homens o estudam em silêncio e se mostrarão quando o momento propício tiver chegado. Até lá, é útil que se mantenham afastados.

Em breve, também, vereis as artes nele haurirem, como numa mina fecunda, e traduzir seus pensamentos e os horizontes que ele desvenda pela pintura, a música, a poesia e a literatura. Já se vos disse que haveria, um dia, a arte espírita, como houve a arte pagã e a arte cristã, e é uma grande verdade, pois os maiores gênios se inspirarão nele. Em breve, vereis os primeiros esboços, e mais tarde ele ocupará o lugar que lhe compete.

Espíritas, o futuro é vosso e de todos os homens de coração e devotamento. Não vos assusteis com os obstáculos, pois nenhum há que possa entravar os desígnios da Providência. Trabalhai sem descanso, e agradecei a Deus por vos haver colocado na vanguarda da nova falange. É um posto de honra que vós mesmos pedistes, e do qual é preciso vos tornardes dignos pela vossa coragem, vossa perseverança e vosso devotamento. Felizes aqueles que sucumbirem nesta luta contra a força; mas será a vergonha, no mundo dos espíritos, para aqueles que sucumbirem por fraqueza ou pusilanimidade. As lutas, aliás, são necessárias para fortalecer a alma; o contato do mal faz melhor apreciar as vantagens do bem. Sem as lutas que estimulam as faculdades, o espírito se entregaria a uma despreocupação funesta ao seu adiantamento. As lutas contra os elementos desenvolvem as forças físicas e a inteligência; as lutas contra o mal desenvolvem as forças morais.

Paris, 27 de abril de 1866.

(Na casa do Sr. Leymarie, médium: Sr. L...)

Marcha gradual do Espiritismo.
Dissidências e entraves

Caros condiscípulos, o que é verdade deve ser; nada pode opor-se à irradiação de uma verdade; às vezes, pode-se encobri-la, torturá-la, e fazer com ela o que fazem certos teredos[25] nos diques holandeses; mas uma verdade não é construída sobre pilotis: ela percorre o espaço; está no ar ambiente, e se pôde cegar uma geração, há sempre novas encarnações, recrutamentos da erraticidade que vêm trazer germens fecundos, outros elementos, e que sabem atrair para si todas as grandes coisas desconhecidas.

Não vos apresseis demais, amigos; muitos dentre vós desejariam ir a vapor, e, nestes tempos de eletricidade, correr como ela. Esquecidos das leis da Natureza, gostaríeis de ir mais rápido que o tempo. Refleti, entretanto, como Deus é sábio em tudo. Os elementos que constituem vosso planeta, sofreram uma longa e laboriosa elaboração; antes que pudésseis existir, foi preciso que tudo se constituísse, conforme a aptidão dos vossos órgãos. A matéria, os minerais, fundidos e refundidos, os gases, os vegetais, harmonizaram-se pouco a pouco e se condensaram a fim de permitirem vossa eclosão na Terra. É a eterna lei do trabalho que nunca cessou de reger os seres inorgânicos, como os seres inteligentes.

O Espiritismo não pode escapar a esta lei, à lei da criação. Implantado num solo ingrato, forçoso é que tenha suas ervas más, seus maus frutos. Mas, também, todos os dias roça-se, arranca-se, cortam-se os maus ramos; o terreno torna-se insensivelmente mais leve, e quando o viajante, cansado das lutas da vida, vir a abundância e a paz à sombra de um oásis fresco, ele virá dessedentar sua sede, enxugar seus suores, neste reino lenta e sabiamente preparado; aí o rei é Deus, este dispensador generoso, este igualitário judicioso, que sabe bem que o trajeto a seguir é doloroso, porém, fecundo; penoso, mas necessário; o espírito formado na escola do trabalho, daí sai mais forte e mais apto para as grandes coisas. Aos desfalecentes ele diz: coragem; e como suprema esperança, deixa entrever, mesmo aos mais ingratos um ponto de chegada, ponto salutar, caminho demarcado pelas reencarnações.

---

[25] **Teredo:** molusco marinho que cava galerias na madeira dos barcos e nos diques, para se alimentar de celulose. **(N.T.)**

Ride das vãs declamações; deixai que falem os dissidentes, que berrem os que não podem se consolar de não serem os primeiros; todo esse arruído não impedirá o Espiritismo de seguir invariavelmente seu caminho; ele é uma verdade, e como um rio, toda a verdade deve seguir seu curso.

16 de agosto de 1867.

Sociedade de Paris

(Médium: Sr. M... em estado de sonambulismo.)

Publicações espíritas

Nota: — O Sr. L... acabava de anunciar que se propunha a fazer obras espíritas que venderia a preços fabulosamente reduzidos. Foi a esse respeito que o Sr. Morin disse o que se segue, durante seu sono.

Os espíritas são hoje numerosos, mas muitos ainda não compreendem o alcance eminentemente moralizador e emancipador do Espiritismo. O núcleo que sempre seguiu o bom caminho continua sua marcha lenta, mas segura; afasta-se de todos os propósitos preconcebidos, pouco se ocupa com os que deixa pelo caminho.

Infelizmente, mesmo entre os membros que formam o núcleo fiel, há os que tudo acham belo nos outros, assim como neles próprios, e, facilmente, benevolamente, deixam-se levar pelas aparências e vão tolamente prender-se no visco de seus inimigos, de uma personalidade que diz despojar-se, dar seu sangue, sua inteligência pelo triunfo da ideia. Pois bem! relede a comunicação (comunicação que ele acabava de escrever), e vereis, que, em alguns indivíduos, tais sacrifícios não podem ser feitos sem segundas intenções.

É preciso desconfiar dos devotamentos e das generosidades de ostentação, como da veracidade das pessoas que dizem que nunca mentem.

Pretender dar uma coisa a preços impossíveis, sem perder com isso, faz parte da profissão; fazer mais ainda: dar de graça, supostamente por excesso de zelo, a título de brinde, todos os elementos de uma doutrina sublime, é o cúmulo da hipocrisia. Espíritas, tomai cuidado!

16 de agosto de 1867.

(Sociedade de Paris, médium: Sr. D...)

Acontecimentos

A sociedade em geral, ou, para melhor dizer, a reunião de seres, tanto encarnados quanto desencarnados, que compõem a população flutuante de um mundo, numa palavra, uma humanidade, não é outra coisa senão uma grande criança coletiva que, como todo ser, dotado de vida, passa por todas as fases que se sucedem em cada um, desde o nascimento até a idade mais avançada; e assim como o desenvolvimento do indivíduo é acompanhado de certas perturbações físicas e intelectuais que competem mais particularmente a certos períodos da vida, a Humanidade também tem suas crises de crescimento, suas perturbações morais e intelectuais. É a uma dessas grandes épocas que encerram um período e que iniciam um outro é que vos é dado assistir. Participando simultaneamente das coisas do passado e das do futuro, dos sistemas que se desmoronam e das verdades que se fundem, tende cuidado, meus amigos, de vos colocardes do lado da solidez, da progressividade e da lógica, se não quiserdes ser arrastados à deriva; e abandonar palácios suntuosos, quanto à aparência, mas vacilantes em suas bases, e que em breve, sepultarão sob suas ruínas, os infelizes bastante insensatos para não quererem sair, apesar das advertências de toda natureza que lhes são prodigalizadas.

Todas as frontes entristecem-se, e a calma aparente de que gozais apenas serve para acumular um maior número de elementos destruidores.

Algumas vezes, a tempestade que destrói o fruto dos suores de um ano é precedida de sinais precursores que permitem tomar as precauções necessárias para evitar, tanto quanto possível, a devastação. Desta vez, não será assim. O céu enegrecido parecerá clarear-se; as nuvens fugirão; depois, de repente, todos os furores, comprimidos por longo tempo, se desencadearão com uma violência inaudita.

Ai daqueles que não tiverem preparado um abrigo para si! Ai dos fanfarrões que irão enfrentar o perigo com o braço desarmado e o peito aberto! Ai daqueles que afrontarem o perigo com a taça na mão! Que decepção terrível os espera! A taça mantida pelas suas mãos não atingirá seus lábios, antes que sejam atingidos!

À obra, portanto, espíritas, e não vos esqueçais de que deveis ter toda prudência e toda previdência. Tendes um escudo, sabei servir-vos dele; uma âncora de salvação, não a desprezeis.

Ségur, 9 de setembro de 1867.

(Sessão privativa, médium: Sr. D...)

Minha nova obra sobre *A Gênese*

(Comunicação espontânea)

Primeiro, duas palavras com relação à obra que está em preparo. Como já o dissemos várias vezes, é urgente pô-la em execução, sem demora, e de apressar o mais possível sua publicação. É necessário que a primeira impressão já se tenha produzido nos espíritos quando o conflito europeu estourar; se ela tardasse, os acontecimentos brutais poderiam desviar a atenção das obras puramente filosóficas; e como esta obra está destinada a desempenhar seu papel na elaboração que se prepara, é necessário que não se deixe de apresentá-la no tempo oportuno. Todavia, não conviria também, por isso, restringir-lhe os desenvolvimentos. Dai-lhe toda a amplidão desejável; cada pequena parte tem seu peso na balança da ação, e, numa época tão decisiva quanto esta, nada se deve desprezar, tanto na ordem material, quanto na ordem moral.

Pessoalmente, estou satisfeito com o trabalho, mas minha opinião vale pouco ao lado da satisfação daqueles a quem ele foi chamado a transformar. O que me alegra, sobretudo, são suas consequências sobre as massas, tanto do Espaço quanto da Terra.

Pergunta: — Se nenhum contratempo acontecer, a obra poderá aparecer em dezembro. Prevedes obstáculos?

Resposta: — Não prevejo, absolutamente, dificuldades intransponíveis; tua saúde seria o principal, é por isso que nós te aconselhamos, incessantemente, não te descuidares dela. Quanto aos obstáculos externos, nenhum pressinto de natureza séria.

Dr. D...

22 de fevereiro de 1868.

(Comunicação particular, médium: Sr. D...)

A Gênese

Após uma comunicação do Dr. Demeure, na qual deu-me conselhos muito sábios sobre as modificações a serem feitas no livro *A Gênese*, quando da sua reedição, da qual ele me incumbia de cuidar, sem demora, eu lhe disse:

A venda, até aqui, tão rápida, sem dúvida, se abrandará; foi o efeito de um primeiro momento. Creio, pois, que a 4ª e 5ª edições demorarão mais para se esgotarem. Entretanto, como é preciso um certo tempo para a revisão e a reimpressão, importa não ser pego desprevenido. Poderíeis dizer-me, aproximadamente, de quanto tempo ainda disponho, para agir de acordo?

Resposta: — É um trabalho sério esta revisão, e aconselho-te a não esperar demais para empreendê-lo; será melhor que estejas pronto, antes da hora, do que ficarem esperando por ti. Mas não te apresses demais. Apesar da contradição aparente de minhas palavras, com certeza, me compreendes. Põe-te prontamente à obra, mas nela não se mantenha sem parar durante muito tempo. Não te apresses; as ideias ficarão mais claras, e o corpo ganhará com isso, por se fatigar menos.

Todavia, deves contar com um esgotamento rápido. Quando nós te dissemos que este livro seria um grande êxito entre teus êxitos, referíamo-nos, simultaneamente, a um êxito filosófico e material. Como o vês, nossas previsões eram justas. Esteja pronto para qualquer momento; isto acontecerá mais prontamente do que o supões.

Observação: Numa comunicação do dia 18 de dezembro, foi dito: *Será, certamente, um grande êxito entre teus êxitos.* É notável que com dois meses de intervalo, um outro espírito repete precisamente as mesmas palavras, dizendo: *Quando nós te dissemos*, etc. Esta palavra: **nós**, prova que os espíritos agem de acordo, e que, frequentemente, apenas um fala em nome de vários.

Paris, 23 de fevereiro de 1868.

(Comunicação íntima dada ao médium Sr. C...)

Acontecimentos

Ocupa-te, desde já, com o trabalho que esboçaste sobre os meios de seres um dia útil aos teus irmãos de crença e de servires à causa da Doutrina, porque será possível que os acontecimentos que se desenrolarão não te deixem lazeres suficientes para te consagrares ao teu trabalho.

Estes mesmos acontecimentos prepararão fases, durante as quais o pensamento humano poderá se produzir com uma liberdade absoluta. Nesses momentos, os cérebros em delírio, desprovidos de qualquer direção sã, criarão enormidades tais, que o anúncio do aparecimento próximo da besta do apocalipse não causaria espanto em ninguém, e passaria desapercebido. As imprensas vomitarão todas as loucuras humanas até o esgotamento das paixões que elas terão engendrado.

Uma época semelhante será favorável aos espíritas. Eles se arregimentarão; prepararão seus materiais e suas armas. Ninguém pensará em molestá-los, pois não incomodarão ninguém. Serão os únicos discípulos do espírito, e os outros serão os discípulos da matéria.

Paris, 4 de julho de 1868.
(Médium: Sr. D...)

Meus trabalhos pessoais.

Conselhos diversos

Teus trabalhos pessoais estão num bom caminho; prossegue na reimpressão da tua última obra; faze teu planejamento geral para o fim do ano, é uma coisa útil, e, quanto ao resto, descansa em nós.

O impulso produzido pela *A Gênese* está apenas no seu início, e muitos elementos abalados pelo seu aparecimento colocar-se-ão, em breve, sob tua bandeira; outras obras sérias aparecerão ainda para acabar de esclarecer o pensamento humano sobre a nova doutrina.

Aplaudo, igualmente, a publicação das cartas de Lavater; é uma coisa pequena destinada a produzir grandes efeitos. Em suma, o ano será fecundo para todos os amigos do progresso racional e liberal.

Estou também inteiramente de acordo que publiques o resumo que te propões a fazer sob a forma de catecismo ou manual, mas acho também que deves examiná-lo com cuidado. Quando estiveres pronto para publicá-lo, não te esqueças de consultar-me sobre o título, terei talvez uma boa indicação para te dar, então, e cujos termos dependerão dos acontecimentos efetuados.

Quando nós te aconselhamos ultimamente para que não esperasses demais para te ocupares das modificações do livro *A Gênese*, dizíamos que terias que fazer acréscimos em diversos pontos, a fim de preencher algumas lacunas, e condensar em outros pontos a matéria, a fim de não tornar mais extenso o volume.

Nossas observações não foram, absolutamente, perdidas, e ficaremos felizes de colaborar nas modificações desta obra, como de ter contribuído para sua execução.

Recomendo-te, hoje, que revejas com cuidado, sobretudo, os primeiros capítulos, cujas ideias são todas excelentes, que nada contêm que não seja verdadeiro, mas algumas de suas expressões poderiam se prestar a interpretações errôneas. Salvo estas retificações que aconselho-te a não desprezares, pois os antagonistas lançam-se contra as palavras, quando não podem atacar as ideias, nada mais tenho a te indicar sobre este assunto. Aconselho, por exemplo, a não perder tempo; é melhor que os volumes esperem pelo público do que este por eles. Nada deprecia mais uma obra do que uma lacuna na sua venda. O editor impacientado por não poder responder aos pedidos que lhe são feitos, e que perde a oportunidade de vender, perde o interesse pelas obras de um autor imprevidente; o público se cansa de esperar, e a má impressão produzida custa a se apagar.

Por outro lado, não é ruim que tenhas alguma liberdade de espírito para remediar nas eventualidades que possam surgir à tua volta, e para dispensares teus cuidados aos estudos particulares que, segundo os acontecimentos, podem ser suscitados, atualmente, ou relegados para tempos mais propícios.

Mantém-te, pois, pronto para tudo; desembaraça-te de qualquer entrave, seja para te entregares a um trabalho especial, se a tranquilidade geral o permite, seja para estares preparado para qualquer acontecimento, se as complicações imprevistas vierem tornar necessária, de tua parte, uma determinação súbita. O próximo ano começará em breve; é preciso, pois, no final deste, dar a última demão à primeira parte da obra espírita, a fim de teres o campo livre para terminar a tarefa que concerne ao futuro.

Fora da caridade não há salvação

Estes princípios não existem para mim apenas na teoria, eu os ponho em prática; faço o bem tanto quanto minha posição o permite; presto serviço quando posso; os pobres nunca foram repelidos de minha casa ou tratados com dureza; não foram sempre recebidos a qualquer hora com a mesma benevolência? Jamais me lamentei dos meus passos e das minhas tentativas para prestar um serviço; pais de família não saíram da prisão através dos meus cuidados? Certamente, não me cabe fazer o inventário do bem que pude fazer; mas do momento em que parecem tudo esquecer, me é permitido, eu creio, trazer à minha lembrança, que minha consciência me diz que não fiz mal a ninguém, que fiz todo o bem que pude, e isto, repito-o, sem pedir a opinião de ninguém; a esse respeito minha consciência está tranquila, e a ingratidão com que pude ser pago em mais de uma ocasião, isto não constituirá para mim um motivo para deixar de fazê-lo; a ingratidão é uma das imperfeições da Humanidade, e como nenhum de nós está isento de censuras, é preciso saber desculpar os outros, para que nos desculpem a nós mesmos, a fim de que se possa dizer, como Jesus Cristo: "Que aquele que estiver sem pecado, atire-lhe a primeira pedra." Continuarei, portanto, a fazer todo o bem que puder, mesmo aos meus inimigos, pois o ódio não me cega; e estender-lhes-ei sempre a mão para tirá-los de um precipício, se surgir a oportunidade.

Eis como entendo a caridade cristã; compreendo uma religião que nos prescreve que retribuamos o bem pelo mal, e, com mais forte razão, que retribuamos o bem com o bem. Mas, nunca compreenderia a que nos prescrevesse retribuir o mal com o mal. (Pensamentos íntimos de Allan Kardec, documento encontrado entre seus papéis.)

Projeto – 1868

Um dos maiores obstáculos que podem entravar a propagação da Doutrina, seria a falta de unidade; o único meio de evitá-lo, senão quanto ao presente, pelo menos quanto ao futuro, é de formulá-la em todas as suas partes e até nos mais minuciosos detalhes, com tanta precisão e clareza, que qualquer interpretação divergente fosse impossível.

Se a doutrina do Cristo deu lugar a tantas controvérsias, se, ainda hoje, é tão mal compreendida e diversamente praticada, isto se deve ao fato do Cristo ter se limitado ao ensinamento oral, e a que seus próprios apóstolos deram apenas princípios gerais, que cada um os interpretou conforme suas ideias ou seus interesses. Se ele tivesse formulado a organização da Igreja cristã com a precisão de uma lei ou de um regulamento, é incontestável que isto teria prevenido a maior parte dos cismas e das querelas religiosas, assim como a exploração que foi feita da religião em proveito das ambições pessoais. Resultou que, se o Cristianismo foi para alguns homens esclarecidos uma causa séria de reforma moral, não foi, e ainda não é para muitos, senão o objeto de uma crença cega e fanática, resultado que, num grande número, engendrou a dúvida e a incredulidade absoluta.

Só o Espiritismo, bem entendido e bem compreendido, pode remediar esse estado de coisas, e tornar-se, assim como disseram os espíritos, a grande alavanca da transformação da Humanidade. A experiência deve nos esclarecer sobre o caminho a seguir; mostrando-nos os inconvenientes do passado, ela nos diz, claramente, que o único meio de evitá-los para o futuro é de assentar o Espiritismo sobre as bases sólidas de uma doutrina positiva, nada deixando ao arbítrio das interpretações. As dissidências que poderiam surgir se fundirão, por si mesmas, na unidade principal que será estabelecida sobre as bases mais racionais, se estas bases forem clara e não vagamente definidas. Ressalta ainda destas considerações que esta marcha, dirigida com prudência, é o mais poderoso meio de lutar contra os antagonistas da Doutrina Espírita. Todos os sofismas virão quebrar-se contra os princípios aos quais a sã razão nada poderia encontrar para se opor.

Dois elementos devem concorrer para o progresso do Espiritismo: o estabelecimento teórico da Doutrina e os meios de popularizá-la. O desenvolvimento que ela toma, a cada dia, multiplica nossas relações que não podem senão se ampliar pelo impulso que dará à nova edição de *O Livro dos Espíritos* e à publicidade que será feita sobre esse assunto. Para poder utilizar estas relações de uma maneira proveitosa, se, após ter constituído a teoria, eu devesse concorrer para sua instalação, seria necessário, que além da publicação das minhas obras, tivesse meios de aquisição mais direta; ora, creio que seria útil que aquele que fundou a teoria, pudesse, ao mesmo tempo, dar o impulso, porque, então, haveria mais unidade. Sob esse aspecto, a sociedade deve, necessariamente, exercer uma grande influência, conforme o disseram os próprios espíritos, mas sua ação só será realmente eficaz, quando ela servir de centro e de ponto de reunião de onde partirá um ensinamento preponderante sobre a opinião pública. Para isto, é-lhe necessário uma organização mais forte e elementos que ela não possui. No século em que estamos, e em vista o estado dos nossos costumes, os recursos financeiros são o grande motor de todas as coisas, quando empregados com discernimento. Na hipótese desses recursos não chegarem por uma via qualquer, eis o plano a que me propus a seguir, e cuja execução seria proporcional à importância dos meios, e subordinada aos conselhos dos espíritos.

Estabelecimento central

A fase mais urgente seria de se prover de um local convenientemente situado e disposto para as reuniões e as recepções. Sem lhe dar um luxo inútil, que seria impróprio, seria necessário que nada aí acusasse a penúria, e que representasse suficientemente bem, para que as pessoas de distinção pudessem ali comparecer, sem se sentirem diminuídas. Além do meu alojamento particular em que eu habitasse, ele deveria compreender:

1º) Uma grande sala para as sessões da Sociedade e para as grandes reuniões;

2º) Um salão de recepção;

3º) Um aposento consagrado às evocações íntimas, espécie de santuário que não seria profanado por qualquer ocupação estranha;

4º) Um escritório para a *Revista Espírita*, os arquivos e os negócios da Sociedade.

Tudo disposto e preparado de uma maneira cômoda e conveniente para sua destinação.

Seria criada uma biblioteca composta de todas as obras e escritos periódicos franceses e estrangeiros, antigos e modernos, relacionados com o Espiritismo.

O salão de recepção seria aberto, todos os dias, a certas horas, aos membros da Sociedade que aí poderiam vir conferenciar livremente, ler os jornais e consultar os arquivos e a biblioteca. Os adeptos estrangeiros, de passagem por Paris, aí, seriam admitidos, desde que apresentados por um sócio.

Uma correspondência regular seria estabelecida com os diferentes centros da França e do estrangeiro.

Um empregado, secretário, e um auxiliar de escritório seriam contratados pelo estabelecimento.

Ensino espírita

Um curso regular de Espiritismo seria ministrado com o objetivo de desenvolver os princípios da Ciência e de propagar o gosto pelos estudos sérios. Este curso teria a vantagem de fundar a unidade de princípios, de fazer adeptos esclarecidos, capazes de espalhar as ideias espíritas, e de desenvolver um grande número de médiuns. Vejo este curso como podendo exercer uma influência capital sobre o futuro do Espiritismo e sobre suas consequências.

Publicidade

Seria dado maior desenvolvimento à *Revista Espírita*, seja pela argumentação, seja por uma periodicidade mais frequente. Seria contratado um redator remunerado.

Uma publicidade em larga escala, feita nos jornais de maior circulação, levaria ao mundo inteiro e até aos lugares mais distantes, o conhecimento das ideias espíritas, faria nascer o desejo de aprofundá-los, e multiplicando os adeptos, imporia silêncio aos detratores que logo teriam que ceder diante do ascendente da opinião.

Viagens

Dois ou três meses do ano seriam consagrados a viagens para visitar os diferentes centros e lhes imprimir uma boa direção.

Se os recursos o permitissem, seria instituído um fundo para reembolsar um certo número de viagens de missionários, esclarecidos e talentosos, que seriam encarregados de espalhar a Doutrina.

Uma organização completa e a assistência de auxiliares remunerados, com os quais eu pudesse contar, libertando-me de uma imensidade de ocupações e de preocupações materiais, me deixariam o lazer necessário para ativar os trabalhos que me restam a fazer e aos quais o estado atual das coisas não me permite que me consagre tão assiduamente quanto seria preciso, por falta de tempo material, e por não serem suficientes as forças físicas.

Se nunca me tivesse sido reservado realizar este projeto, em cuja execução seria preciso ter a mesma prudência que tive no passado, é indubitável que alguns anos bastariam para fazer com que a Doutrina avançasse alguns séculos.

Constituição do Espiritismo[26]

Exposição de motivos

I. Considerações preliminares

O Espiritismo teve, como todas as coisas, seu período de gestação, e até que todas as questões, principais e acessórias que a ele se ligam, tenham sido resolvidas, ele só pôde dar resultados incompletos; pôde-se-lhe entrever o objetivo, pressentir as consequências, mas apenas de uma forma vaga. Da incerteza sobre os pontos ainda não determinados deviam, forçosamente, nascer, divergências sobre a maneira de os considerar; a unificação só podia ser obra do tempo; ela se fez gradualmente, à medida que os princípios se foram elucidando. Apenas quando a Doutrina tiver abarcado todas as partes que ela comporta, formará um todo harmonioso, e só então se poderá julgar o que é verdadeiramente o Espiritismo.

Enquanto o Espiritismo não passava de uma opinião filosófica, não podia haver entre os adeptos senão a simpatia natural

---

[26] A Constituição do Espiritismo foi inserida por Allan Kardec na *Revista Espírita*, de dezembro de 1868, porém sem os comentários que lhe acrescentou antes de morrer, e que nós reproduzimos, textualmente; a morte corporal o deteve quando ele se preparava para traçar os *Princípios Fundamentais da Doutrina Espírita Reconhecidos como Verdades Incontestáveis*, o que nossos leitores lamentarão como nós, pois eles teriam completado sua constituição, com o auxílio de apreciações lógicas e judiciosas; é o último manuscrito do Mestre, e nós o lemos com respeito.

produzida pela comunhão das ideias, mas nenhum laço sério poderia existir por falta de um programa claramente definido. Tal é, evidentemente, a causa principal da pouca coesão e da pouca estabilidade dos grupos e sociedades que se formaram. Por essa razão, temos, constantemente e com todas as nossas forças, desviado os espíritas de fundarem, prematuramente, qualquer instituição especial apoiada na Doutrina, antes que esta estivesse assentada sobre bases sólidas; isso teria sido expor-se a fracassos inevitáveis, cujo efeito teria sido desastroso pela impressão que teriam produzido no público e pelo desencorajamento que resultaria para os adeptos. Estes fracassos teriam talvez retardado de um século o progresso definitivo da Doutrina, a cuja impotência ter-se-ia imputado um insucesso que, na realidade, teria sido apenas o resultado da imprevidência. Por não saberem esperar para chegarem ao ponto exato, os mais apressados e os impacientes, em todos os tempos, comprometeram as melhores causas.[27]

Não se deve pedir às coisas senão o que elas podem dar, à medida que estejam em estado de produzir; não se pode exigir de uma criança o que se pode esperar de um adulto, nem de uma jovem árvore que acaba de ser plantada o que ela produzirá quando estiver com toda sua força. O Espiritismo, em via de elaboração, só podia dar resultados individuais; os resultados coletivos e gerais serão os frutos do Espiritismo completo, que, sucessivamente, se desenvolverá.

Embora o Espiritismo ainda não tenha dito sua última palavra sobre todos os pontos, aproxima-se do seu complemento, e chegou o momento de lhe dar uma base forte e durável, suscetível, entretanto, de receber todos os desenvolvimentos que comportarão as circunstâncias ulteriores, e que dê toda a segurança àqueles que se perguntam, quem tomará as rédeas, depois daquele que lhe dirigiu os primeiros passos.

---

[27] Ver para melhores desenvolvimentos sobre a questão das instituições espíritas, a *Revista Espírita*, de julho de 1866, pág. 193. (**N. O. F.**)

A Doutrina é, sem dúvida, imperecível, porque repousa sobre as leis da Natureza, e que, melhor do que qualquer outra, responde às legítimas aspirações dos homens; entretanto, sua difusão e sua instalação definitiva podem ser adiantadas ou retardadas pelas circunstâncias, algumas das quais estão subordinadas à marcha geral das coisas, outras, porém, são inerentes à própria Doutrina, à sua constituição e à sua organização.

Embora a questão de fundo seja preponderante em tudo e acabe sempre por prevalecer, a questão de forma tem aqui uma importância capital, poderia mesmo conduzi-la momentaneamente, e suscitar entraves e atrasos, conforme a maneira em que for resolvida.

Teríamos, portanto, feito uma coisa incompleta e deixado grandes dificuldades para o futuro, se não tivéssemos previsto as dificuldades que podem surgir. Foi com o intuito de evitá-las, que elaboramos um plano de organização para o qual soubemos aproveitar a experiência do passado, a fim de evitar os escolhos contra os quais se chocaram a maioria das doutrinas que surgiram no mundo.

O plano aqui exposto foi concebido desde muito tempo, porque estamos sempre preocupados com o futuro do Espiritismo; fizemo-lo pressentir em diversas circunstâncias, vagamente, é verdade, mas o suficiente para mostrar que esta não é hoje uma concepção nova, e que, trabalhando na parte teórica da obra, nós não nos descuidávamos do lado prático.

II. Dos cismas

Uma questão que desde logo se apresenta ao pensamento é a dos cismas que poderão nascer no seio da Doutrina; o Espiritismo estará preservado deles?

Não, certamente, porque ele terá, no início, sobretudo, que lutar contra as ideias pessoais, sempre absolutas, tenazes, lentas para se ligarem às ideias de outrem, e contra a ambição daqueles que querem ligar, a despeito de tudo, seus nomes a uma inovação qualquer; que criam novidades unicamente para poderem dizer que eles não pensam e não fazem como os outros; ou porque seu amor-próprio sofre por apenas ocupar uma posição secundária.

Se o Espiritismo não pode escapar das fraquezas humanas, com as quais é necessário sempre contar, ele pode paralisar-lhe as consequências, e isto é o essencial.

Deve-se notar que os numerosos sistemas divergentes, surgidos na origem do Espiritismo, sobre a maneira de explicar os fatos, desapareceram à medida que a Doutrina se completou pela observação e por uma teoria racional; hoje, é com dificuldade que estes primeiros sistemas ainda encontrem alguns raros partidários. É este um fato notório do qual pode-se concluir que as últimas divergências se apagarão com a completa elucidação de todas as partes da doutrina; mas haverá sempre os dissidentes prevenidos, interessados, por uma causa ou por outra, para constituir um bando à parte: é contra a pretensão desses que é preciso se premunir.

Para assegurar a unidade no futuro, uma condição é indispensável, é que todas as partes do conjunto da Doutrina estejam determinadas com precisão e clareza, sem nada deixar de vago; por isso procedemos de maneira a que nossos escritos não pudessem dar lugar a qualquer interpretação contraditória, e cuidaremos para que seja sempre assim. Quando for dito, com veemência e sem ambiguidade, que dois e dois são quatro, ninguém poderá pretender que se quis dizer que dois e dois são cinco. Poderão, pois, formar-se *ao lado* da Doutrina, seitas que não lhe adotarão os princípios, ou todos os princípios, mas não dentro da Doutrina, por efeito da interpretação do texto, como tantas se formaram sobre o sentido das próprias palavras do Evangelho. Aí está um primeiro ponto de uma importância capital.

O segundo ponto é o de não sair do círculo das ideias práticas. Se é verdade que a utopia da véspera se torna frequentemente a verdade do dia seguinte, deixemos para amanhã o cuidado de realizar a utopia da véspera, porém não embaracemos a Doutrina com princípios que seriam considerados quiméricos e a fariam ser rejeitada pelos homens positivos.

O terceiro ponto, finalmente, é inerente ao caráter essencialmente progressivo da Doutrina. Por ela não se embalar em sonhos irrealizáveis, não quer dizer que se imobilize no presente. Apoiada, exclusivamente nas leis da Natureza, não pode variar mais do que estas leis, porém, se uma nova lei for descoberta, a Doutrina deve incorporá-la; ela não deve fechar a porta a qualquer progresso, sob pena de suicidar-se: assimilando todas as ideias reconhecidamente justas, de qualquer ordem que sejam, físicas ou metafísicas, ela nunca será ultrapassada, e aí está uma das principais garantias de sua perpetuidade.

Se, pois, uma seita se forma ao seu lado, fundada ou não sobre os princípios do Espiritismo, acontecerá de duas coisas uma: ou esta seita estará com a verdade, ou não estará; se ela não estiver, cairá por si mesma sob o ascendente da razão e do senso comum, como tantas outras já caíram através dos séculos; se suas ideias são justas, mesmo que fosse sobre um único ponto, a Doutrina, que procura o bem e o verdadeiro em toda parte onde se encontrem, as assimila, de maneira que em vez de ser absorvida, é ela que absorve.

Se alguns de seus membros vierem a se separar, é que acreditarão poder fazer melhor; se, realmente, fazem melhor, ela os imitará; se fizerem a maior soma de bem, ela se esforçará por fazer outro tanto, e muito mais, se puder; se fizerem coisas más, ela os deixará fazer, certa de que, cedo ou tarde, o bem sobrepuja o mal, e o verdadeiro predomina sobre o falso. Eis a única luta em que ela se empenhará.

Acrescentemos que a tolerância, consequência da caridade, que é a base da moral espírita, impõe-lhe, como um dever, respeitar todas as crenças. Querendo ser aceita livremente, através da convicção e não pelo constrangimento, proclamando a liberdade de consciência como um direito natural imprescritível, ela diz: *Se eu tiver razão, os outros acabarão por pensar como eu*; *se eu estiver enganado, acabarei pensando como os outros.* Em virtude desses princípios, em ninguém atirando pedras, ela não dará qualquer pretexto para represálias, e deixará para os dissidentes toda a responsabilidade de suas palavras e de seus atos.

O programa da Doutrina não será, portanto, invariável senão nos princípios que passaram ao estado de verdades constatadas; para os outros, ela só os admitirá, como sempre o fez, a título de hipóteses até a confirmação. Se lhe for demonstrado que ela está equivocada sobre um ponto, ela se modificará nesse ponto.

A verdade absoluta é eterna, e, por isso mesmo, invariável; mas quem pode lisonjear-se de possuí-la completamente? No estado de imperfeição de nossos conhecimentos, o que nos parece falso hoje, pode ser reconhecido como verdadeiro amanhã, em consequência da descoberta de novas leis; e isso é tanto na ordem moral, quanto na ordem física. É contra esta eventualidade que a Doutrina nunca deverá se achar desprovida. O princípio progressivo, que ela inscreve no seu código, será a salvaguarda de sua perpetuidade, e sua unidade será mantida precisamente porque ela não repousa no princípio da imobilidade.

Esta, ao invés de ser uma força, torna-se uma causa de fraqueza e ruína, para quem não segue o movimento geral; ela rompe a unidade, porque aqueles que querem ir adiante separam-se daqueles que se obstinam em permanecer atrás. Mas, seguindo o movimento progressivo, é preciso fazê-lo com prudência e guardar-se de andar de cabeça baixa nos devaneios das utopias e dos sistemas; é preciso fazê-lo a tempo, nem muito cedo, nem muito tarde, e com conhecimento de causa.

Compreende-se que uma doutrina, assentada sobre tais bases, deve ser realmente forte; ela desafia qualquer concorrência e neutraliza as pretensões dos seus competidores.

Aliás, a experiência já justificou esta previsão. Tendo a Doutrina marchado nesse caminho desde a sua origem, avançou constantemente, mas sem precipitação, observando sempre se o terreno onde pousa o pé é sólido, e, medindo seus passos pelo estado da opinião. Fez como o navegador que só caminha com a sonda na mão e consultando os ventos.

III. O chefe do Espiritismo

Mas quem será encarregado de manter o Espiritismo nesta senda? Quem terá o tempo livre e a perseverança de se consagrar ao trabalho incessante que exige uma tarefa semelhante? Se o Espiritismo for entregue a si mesmo, sem guia, não será de se temer que ele se desvie de sua rota? E que a malevolência com a qual estará ainda por longo tempo em luta, não se esforce por desnaturar-lhe o espírito? Aí está, com efeito, uma questão vital, e cuja solução é do maior interesse para o futuro da Doutrina.

A necessidade de uma direção central superior, guardiã vigilante da unidade progressiva e dos interesses gerais da Doutrina, é tão evidente, que já causa inquietação ainda não ver o condutor surgir no horizonte. Compreende-se que, sem uma autoridade moral, capaz de centralizar os trabalhos, os estudos e as observações, de dar impulso, de estimular o zelo, de defender o fraco, de sustentar as coragens vacilantes, de ajudar com os conselhos da experiência, de fixar a opinião sobre os pontos incertos, o Espiritismo correria o risco de marchar à deriva. Esta direção não é somente necessária, mas é preciso que ela tenha condições de força e de estabilidade suficientes para afrontar as tempestades.

Os que nenhuma autoridade admitem, não compreendem os verdadeiros interesses da Doutrina; se alguns pensam poder dispensar qualquer direção, a maioria, os que não creem na sua infalibilidade e não têm uma confiança absoluta em suas próprias luzes, experimentam a necessidade de um ponto de apoio, de um guia, ainda que fosse para ajudá-los a caminhar com mais segurança. (Ver a *Revista Espírita* de abril de 1866, pág. 111; "O Espiritismo Independente".)

Estabelecida a necessidade de uma direção, de quem o chefe receberá seus poderes? Será aclamado pela universalidade dos adeptos? É uma coisa impraticável. Se ele se impuser por sua própria autoridade, será aceito por uns, rejeitado por outros, e podem surgir 20 pretendentes que levantariam bandeira contra bandeira; isto seria ao mesmo tempo o despotismo e a anarquia.

Semelhante ato seria próprio de um ambicioso, e nada seria menos conveniente do que um ambicioso, por isso mesmo orgulhoso, de dirigir uma doutrina baseada na abnegação, no devotamento, no desinteresse e na humildade; colocado fora do princípio fundamental da Doutrina, só poderia falsear-lhe o espírito. É o que inevitavelmente aconteceria se não se tivesse tomado antecipadamente medidas eficazes para prevenir este inconveniente.

Admitamos, todavia, que um homem reunisse todas as qualidades necessárias para o cumprimento de seu mandato, e que chegasse por uma via qualquer à direção superior: os homens se sucedem e não se assemelham; após um bom, pode vir um mau; com o indivíduo pode mudar o espírito da direção; sem maus desígnios, ele pode ter visões mais ou menos justas; se ele quer fazer prevalecer suas ideias pessoais, pode fazer com que a Doutrina se desvie, suscitar divisões, e as mesmas dificuldades se renovarão a cada mudança. Não se deve perder de vista que o Espiritismo ainda não está na plenitude de sua força; do ponto de vista da organização, é uma criança que apenas começa a caminhar; importa, pois, sobretudo no início, premuni-lo contra as dificuldades do caminho.

Mas, dir-se-á, não estará à frente do Espiritismo um dos espíritos anunciados que devem tomar parte na obra de regeneração? É provável; mas como não terão na fronte uma marca para se fazerem reconhecidos, como não se afirmarão senão *por seus atos*, e não serão reconhecidos pela maioria como tais, senão após suas mortes, segundo o que tiverem feito durante a vida; como aliás, não serão perpétuos, é preciso prever todas as eventualidades. Sabe-se que sua missão será múltipla; que haverá espíritos em todos os graus da escala espiritual, e nos diversos ramos da economia social, onde cada um exercerá sua influência em proveito das novas ideias, conforme a especialidade de sua posição; todos trabalharão, pois, para o estabelecimento da Doutrina, quer numa parte, quer numa outra; uns como chefes de Estado, outros como legistas, outros como magistrados, sábios, literatos, oradores, industriais, etc. Cada um dará provas de si no seu lugar, desde o proletário até o soberano, *sem que qualquer coisa o distinga do comum dos homens, a não ser, suas obras*. Se a um deles couber tomar parte na direção, é provável que seja posto providencialmente na posição de aí chegar através dos meios legais que serão adotados; circunstâncias, aparentemente fortuitas, o conduzirão até lá, sem que de sua parte haja desígnio premeditado, sem que ele tenha até consciência de sua missão. (*Revista Espírita*: "Os Messias do Espiritismo", fevereiro/março de 1868, págs. 45 e 65.)

Em caso semelhante, o pior de todos os chefes seria o que se desse por eleito de Deus. Como não é racional admitir que Deus confie tais missões a ambiciosos ou a orgulhosos, as virtudes características de um verdadeiro messias, devem ser, antes de tudo, a simplicidade, a humildade, a modéstia, numa palavra, o mais completo desinteresse material e moral; ora, a única pretensão de ser um messias, seria a negação dessas qualidades essenciais; ela provaria naquele que se prevalecesse de um título semelhante, ou uma tola presunção, se tiver boa-fé, ou uma notável impostura. Não faltarão intrigantes, supostamente espíritas, que quererão elevar-se pelo orgulho, ambição ou cupidez; outros que se apoiarão em pretensas revelações, com o auxílio das quais procurarão colocarem-se em relevo e fascinar as imaginações bastante crédulas. Também é preciso prever que, sob falsas aparências, indivíduos poderiam tentar apoderarem-se do leme com o pensamento oculto de fazer soçobrar o navio, fazendo-o desviar da sua rota. Ele não soçobrará, mas poderia experimentar deploráveis atrasos, que é preciso evitar. Estes são, sem contestação, os maiores escolhos dos quais o Espiritismo deve preservar-se; quanto mais consistência ele adquirir, tanto mais seus adversários lhe armarão ciladas.

É, portanto, dever de todos os espíritas sinceros frustrar as manobras da intriga que podem urdir nos menores centros, como nos maiores. Deverão, primeiramente, repudiar, da maneira mais absoluta, quem quer que se apresente como messias, seja como chefe do Espiritismo, seja como simples apóstolo da Doutrina. Conhece-se a árvore pelo seu fruto; esperai, pois, que a árvore tenha dado seu fruto antes de julgar se ele é bom, e olhai ainda se os frutos estão bichados. (*O Evangelho Segundo o Espiritismo*, cap. XXI, item 9, Caráter do Verdadeiro Profeta.)

Houve quem propusesse que os candidatos fossem designados pelos próprios espíritos, em cada grupo ou sociedade espírita. Além do que, este meio não obviaria a todos os inconvenientes, haveria outros peculiares a este modo de proceder, que a experiência já demonstrou, e que seria supérfluo lembrar aqui. É preciso não perder de vista que a missão dos espíritos é de nos instruir, de melhorar-nos, mas não de se substituir à iniciativa do nosso livre-arbítrio, eles nos sugerem pensamentos, ajudam-nos com seus conselhos, sobretudo, no que toca às questões morais, eles deixam, porém, ao nosso julgamento o cuidado da execução das coisas materiais, cuidado que eles não têm por missão poupar-nos. Que os homens se contentem de ser assistidos e protegidos pelos bons espíritos, mas que não descarreguem sobre eles a responsabilidade que incumbe ao encarnado.

Esse meio, aliás, suscitaria maiores embaraços do que se pensa, pela dificuldade de se fazer com que todos os grupos participassem dessa eleição; seria uma complicação nas rodagens, e estas são tanto menos suscetíveis de se desorganizarem, quanto mais simplificadas forem.

O problema é, pois, de constituir uma direção central, em condições de força e de estabilidade, que a coloquem ao abrigo das flutuações, que respondam a todas as necessidades da causa e oponham uma barreira intransponível às tramas da intriga e da ambição. Tal é o objetivo do plano do qual daremos um rápido esboço.

IV. Comissão central

Durante o período de elaboração, a direção do Espiritismo teve que ser individual; era necessário que todos os elementos constitutivos da Doutrina, saídos, no estado de embriões de uma multidão de focos, chegassem a um centro comum para aí serem controlados e confrontados, e que um único pensamento presidisse à coordenação deles, a fim de se estabelecer a unidade do conjunto e a harmonia de todas as suas partes. Se tivesse sido de outra forma, a Doutrina se teria assemelhado a um mecanismo, cujas rodagens não se engrenam com precisão umas nas outras.

Nós o dissemos, porque é uma verdade incontestável, hoje, claramente demonstrada: a Doutrina não podia mais sair com todas as suas peças de um único centro, assim como toda a ciência astronômica não poderia sair de um único observatório; e qualquer centro que tivesse tentado constituí-la, apenas com suas observações, teria feito algo de incompleto e se acharia, sobre uma infinidade de pontos, em contradição com os outros. Se mil centros quisessem fazer cada um sua doutrina, não haveria duas semelhantes em todos os pontos. Se estivessem de acordo quanto ao fundo, teriam, inevitavelmente, diferido quanto à forma; ora, como há muita gente que vê a forma antes do fundo, haveria tantas seitas, quantas formas diferentes. A unidade só podia sair do conjunto e da comparação de todos os resultados parciais; é por isso que a concentração dos trabalhos era necessária. (*A Gênese*, cap. I, Caracteres da Revelação Espírita, item 51 e ss.)[28]

Mas o que era uma vantagem por um tempo, tornar-se-ia um inconveniente mais tarde. Hoje, que o trabalho de elaboração está terminado, no que concerne às questões fundamentais; que os princípios gerais da Ciência estão estabelecidos, a direção, de individual que precisou ser no início, deve tornar-se coletiva; primeiro, porque chega um momento em que seu peso excede as forças de um homem, e, em segundo lugar, porque há mais garantia de estabilidade numa reunião de indivíduos, na qual cada um representa sua própria voz, e que nada podem sem o concurso uns dos outros, do que um único, que pode abusar de sua autoridade e querer fazer que predominem suas ideias pessoais.

Ao invés de um único chefe, a direção será confiada a uma *comissão central* permanente, cuja organização e atribuições serão definidas de maneira a nada deixar ao arbítrio. Esta comissão

---

[28] Ver o cap. I, item 51 e ss., Edição CELD. (**N.E.**)

será composta de, no máximo, 12 membros titulares, que deverão, por este efeito, reunir certas condições desejadas, e de um igual número de conselheiros. Ela se completará a si mesma, conforme as regras igualmente determinadas, à medida que se derem vacâncias por falecimentos ou outras causas. Uma disposição especial fixará o modo de nomeação dos 12 primeiros.

A comissão nomeia seu presidente por um ano.

A autoridade do presidente é puramente administrativa; ele dirige as deliberações da comissão, vela pela execução dos trabalhos e pelo expediente; mas fora das atribuições que lhe são conferidas pelos estatutos constitutivos, nenhuma decisão pode tomar sem o concurso da comissão. Não haverá possibilidade de abusos, nem alimentos para a ambição, nem pretextos para intrigas nem ciúmes, nem supremacia ofensiva.

A comissão central será, pois, a cabeça, o verdadeiro chefe do Espiritismo, chefe coletivo que nada pode sem o consentimento da maioria. Suficientemente numerosa para se esclarecer por meio da discussão, não o será bastante para que haja confusão.

A autoridade da comissão central será temperada, e seus atos controlados, através dos congressos ou assembleias gerais, dos quais falaremos mais adiante.

Para o público dos adeptos, a aprovação ou a desaprovação, o consentimento ou a recusa, as decisões, numa palavra, de um corpo constituído, representando uma opinião coletiva, terão, forçosamente, uma autoridade que jamais teriam, se emanassem de um único indivíduo, que apenas representa uma opinião pessoal. Com frequência rejeita-se a opinião de uma única pessoa, acredita-se que se humilharia por ter que se submeter, enquanto que a de vários é aceita sem dificuldade.

Está bem claro que se trata aqui de uma autoridade moral, no que diz respeito à interpretação e aplicação dos princípios da Doutrina, e não de um poder disciplinar qualquer. Esta autoridade será, em matéria de Espiritismo, o que é a de uma academia, em matéria de Ciência.

Para o público estranho, um corpo constituído tem maior ascendente e preponderância; contra os adversários, sobretudo, ele apresenta uma força de resistência e possui meios de ação que um indivíduo não poderia ter; ele luta com vantagens infinitamente maiores. Ataca-se a uma individualidade, suprime-se-lhe, não acontece o mesmo com um ser coletivo.

Há, igualmente, num ser coletivo, uma garantia de estabilidade que não existe quando tudo repousa sobre uma única cabeça: se o indivíduo for impedido por uma causa qualquer, tudo pode ficar entravado. Um ser coletivo, ao contrário, perpetua-se incessantemente; se perder um ou vários de seus membros, nada periclita.

A dificuldade, dirão, será de se reunir, de maneira permanente, 12 pessoas que estejam sempre de acordo.

O essencial é que estejam de acordo sobre os princípios fundamentais; ora, isto será uma condição absoluta para admissão deles, como a de todos os participantes à direção. Sobre as questões pendentes de detalhes, pouco importa que divirjam, já que é a opinião da maioria que prevalece. Àquele cuja maneira de ver for justa, não faltarão boas razões para justificá-lo. Se um deles, contrariado por não poder fazer com que suas ideias fossem admitidas, se retirasse, nem por isso as coisas deixariam de seguir seu curso, e não haveria motivo para lamentar-lhe a saída, já que daria prova de uma suscetibilidade orgulhosa, pouco espírita, e que poderia tornar-se uma causa de perturbação.

A causa mais comum de divisão entre cointeressados, é o conflito de interesses, e a possibilidade de um suplantar o outro, em seu proveito. Esta causa não tem qualquer razão de ser, desde o momento em que o prejuízo de um não pode gerar proveito para os outros, porque são solidários e só podem perder ao invés de ganhar com a desunião. Isto é uma questão de detalhe, prevista na organização.

Admitamos que entre os membros encontra-se um falso irmão, um traidor, que os inimigos da causa ganharam para si; o que poderá fazer, já que tem apenas sua voz nas decisões? Suponhamos que, embora pareça impossível, toda a comissão entre num mau caminho: os congressos lá estarão para reconduzi-la à ordem.

O controle dos atos da administração caberá aos congressos, que poderão decretar a censura ou uma acusação contra a comissão central, por causa de infração de seu mandato, de desvio dos princípios reconhecidos, ou de medidas prejudiciais à Doutrina. É por isso que se reportará ao congresso nas circunstâncias em que julgasse que sua responsabilidade poderia ser considerada de uma maneira grave.

Se, pois, os congressos representam um freio para a comissão, esta haure força nova na sua aprovação. É assim que este chefe coletivo depende, em definitivo, da opinião geral, e não pode, sem perigo para si mesmo, afastar-se do caminho reto.

As principais atribuições da comissão central serão:

1º) Cuidar dos interesses da Doutrina e da sua propagação; a manutenção de sua utilidade pela conservação da integridade dos princípios reconhecidos; o desenvolvimento de suas consequências.

2º) O estudo dos novos princípios, suscetíveis de entrar no corpo da Doutrina.

3º) A concentração de todos os documentos e informações que podem interessar ao Espiritismo.

4º) A correspondência.

5º) A manutenção, a consolidação e a extensão dos laços de fraternidade entre os adeptos e as sociedades particulares dos diferentes países.

6º) A direção da *Revista Espírita*, que será o jornal oficial do Espiritismo, e à qual se poderá juntar uma outra publicação periódica.

7º) O exame e a apreciação das obras, artigos de jornais, e todos os escritos que interessam à Doutrina. A refutação dos ataques, se houverem.

8º) A publicação das obras fundamentais da Doutrina, nas condições mais próprias para sua vulgarização. A confecção e a publicação das que daremos o plano, e que não teríamos tempo para executar em nossa atual existência. Os encorajamentos dados às publicações que poderão ser úteis à causa.

9º) A fundação e a conservação da biblioteca, dos arquivos e do museu.

10º) A administração da caixa de socorros, do dispensário e do retiro.

11º) A administração dos negócios materiais.

12º) A direção das sessões da sociedade.

13º) O ensino oral.

14º) As visitas e instruções às reuniões e sociedades particulares que se colocarão sob seu patrocínio.

15º) A convocação dos congressos e assembleias gerais.

Estas atribuições serão repartidas entre os diferentes membros da comissão, conforme a especialidade de cada um, os quais, de acordo com a necessidade, serão assistidos por um número suficiente de membros auxiliares ou de simples empregados.

V. Instituições acessórias e complementares da comissão central

Várias instituições complementares da comissão central, aí serão anexadas, como dependências locais, à medida que as circunstâncias o permitirem, a saber:

1º) Uma *biblioteca* onde se encontrarão reunidas todas as obras que interessam ao Espiritismo, e que poderão ser consultadas no local ou cedidas para leitura.

2º) Um *museu*, onde serão reunidas as primeiras obras de arte espírita, os trabalhos mediúnicos mais notáveis, os retratos dos adeptos que tiverem méritos pelo devotamento à causa, os dos homens a quem o Espiritismo honra, embora estranhos à

Doutrina, como benfeitores da Humanidade, grandes gênios missionários do progresso, etc.

3º) Um *dispensário* destinado às consultas médicas *gratuitas*, e ao tratamento de certas afecções, sob a direção de um médico diplomado.

4º) Uma caixa de socorros e de previdência, em condições práticas.

5º) Um asilo.

6º) Uma sociedade de adeptos, que celebre sessões regulares.

Sem entrar num exame prematuro sobre este assunto, é útil dizer algumas palavras acerca de dois artigos, com relação aos quais, poder-se-ia equivocar-se.

A criação de uma caixa geral de socorros é uma coisa impraticável e apresentaria sérios inconvenientes, assim como o demonstramos num artigo especial. (*Revista Espírita* de julho de 1866, pág. 193.) A comissão não pode, pois, enveredar por um caminho que seria logo forçada a abandonar, nem empreender coisa alguma que não esteja certa de poder realizar. Ela deve ser positiva, e não se deixar embalar por ilusões quiméricas; esse é o meio de caminhar longo tempo e com segurança; para isso, deve permanecer, em tudo, nos limites do possível.

Esta caixa de socorros não pode e não deve ser senão uma instituição local, com uma ação circunscrita, cuja prudente organização poderá servir de modelo àquelas do mesmo gênero, que as sociedades particulares poderiam criar. É pela sua multiplicidade que elas poderão prestar serviços eficazes, e não pela centralização dos meios de ação.

Ela será alimentada: 1º) pela parcela reservada para esta destinação no rendimento da caixa geral do Espiritismo; 2º) pelas doações especiais que a ela forem feitas. Ela capitalizará as somas recebidas de maneira a constituir para si um rendimento; é sobre este rendimento que prestará socorros temporários ou vitalícios, e cumprirá as obrigações do seu mandato, as quais estarão estipuladas no regulamento constitutivo.

O projeto de um asilo, na acepção completa da palavra, não pode ser realizado logo no começo, em virtude dos capitais que exigiria uma semelhante fundação, e, além disso, porque é necessário dar à administração o tempo de se firmar e caminhar com regularidade, antes de pensar em complicar suas atribuições por empreendimentos em que ela poderia fracassar. Abarcar muitas coisas antes de estar seguro dos meios de execução, seria uma imprudência. É o que facilmente se compreenderá, se se refletir em todos os detalhes que comportam os estabelecimentos desse gênero. É bom, sem dúvida, alimentar boas intenções, mas antes de tudo, é preciso poder realizá-las.

VI. Amplitude de ação da comissão central

No princípio, um centro de elaboração das ideias espíritas formou-se por si mesmo, sem desígnio premeditado, pela força das coisas, porém, sem nenhum caráter oficial. Ele era necessário, pois se não tivesse existido, qual teria sido o ponto de ligação dos espíritas disseminados em diferentes países? Não podendo comunicar suas ideias, suas impressões, suas observações a todos os outros centros particulares, eles próprios disseminados, e frequentemente sem consistência, ficariam isolados, e a difusão da Doutrina sofreria. Era preciso, portanto, um ponto de concentração, de onde tudo pudesse irradiar. O desenvolvimento das ideias espíritas, longe de tornar este centro inútil, fará ainda melhor sentir sua necessidade, porque a necessidade de se aproximar e de formar um feixe será tanto maior, quanto mais considerável for o número de adeptos. A constituição do Espiritismo, regularizando o estado das coisas, terá por efeito fazê-lo produzir as maiores vantagens e de preencher as lacunas que apresente. O centro que ela cria não é uma individualidade, mas um foco de atividade coletiva, agindo no interesse geral, e onde a autoridade pessoal se apaga.

Mas qual será a amplitude do círculo de atividade desse centro? Estará destinado a reger o mundo e a se tornar o árbitro universal da verdade? Se ele tivesse esta pretensão, seria compreender mal o espírito do Espiritismo que, por isso mesmo proclama os princípios do livre exame e da liberdade de consciência, repudia o pensamento de se arvorar em autocracia; que desde o início, teria enveredado por um caminho fatal.

O Espiritismo tem princípios que, em razão de estarem fundados nas leis da Natureza, e não em abstrações metapsíquicas, tendem a se tornar, e serão, certamente, um dia, os da universalidade dos homens; todos os aceitarão, porque serão verdades palpáveis e demonstradas, como aceitaram a teoria do movimento da Terra; mas pretender que o Espiritismo seja organizado por toda parte da mesma maneira; que o espíritas do mundo inteiro estarão sujeitos a um regime uniforme, a uma mesma maneira de proceder; que deverão esperar a luz de um ponto fixo para o qual deverão fixar seus olhares, seria uma utopia tão absurda, quanto pretender que todos os povos da Terra formem um dia uma só nação, governada por um único chefe, regida pelo mesmo código de leis, e sujeita aos mesmos usos. Se há leis gerais que podem ser comuns a todos os povos, estas leis serão sempre, nos detalhes da aplicação e da forma, apropriadas aos costumes, aos caracteres, aos climas de cada um.

Assim acontecerá com o Espiritismo organizado. Os espíritas do mundo inteiro terão princípios comuns que os ligarão à grande família pelo laço sagrado da fraternidade, mas cuja aplicação poderá variar conforme as regiões, sem que por isso, a unidade fundamental seja rompida, sem formar seitas dissidentes, que se atirem pedras e se lancem anátemas, o que seria antes de qualquer coisa, antiespírita. Portanto, poderão se formar, e inevitavelmente se formarão, centros gerais em diferentes países, sem outro laço que não seja a comunhão de crença e a solidariedade moral, sem subordinação de uns aos outros, sem que o da França, por exemplo, tenha pretensões de impor aos espíritas americanos, e, reciprocamente.

A comparação dos observatórios, que citamos mais acima, é perfeitamente justa. Há observatórios em diferente pontos do globo; todos, seja qual for a nação a que pertençam, fundam-se em princípios gerais e reconhecidos da Astronomia, o que não os torna, por isso, tributários uns dos outros; cada um regula seus trabalhos como entende; eles permutam suas observações, e cada um se utiliza em proveito da Ciência, das descobertas dos seus confrades. Acontecerá o mesmo com os centros gerais do Espiritismo; serão os observatórios do mundo invisível, que se permutarão, reciprocamente, o que tiverem de bom e aplicável aos costumes das regiões onde estiverem estabelecidos: sendo seu objetivo o bem da Humanidade, e não a satisfação das ambições pessoais. O Espiritismo é uma questão de fundo; prender-se à forma seria uma puerilidade indigna da grandeza do assunto; eis porque os diversos centros, que estiverem imbuídos do verdadeiro espírito do Espiritismo, deverão se estender mãos fraternas, e se unirem para combater seus inimigos comuns: a incredulidade e o fanatismo.

VII. Os estatutos constitutivos

A redação dos estatutos constitutivos devia preceder qualquer execução; se tivesse sido confiada a uma assembleia, não teria sido preciso determinar, antecipadamente, as condições que devessem preencher, aqueles que teriam sido encarregados desse trabalho. A falta de base prévia, a divergência de pontos de vista, talvez mesmo as pretensões individuais, sem falar das intrigas dos adversários, poderiam produzir divisões. Um trabalho de tão grande alcance não podia improvisar-se; demandava uma longa elaboração, o conhecimento das verdadeiras necessidades da Doutrina, adquirido através de experiência e sérias meditações; para que haja unidade de visões, a harmonia e a coordenação de todas as partes do conjunto, só podia emanar da iniciativa individual, salvo a possibilidade de receber, mais tarde, a sanção dos interessados. Mas, desde o início, era necessária uma regra, uma rota traçada, um objetivo determinado; estabelecida a regra, caminha-se com segurança, sem tateamentos, sem hesitação.

Todavia, como a ninguém é dado possuir a luz universal, nem nada fazer com perfeição; como pode um homem iludir-se acerca de suas próprias ideias; enquanto outros podem ver o que ele não pode; como seria abusiva a pretensão de se impor por um título qualquer, os estatutos constitutivos serão submetidos à revisão do congresso mais próximo, que poderá fazer-lhe as retificações, que forem julgadas úteis.

Mas, uma constituição, por melhor que fosse, não poderia ser perpétua; o que é bom para uma época, pode tornar-se insuficiente numa época posterior; as necessidades mudam com as épocas e o desenvolvimento das ideias. Se não se quiser que ela caia em desuso, ou que seja um dia violentamente destruída pelas ideias progressistas, é preciso que ela caminhe com essas ideias. Dá-se com as doutrinas filosóficas e sociedades particulares como em política ou em religião: seguir ou não o movimento propulsivo é uma questão de vida ou de morte. No caso de que aqui se trata, seria, pois, um erro grave, o de acorrentar o futuro, através de uma regra que se declarasse inflexível.

Seria um erro, não menos grave, o de introduzir na constituição orgânica modificações bastante frequentes que lhe tirariam a estabilidade; é preciso agir com maturidade e circunspeção; só uma experiência de certa duração pode permitir que se julgue a utilidade real das modificações. Ora, quem pode ser juiz em caso semelhante? Não será um único homem, que geralmente, só vê as coisas do seu ponto de vista; não seria tampouco o autor do trabalho primitivo que poderia ver sua obra com demasiada complacência; serão os próprios interessados, porque experimentam de uma maneira direta e permanente os efeitos da instituição, e podem perceber por onde ela peca.

A revisão dos estatutos constitutivos se fará através dos *congressos ordinários*, transformados para esse efeito em *congressos orgânicos*, em determinadas épocas, e assim prosseguirá, indefinidamente, de maneira a mantê-los, sem interrupção, ao nível das necessidades e do progresso das ideias, ainda que daqui a mil anos.

Sendo periódicas e conhecidas com antecedência as épocas de revisão, não terá cabimento fazerem-se apelos, nem convocações especiais. A revisão constituirá não apenas um direito, mas um dever para o congresso da época indicada; ela encontrar-se-á inscrita, por antecipação, na ordem do dia; de maneira que não estará subordinada à boa vontade de ninguém e ninguém poderá arrogar-se o direito de decidir, baseado na sua autoridade particular, se ela é, ou não, oportuna. Se, após a leitura dos estatutos, o congresso julgar que nenhuma modificação se faz necessária, declara-os mantidos na sua integridade.

Sendo forçosamente limitados o número dos membros dos congressos, em vista da impossibilidade material de neles reunir todos os interessados, e para não se privar das luzes dos ausentes, cada um poderá, em qualquer lugar do mundo onde se encontre, e no intervalo de dois congressos orgânicos, transmitir à comissão central suas observações, que serão postas na ordem do dia para o próximo congresso.

É apenas num período de um quarto de século que se esboça um movimento apreciável nas ideias. Será, portanto, a cada 25 anos que a constituição orgânica do Espiritismo será submetida à revisão. Esse lapso de tempo, sem ser muito longo, é suficiente para permitir que as novas necessidades sejam apreciadas e não causem perturbações pelas modificações muito frequentes.

Todavia, como nos primeiros anos é que se dará o maior trabalho de elaboração, é que o movimento social que se opera nesse momento pode fazer surgir necessidades imprevistas, até que a sociedade tenha se firmado, e importa que se aproveite, sem muita demora, as lições da experiência, mais aproximadas serão as épocas de revisão, mas sempre determinadas com antecedência, até o final deste século. No intervalo desses 30 primeiros anos, a constituição se terá suficientemente completado e retificado para ter uma estabilidade relativa, então é que poderão, sem inconveniente, começar os períodos de 25 anos.

Desta maneira, a obra individual primeira, que traçara o caminho, torna-se, na realidade, a obra coletiva de todos os interessados, com as vantagens inerentes a esses dois modos, sem os inconvenientes; ela se modifica sob o império das ideias progressistas e da experiência, porém, sem abalos, porque o princípio está contido na própria constituição.

VIII. Do programa das crenças

A condição absoluta de vitalidade para qualquer reunião ou associação, qualquer que seja o objetivo, é a homogeneidade, quer dizer, a unidade de vistas, de princípios e de sentimentos, a tendência para um mesmo fim determinado, numa palavra, a comunhão de pensamentos. Todas as vezes que os homens se reúnem em nome de uma ideia vaga, nunca chegam a se entender, porque cada um compreende esta ideia à sua maneira. Toda reunião formada por elementos heterogêneos traz em si os germens de sua própria dissolução, porque ela se compõe de interesses divergentes, materiais, ou de amor-próprio, que tendem a um objetivo diferente, que se combatem, e muito raramente estão dispostos a fazer concessões ao interesse comum, ou mesmo à razão; que se submetam à opinião da maioria, se não podem fazê-lo de outra maneira, mas nunca a ela se aliam francamente.

Foi sempre assim até o advento do Espiritismo; formado gradualmente, em consequência de observações sucessivas, como todas as ciências, sua aceitação tem ganho pouco a pouco maior amplitude. O qualificativo de espírita, aplicado sucessivamente a todos os graus de crença, compreende uma infinidade de matizes, desde a mais simples crença nos fatos de manifestações, até nas mais elevadas deduções morais e filosóficas; desde aquele que, detendo-se na superfície, vê nas manifestações apenas um passatempo, até aquele que procura a concordância dos princípios com as leis universais, e sua aplicação aos interesses gerais da Humanidade; enfim, desde aquele que apenas vê um meio de exploração em proveito próprio, até aquele que aí haure os elementos de seu melhoramento moral.

Dizer-se espírita, mesmo espírita convicto, não indica, portanto, de nenhuma forma, a medida de sua crença; essa palavra representa muito para uns, e muito pouco para outros. Uma assembleia para a qual se convocasse todos aqueles que se dizem espíritas, apresentaria um amálgama de opiniões divergentes que não poderiam assimilar-se, e nada de sério chegaria a realizar; sem falar das pessoas interessadas em semear, no seu seio, a discussão às quais ela abriria as portas.

Esta falta de precisão, a princípio inevitável durante o período de elaboração, causou frequentemente equívocos lamentáveis, atribuindo-se à Doutrina o que não passava de abuso ou desvio. É em consequência da falsa aplicação que, quotidianamente, se faz do qualificativo de espírita, que a crítica, que pouco se inquire do fundo das coisas, e menos ainda do lado sério do Espiritismo, pôde nele encontrar matéria para zombaria. Que um indivíduo se diga espírita ou pretenda fazer do Espiritismo, como os prestidigitadores pretendem fazer da Física, embora seja um saltimbanco, ele é, aos seus olhos, o representante da Doutrina.

Tem-se feito, é certo, uma distinção entre os bons e os maus, os verdadeiros e os falsos espíritas, os espíritas mais ou menos esclarecidos, mais ou menos convictos, os espíritas de coração, etc.; mas estas designações, sempre vagas, nada têm de autêntico, nada as caracteriza quando não se conhecem os indivíduos, e quando não se teve a ocasião de julgá-los pelas suas obras.

Pode-se, pois, ser enganado pelas aparências, donde resulta que o qualificativo de espírita, permitindo apenas uma aplicação incompleta, não constitui uma recomendação absoluta; essa incerteza lança nos espíritos uma espécie de desconfiança que impede que se estabeleçam entre os adeptos um laço sério de confraternização.

Hoje, quando nos baseamos sobre todos os pontos fundamentais da Doutrina, e sobre os deveres que competem a todo adepto sério, o qualificativo de espírita pode ter um caráter definido, que antes não possuía. Pode-se estabelecer um formulário de profissão de fé, e a adesão, por escrito, a este programa será um testemunho autêntico da maneira de encarar o Espiritismo. Essa adesão, constatando a uniformidade dos princípios, será, além do mais, o laço que unirá os adeptos numa grande família, sem distinção de nacionalidades, sob o império de uma mesma fé, de uma comunhão de pensamentos, de vistas, de aspirações. A crença no Espiritismo não será mais uma simples aquiescência, frequentemente parcial, a uma ideia vaga, mas uma adesão motivada, feita com conhecimento de causa, e comprovada através de um título oficial, deferido ao aderente. Para evitar os inconvenientes da falta de precisão do qualificativo de espíritas, os signatários da profissão de fé tomarão o título de *espíritas professos*.

Essa qualificação, repousando numa base precisa e definida, não dá lugar a qualquer equívoco e permite aos adeptos que professam os mesmos princípios e caminham na mesma senda, reconhecerem-se sem nenhuma outra formalidade, senão a declaração de sua qualidade, e, se necessário, a apresentação do seu título. Uma reunião composta de espíritas professos, será necessariamente tão homogênea quanto o comporte a Humanidade.

Um formulário de profissão de fé, circunstanciado e claramente definido, será o caminho traçado, o título de *espírita professo*, será a palavra de ligação.

Mas, dir-se-á, esse título constituirá uma garantia suficiente contra os homens de sinceridade duvidosa?

É impossível ter-se uma garantia absoluta contra a má-fé, pois há pessoas que tratam com leviandade os atos mais solenes; mas há de se convir que esta garantia é maior quando não se trata do todo. Aliás, aquele que, sem escrúpulo, se faz passar pelo que não é, quando se trata apenas de palavras que voam, recua, com frequência, diante de uma afirmação escrita que deixa traços, e que lhe pode ser confrontada, no caso de desviar-se do caminho reto. Se, entretanto, houver aqueles que não se detenham por esta consideração, o número deles seria mínimo e sem influência. De resto, este caso está previsto pelos estatutos, e está provido de uma disposição especial.

Esta medida terá por efeito afastar inevitavelmente das reuniões sérias, as pessoas que aí não estariam nos seus devidos lugares. Se ela afastasse alguns espíritas de boa-fé, seriam apenas aqueles que não estão bastante seguros de si mesmos, para se afirmarem como tais, os timoratos que temem serem colocados em evidência, e aqueles que, em todas as circunstâncias, nunca são os primeiros a se pronunciar, querendo ver antes que rumo tomam as coisas. Com o tempo, uns se esclarecerão de modo mais completo, os outros tomarão coragem; até lá, nem uns nem outros poderão ser contados entre os firmes defensores da causa. Quanto àqueles cuja ausência se poderia verdadeiramente lamentar, será pequeno o número deles, e diminuirá a cada dia.

Nada sendo perfeito neste mundo, as melhores coisas têm seus inconvenientes; se quiséssemos rejeitar tudo o que não estivesse isento de inconvenientes, nada seria admissível. Em tudo é preciso ponderar as vantagens e os inconvenientes; ora, é bem evidente que aqui, as primeiras sobrepujam os segundos.

Nem todos os que se qualificam de espíritas se ligarão, pois, à constituição, isto é certo; por isso mesmo ela existirá apenas para aqueles que a aceitarem livre e voluntariamente, pois ela não tem a pretensão de impor-se a ninguém.

Como o Espiritismo não é compreendido da mesma maneira por todo mundo, a constituição apela para os que o encaram do seu ponto de vista, no objetivo de lhes dar um ponto de apoio, quando estiverem isolados, de fortalecerem os laços da grande família pela unidade de crença. Mas, fiel ao princípio de liberdade de consciência que a Doutrina proclama como um direito natural, ela respeita sempre as convicções sinceras, e não lança anátema àqueles que têm ideias diferentes; ela não deixará de aproveitar as luzes que possam brilhar fora do seu seio.

O essencial é, portanto, conhecer os que seguem o mesmo caminho; mas como sabê-lo com precisão? É materialmente impossível aí chegar através dos interrogatórios individuais, e, por outro lado, ninguém pode ser investido do direito de perscrutar as consciências. O único meio, o mais simples, o mais legal, seria estabelecer um formulário de princípios, resumindo o estado dos conhecimentos atuais que ressaltam da observação, e sancionados pelo ensino geral dos espíritos, ao qual cada um é livre para aderir. A adesão escrita é uma profissão de fé que dispensa qualquer outra investigação e deixa a cada um sua inteira liberdade.

A constituição do Espiritismo tem, portanto, como complemento necessário um programa de princípios definidos, no que concerne à crença, sem o qual seria uma obra sem alcance e sem futuro. Este programa, fruto da experiência adquirida, será o marco indicador do caminho. Para caminhar com segurança, ao lado da constituição orgânica, é necessária à constituição da fé, um *credo*, se o preferirem, que seja o ponto de referência de todos os adeptos.

Mas nem este programa, nem a constituição orgânica, podem ou devem acorrentar o futuro, sob pena de sucumbir cedo ou tarde sob as coerções do progresso. Fundado de acordo com o estado presente dos conhecimentos, deve modificar-se e completar-se à medida que novas observações vierem demonstrar a insuficiência ou os defeitos. Essas modificações, entretanto, não devem ser feitas levianamente, nem com precipitação. Elas serão a obra dos congressos orgânicos que, à revisão periódica dos estatutos constitutivos, acrescentará a do formulário dos princípios.

Constituição e credo, caminhando constantemente de acordo com o progresso, sobreviverão, na sucessão dos tempos.

IX. Vias e meios

É deplorável, sem dúvida, sermos obrigados a entrar em considerações materiais para atingir um objetivo todo espiritual; mas é preciso observar que a espiritualidade mesma da obra se prende à questão da Humanidade terrestre e de seu bem-estar; que não se trata mais somente da emissão de algumas ideias filosóficas, mas de fundar algo de positivo e durável, para a extensão e a consolidação da Doutrina à qual será preciso fazer produzir os frutos que ela é suscetível de dar. Imaginar que ainda estamos nos tempos em que alguns apóstolos podiam pôr-se a caminho com seu bastão de viagem, sem cogitarem de sua pousada e do seu pão de cada dia, seria uma ilusão destruída em breve por uma amarga decepção. Para fazer algo de sério, é preciso submeter-se às necessidades que impõem os costumes da época em que se vive; essas necessidades são muito diversas dos tempos da vida patriarcal; o próprio interesse do Espiritismo exige, portanto, que se calcule seus meios de ação, para não ser detido a caminho. Calculemos, portanto, já que estamos num século em que é preciso tudo calcular.

As atribuições da comissão central são bastante numerosas, como se vê, por necessitar de uma verdadeira administração. Cada membro, tendo funções ativas e assíduas, se apenas tomássemos homens de boa vontade, os trabalhos poderiam ser prejudicados, pois ninguém teria o direito de censurar os negligentes. Para a regularidade dos trabalhos e normalidade do expediente, é preciso ter homens com cuja assiduidade se pudesse contar, e cujas funções não sejam simples atos de complacência. Quanto mais independência tiverem pelos seus recursos pessoais, menos se sujeitarão às ocupações assíduas; se não os tiverem, não poderão dar seu tempo. É preciso então, que sejam pagos, assim como o pessoal administrativo; a Doutrina ganhará com isso em força, em estabilidade, em pontualidade, ao mesmo tempo que isso será um meio de prestar um serviço a pessoas que possam estar necessitadas.

Um ponto essencial, na economia de qualquer administração previdente, é que sua existência não repousa sobre produtos eventuais que podem fazer falta, mas sobre recursos fixos, regulares, de maneira que sua marcha, aconteça o que acontecer, não possa ser embaraçada. É preciso, pois, que as pessoas que forem chamadas a prestar seu concurso, não experimentem qualquer inquietação com relação ao seu futuro. Ora, a experiência demonstra que devemos considerar como essencialmente aleatórios os recursos que não repousam senão sobre o produto de contribuições, sempre facultativas, quaisquer que sejam os compromissos contraídos, e de um reembolso muitas vezes difícil. Assentar despesas permanentes e regulares sobre recursos eventuais, seria uma falta de previdência que poder-se-ia, um dia, lamentar. As consequências são menos graves, sem dúvida, quando se trata de fundações temporárias que duram o quanto podem; aqui, porém, é uma questão de futuro. O destino de uma administração como esta não pode estar subordinado aos azares de um negócio comercial; ela deve ser desde o início, senão tão florescente, pelo menos tão estável quanto o será daqui a um século. Quanto mais sólida for sua base, menos estará exposta aos golpes da intriga.

Em tal caso, a mais vulgar prudência manda que se capitalizem, de uma forma inalienável os recursos, à medida que forem sendo obtidos, a fim de constituir-se uma renda perpétua, ao abrigo de todas as eventualidades. A administração regulando suas despesas sobre seu rendimento, não pode a sua existência, em nenhum caso, ser comprometida, já que ela disporá sempre de meios para funcionar. Pode, no começo, organizar-se em menor escala; os membros da comissão podem ser provisoriamente limitados a cinco ou seis, o pessoal e os gastos administrativos reduzidos à sua mais simples expressão, salvo para proporcionar o desenvolvimento para o aumento dos recursos e das necessidades da causa, mas ainda é preciso o necessário.

Foi para preparar os caminhos para essa instalação que consagramos até agora o produto dos nossos trabalhos, assim como o dissemos mais acima. Se nossos recursos pessoais não nos permitem fazer mais, teremos, pelo menos, a satisfação de ter colocado aí a primeira pedra.

Suponhamos então que, por uma via qualquer, a comissão central esteja, num dado tempo, em condições de funcionar, o que pressupõe uma renda fixa de 25 a 30.000 francos, restringindo-se, no começo, as suas despesas, os recursos de toda espécie de que disponha, em capitais e produtos eventuais, constituirão a *Caixa Geral do Espiritismo*, que será objeto de uma contabilidade rigorosa. Reguladas as despesas obrigatórias, o excedente da renda irá aumentar o fundo comum; é proporcionalmente aos recursos desse fundo que a comissão proverá as diversas despesas úteis ao desenvolvimento da Doutrina, sem que jamais se possa tirar proveito pessoal, nem fazer uma fonte de especulação para nenhum de seus membros. O emprego dos fundos e a contabilidade serão, aliás, submetidos à verificação de comissários especiais designados, para esse efeito, pelos congressos ou assembleias gerais.

Um dos primeiros cuidados da comissão será de ocupar-se das publicações, desde que seja possível, sem esperar poder fazê-lo com a ajuda da renda; os fundos destinados a esse uso serão, na realidade, apenas um adiantamento, já que retornarão pela venda das obras, cujo produto reverterá ao fundo comum. É um negócio de administração.

X. Allan Kardec e a nova constituição

As considerações que este extrato encerra, após o relatório feito a propósito da Caixa do Espiritismo, à Sociedade de Paris, em 5 de maio de 1865, por Allan Kardec, sendo o prelúdio da Nova Constituição do Espiritismo que ele elaborava, e a explicação sobre sua posição pessoal de ver, têm seu lugar indispensável neste preâmbulo.

"Falou-se muito dos proventos que eu retirava de minhas obras; nenhuma pessoa séria, certamente, acredita nos meus milhões, apesar da afirmação daqueles que diziam saber de boa fonte que eu mantinha um trem principesco, carruagens com quatro cavalos e que em minha casa caminhava-se apenas sobre tapetes de Aubusson. (*Revista Espírita* de julho de 1862, pág. 179.) Além disso, embora provando, o autor de uma brochura que conheceis e que prova através dos cálculos hiperbólicos, que o meu orçamento de receita ultrapassa a lista civil do mais poderoso soberano da Europa, porque, apenas na França, vinte milhões de espíritas são meus tributários (*Revista Espírita* de junho de 1863, pág. 175), há um fato mais autêntico do que seus cálculos, é que nunca pedi nada a ninguém, que ninguém jamais deu qualquer coisa para mim pessoalmente; numa palavra, *não vivo a expensas de ninguém*, já que, das somas que me foram voluntariamente confiadas no interesse do Espiritismo, nenhuma parcela foi desviada em meu proveito.[29]

Minhas imensas riquezas proviriam, pois, das minhas obras espíritas. Embora estas obras tenham alcançado um êxito inesperado, basta que alguém seja um pouco iniciado nos negócios de livraria, para saber que não é com livros filosóficos que se ganha milhões em cinco ou seis anos, quando não se tem sobre a venda senão um direito de autor de alguns centavos por exemplar. Mas, que ele fosse muito ou pouco, este produto sendo o fruto do meu trabalho, ninguém tem o direito de imiscuir-se no emprego que lhe dou.

Comercialmente falando, estou na posição de qualquer homem que recolhe o fruto do seu trabalho; corro o risco de todo escritor que pode ser bem-sucedido, como pode fracassar.

Embora não tenha, a esse respeito, qualquer conta a prestar, creio que seja útil, pela mesma causa a que me consagro, dar algumas explicações.

Quem quer que tenha visto nossa habitação outrora e a veja hoje, pode atestar que nada mudou na nossa maneira de viver desde que comecei a me ocupar do Espiritismo; ela é tão simples, quanto o era antigamente. É certo, portanto, que meus lucros, quaisquer que tenham sido, não chegaram a nos proporcionar os gozos do luxo. A que, então, isto conduz?

O Espiritismo, tirando-me da obscuridade, veio lançar-me num caminho novo; em pouco tempo, vi-me arrastado por um movimento que estava longe de prever. Quando concebi a ideia de *O Livro dos Espíritos*, minha intenção era de não colocar-me em evidência e de permanecer desconhecido; porém, rapidamente ultrapassada, isso não me foi possível: tive que renunciar ao meu gosto pelo retiro, sob pena de abdicar da obra empreendida e que crescia a cada dia; foi-me preciso seguir o impulso e tomar-lhe as rédeas. À medida que ela se desenvolvia, um horizonte

---

[29] Estas somas se elevavam, naquela época, ao total de 14.100 francos, cujo emprego, em proveito exclusivo da Doutrina, se acha justificado pelas contas. (**N. O. F.**)

mais vasto desenrolava-se diante de mim, e recuava-lhe os limites; compreendi, então, a imensidão da minha tarefa, e a importância do trabalho que me restava a fazer para completá-la; as dificuldades e os obstáculos, longe de me atemorizarem, redobraram minha energia; vi o objetivo e resolvi atingi-lo com a assistência dos bons espíritos. Sentia que não tinha tempo a perder e não perdi, nem em visitas inúteis, nem em cerimônias ociosas; foi a obra da minha vida; dei a ela todo o meu tempo, sacrifiquei-lhe meu repouso, minha saúde, porque o futuro estava escrito diante de mim em caracteres irrecusáveis.

Sem nos afastarmos do nosso gênero de vida, essa posição excepcional não nos criou necessidades às quais meus próprios recursos pessoais, muito limitados, não me permitissem prover. Seria difícil imaginar a multiplicidade das despesas que ela acarreta e que, sem ela, eu teria evitado.

Pois bem! senhores, o que me proporcionou este suplemento de recursos, foi o produto das minhas obras. Digo-o com satisfação, foi com meu próprio trabalho, com o fruto das minhas vigílias que provi, na sua maior parte, pelo menos, às necessidades materiais da instalação da Doutrina. Levei, assim, uma larga cota-parte à Caixa do Espiritismo; os que ajudam na propagação das obras não poderão, pois, dizer que trabalham para enriquecer-me, já que o produto de todo livro vendido, de toda assinatura da *Revista Espírita*, redunda em proveito da Doutrina, e não, do indivíduo.

Mas, prover o presente não era tudo; era preciso pensar também no futuro, e preparar uma fundação que, depois de mim, pudesse auxiliar aquele que me substituísse na grande tarefa que terá que desempenhar; esta fundação, sobre a qual devo calar-me ainda, prende-se à propriedade que possuo, e é em vista disso que aplico uma parte dos meus ganhos para melhorá-la. Como estou longe dos milhões com os quais me gratificaram, duvido muito que, apesar das minhas economias, meus recursos me permitam jamais dar a essa fundação o complemento que nela desejava ver, ainda quando estivesse vivo; mas já que sua realização está nos desígnios dos meus guias espirituais, se eu próprio não o fizer, é provável que um dia ou outro, isso se fará. Enquanto aguardo, elaboro os planos.

Longe de mim, senhores, a ideia de ter a menor vaidade pelo que acabo de expor-vos; foi necessária a perseverança de certas diatribes para que eu me decidisse, embora a contragosto, a romper o silêncio sobre alguns dos fatos que me concernem. Mais tarde, todos aqueles que a malignidade aprouve desnaturar, serão evidenciados por documentos autênticos, mas o tempo dessas explicações ainda não chegou; a única coisa que me importava no momento, era que ficásseis esclarecidos sobre o destino dos fundos que a Providência fez passar por minhas mãos, qualquer que tenha sido sua origem. Considero-me apenas um depositário, até mesmo do que ganho, com mais forte razão, daquilo que me é confiado.

Um dia, alguém me perguntou, sem curiosidade, bem entendido, e por puro interesse pela coisa, o que eu faria se tivesse um milhão. Respondi-lhe que, presentemente, o emprego seria completamente diferente do que teria sido no início. Outrora, eu teria feito propaganda, por uma grande publicidade; agora, reconheço que isso teria sido inútil, uma vez que nossos adversários encarregaram-se de custeá-la. Não colocando, então, grandes recursos à minha disposição para este assunto, os espíritos quiseram provar que o Espiritismo devia seu êxito à sua própria força.

Hoje, quando o horizonte se ampliou, quando, sobretudo, o futuro se desdobrou, necessidades de uma ordem completamente diferente se fazem sentir. Um capital, como o que supondes, receberia um emprego mais útil. Sem entrar nos detalhes que seriam prematuros, direi simplesmente que uma parte serviria para converter minha propriedade em casa especial de retiro espírita, cujos habitantes recolheriam os benefícios de nossa doutrina moral; a outra, para constituir um rendimento *inalienável* destinado a: 1º) manutenção do estabelecimento; 2º) assegurar uma existência independente àquele que me sucederá e àqueles que o auxiliarão na sua missão; 3º) atender às necessidades correntes do

Espiritismo, sem correr os riscos de auxílios eventuais, como sou obrigado a fazer, já que a maior parte de seus recursos repousa sobre meu trabalho, que terá um fim.

Eis o que eu faria; mas, se esta satisfação não me é dada, sei que, de uma maneira ou de outra, os espíritos que dirigem o movimento proverão todas as necessidades em tempo oportuno; é por isso que não me inquieto de maneira nenhuma, e me ocupo do que é para mim o essencial: o acabamento dos trabalhos que me restam por terminar. Feito isso, partirei quando agradar a Deus chamar-me."

Ao que, então, dizia, Allan Kardec acrescenta hoje:

Quando a comissão estiver organizada, faremos parte dela como simples membro, dando-lhe nossa parte e colaboração, sem reivindicar, para nós, nem supremacia, nem título, nem qualquer privilégio.

Embora parte ativa da comissão, não pesaremos de forma alguma no orçamento, nem para emolumentos, nem para reembolso de viagens, nem por qualquer outra coisa; se nunca pedimos nada a ninguém para nós, menos ainda o faríamos nesta circunstância; nosso tempo, nossa vida, todas as nossas forças físicas e intelectuais pertencem à Doutrina. Declaramos, pois, formalmente, que nenhuma parte dos recursos dos quais a comissão dispuser será desviada em nosso proveito.

Trar-lhe-emos, ao contrário, nossa cota-parte:

1º) Abrindo mão dos ganhos de nossas obras feitas ou por fazer.

2º) Doando valores mobiliários e imobiliários.

Quando a Doutrina estiver organizada pela constituição da comissão central, nossas obras se tornarão propriedade do Espiritismo, na pessoa dessa mesma comissão, que as gerirá e dará os cuidados necessários à sua publicação pelos meios mais apropriados para popularizá-la. Ela deverá igualmente ocupar-se de sua tradução nas principais línguas estrangeiras.

A *Revista Espírita* foi, até agora, e não podia deixar de ser, uma obra pessoal, visto que faz parte de nossas obras doutrinárias, servindo-se dos anais do Espiritismo. É lá que todos os novos princípios são elaborados e entregues ao estudo. Era, pois, necessário que conservasse seu caráter individual para a fundação da unidade.

Fomos, por diversas vezes, solicitados para fazê-la circular mais frequentemente; por mais lisonjeiro que fosse para nós esse desejo, não pudemos atendê-lo; primeiro, porque o tempo material não nos permitia este acréscimo de trabalho, e em segundo lugar, porque ela não devia perder seu caráter essencial, que não é o de um jornal propriamente dito.

Hoje, que nossa obra pessoal aproxima-se do seu termo, as necessidades não são mais as mesmas; a *Revista Espírita* se tornará, como nossas outras obras feitas e por fazer, propriedade coletiva da comissão, que lhe tomará a direção, para maior vantagem do Espiritismo, sem que renunciemos, por isso, a dar-lhe nossa colaboração.

Para completar a obra doutrinária, resta-nos publicar várias obras, que não constituem a parte menos difícil, nem a menos penosa. Embora disponhamos de todos os elementos, e que o programa esteja traçado até o último capítulo, poderíamos proporcionar-lhes cuidados mais assíduos e ativá-los se, pela instituição da comissão central, estivéssemos livres de detalhes que absorvem uma grande parte do nosso tempo.

*

* *

O primeiro período do Espiritismo foi consagrado ao estudo dos princípios e das leis, que no seu conjunto, devia constituir a Doutrina; numa palavra, a de preparar os materiais, ao mesmo tempo que a vulgarização da ideia era a semente lançada, mas que, semelhante à da parábola do Evangelho, não devia frutificar igualmente por toda parte. A criança cresceu; tornou-se adulto, e chegou o momento em que, sustentado por adeptos sinceros e devotados, deve marchar para o objetivo que lhe foi traçado, sem ser entravado pelos retardatários.

Mas como fazer esta seleção? Quem ousaria assumir a responsabilidade de um julgamento a incidir sobre as consciências individuais? O melhor seria, pois, que esta seleção se fizesse por si mesma, e para isso, o meio seria bem simples; bastaria plantar uma bandeira, e dizer: sigam-na os que a adotem!

Tomando a iniciativa da constituição do Espiritismo, usamos de um direito comum, o que tem todo homem de completar, como o entende, a obra que iniciou, e de ser juiz da oportunidade; desde o instante em que cada um é livre de a ela aderir ou não, ninguém pode lamentar-se de sofrer uma pressão arbitrária. Criamos a palavra *Espiritismo*, para atender às necessidades da causa; temos bem o direito de determinar-lhe as aplicações, e de definir as qualidades e crenças do verdadeiro espírita. (*Revista Espírita* de abril de 1866, pág. 111.)

Conforme tudo o que precede, compreender-se-á facilmente como teria sido impossível e prematuro estabelecer esta constituição no princípio. Se a Doutrina Espírita tivesse sido formada com todas as peças, como toda concepção pessoal, teria sido completada desde o primeiro dia, e, desde então, nada seria mais simples do que constituí-la; mas como ela se fez gradualmente, em consequência de aquisições sucessivas, a constituição teria, sem dúvida, congregado todos os amantes de novidades; mas ela teria sido abandonada em breve por aqueles que não lhe teriam aceitado todas as consequências.

Mas, dir-se-á talvez, não estais estabelecendo uma cisão entre os adeptos? Separando em dois campos, não enfraqueceis a falange?

Nem todos aqueles que se dizem espíritas, pensam do mesmo modo, sobre todos os pontos, a divisão existe de fato, e ela é bem mais prejudicial, porque pode acontecer que não se saiba se num espírita tem-se um aliado ou um antagonista. O que faz a força é a universalidade: ora, uma união franca não poderia existir entre pessoas interessadas, moral ou materialmente, em não seguir o mesmo caminho, e que não objetivam o mesmo fim. Dez homens, sinceramente unidos por um pensamento comum, são mais fortes do que cem que não se entendem. Em caso semelhante, a mistura de visões divergentes tira a força de coesão entre aqueles que desejariam caminhar juntos, exatamente como um líquido que, infiltrando-se num corpo, é um obstáculo à agregação das moléculas.

Se a constituição tem por efeito diminuir momentaneamente o número aparente dos espíritas, ela terá como consequência inevitável dar mais força àqueles que caminharão em comum acordo para a realização do grande objetivo humanitário que o Espiritismo deve atingir. Eles se conhecerão e poderão estenderem-se as mãos, de um extremo ao outro do mundo.

Terá, além disso, por efeito, opor uma barreira às ambições que, impondo-se, tentariam desviá-lo em seu proveito e do seu caminho. Tudo está calculado, visando a este resultado, pela supressão de toda autocracia ou supremacia pessoal.

Credo espírita

Os males da Humanidade provêm da imperfeição dos homens; é pelos seus vícios que eles se prejudicam uns aos outros. Quanto mais os homens forem viciosos, mais serão infelizes, porque a luta dos interesses engendrará constantes misérias.

Sem dúvida, boas leis contribuem para a melhoria do estado social, mas são impotentes para assegurar a felicidade à Humanidade, porque elas apenas comprimem as más paixões, sem as eliminar; em segundo lugar, porque elas são mais repressivas do que moralizadoras, e só reprimem os maus atos mais salientes, sem lhes destruir a causa. Aliás, a bondade das leis é proporcional à bondade dos homens; enquanto estes estiverem dominados pelo orgulho e o egoísmo, farão leis em benefício das ambições pessoais. A lei civil não modifica senão a superfície; apenas a lei moral pode penetrar o foro íntimo da consciência e reformá-lo.

Admitindo, pois, que o atrito causado pelo contato dos vícios é que torna os homens infelizes, o único remédio para seus males está no seu melhoramento moral. Uma vez que as imperfeições são a fonte dos males, a felicidade aumentará à medida que as imperfeições diminuírem.

Por melhor que seja uma instituição social, se os homens forem maus, eles a falsearão e lhe desnaturarão o espírito para a explorarem em proveito próprio. Quando os homens forem bons, farão boas instituições, e elas serão duráveis, porque todos terão interesse na sua conservação.

A questão social não tem, pois, seu ponto de partida na forma dessa ou daquela instituição; ela está toda no melhoramento moral dos indivíduos e das massas. Aí está o princípio, a verdadeira chave da felicidade da Humanidade, porque então, os homens não pensarão em se prejudicarem uns aos outros. Não basta que se passe um verniz sobre a corrupção, é preciso extirpá-la.

O princípio do melhoramento está na natureza das crenças, porque elas são o móvel das ações e modificam os sentimentos; está também nas ideias inculcadas desde a infância e que se identificam com o espírito, e nas ideias que o desenvolvimento ulterior da inteligência e da razão podem fortalecer, e não, destruir. É pela educação, mais do que pela instrução, que se transformará a Humanidade.

O homem que trabalha seriamente pela sua própria melhora, assegura sua felicidade desde esta vida; além da satisfação de sua consciência, isenta-se das misérias materiais e morais, que são as consequências inevitáveis de suas imperfeições. Terá calma porque as vicissitudes apenas aflorarão; terá saúde, porque não estragará seu corpo com os excessos; será rico, porque se é sempre rico quando se sabe contentar-se com o necessário; terá a paz de espírito, porque não experimentará necessidades artificiais, nem será atormentado pela sede das honrarias e do supérfluo, pela febre da ambição, da inveja e do ciúme; indulgente para com as imperfeições alheias, sofrerá menos por causa delas; elas despertarão sua piedade e não sua cólera; evitando tudo o que pode prejudicar seu próximo, por palavras ou atos, procurando, ao contrário, fazer tudo o que possa ser útil e agradável aos outros, ninguém sofrerá com seu contato.

Garante sua felicidade na vida futura, porque, quanto mais estiver depurado, mais se elevará na hierarquia dos seres inteligentes, e mais cedo deixará esta Terra de provações, por mundos superiores; porque o mal que tenha reparado nesta vida, não terá mais que repará-lo em outras existências; porque, na erraticidade, apenas encontrará seres amigos e simpáticos, e não será atormentado pela visão incessante dos que teriam motivos para queixarem-se dele.

Que os homens, animados desses sentimentos, vivam juntos, e serão tão felizes quanto o comporta a nossa Terra; que, pouco a pouco, esses sentimentos possam se estender a todo um povo, a toda uma raça, a toda humanidade e nosso globo tomará lugar entre os mundos felizes.

Será isto uma quimera, uma utopia? Sim, para aquele que não crê no progresso da alma; não, para aquele que crê na sua perfectibilidade indefinida.

O progresso geral é a resultante de todos os progressos individuais; mas o progresso individual não consiste somente no desenvolvimento da inteligência, na aquisição de alguns conhecimentos; aí está apenas uma parte do progresso, e que não conduz, necessariamente, ao bem, já que vemos homens fazerem um péssimo uso do seu saber; o progresso consiste, sobretudo, no melhoramento moral, na depuração do espírito, na extirpação dos maus germens que existem em nós; aí está o verdadeiro progresso, o único que pode assegurar a felicidade à Humanidade porque ele é a própria negação do mal. O homem mais adiantado em inteligência pode fazer muito mal; aquele que é adiantado moralmente, fará apenas o bem. Há, portanto, interesse de todos no progresso moral da Humanidade.

Mas, que importam a melhoria e a felicidade das gerações futuras, para aquele que crê que tudo termina com a vida? Que interesse tem em se aperfeiçoar, em se constranger, em domar suas más paixões, em se privar a benefício dos outros? Nenhum; a própria lógica lhe diz que seu interesse está em gozar a vida e através de todos os meios possíveis, uma vez que, amanhã, talvez, ele não seja mais nada.

A doutrina do nada é a paralisia do progresso humano, porque circunscreve a visão do homem sobre o imperceptível ponto da existência presente; porque lhe restringe as ideias e as concentra, forçosamente, na vida material; com essa doutrina, o homem nada sendo antes, nem depois, cessando com a vida todas as relações sociais, a solidariedade é uma palavra vã, a fraternidade uma teoria sem raízes, a abnegação em favor de outros uma velhacaria, o egoísmo, com sua máxima: cada um por si, um direito natural; a vingança um ato de razão; a felicidade cabe ao mais forte e aos mais astuciosos; o suicídio, o fim lógico daquele que, sem mais recursos e expedientes, nada mais espera, e não pode desembaraçar-se do lodaçal. Uma sociedade fundada sobre o nada, traria em si o gérmen da sua próxima dissolução.

Completamente diferentes são os sentimentos daquele que tem a fé no futuro; que sabe que nada do que adquiriu em saber e em moralidade está perdido para ele, que o trabalho de hoje trará frutos amanhã; que ele próprio fará parte dessas gerações futuras mais adiantadas e mais felizes. Sabe que trabalhando pelos outros, trabalha para si mesmo. Sua visão não se detém na Terra: abarca a infinidade dos mundos que serão, um dia, sua morada; entrevê o lugar glorioso que lhe caberá, como o de todos os seres que chegaram à perfeição.

Com a fé na vida futura, o círculo das ideias se alarga; o futuro lhe pertence; o progresso pessoal tem um objetivo, uma utilidade *efetiva*. Da continuidade das relações entre os homens, nasce a solidariedade; a fraternidade se funda numa lei da Natureza e no interesse de todos.

A crença na vida futura é, pois, elemento do progresso, porque é o estimulante do espírito; só ela pode dar a coragem nas provas porque lhe fornece a razão de ser dessas provas, a perseverança na luta contra o mal, porque lhe mostra um objetivo. É, portanto, para consolidar esta crença no espírito das massas que é preciso aplicar-se.

Todavia, esta crença é inata no homem; todas as religiões a proclamam; por que ela não deu, até o momento, os resultados que se deviam esperar? É que, em geral, ela é apresentada em condições inaceitáveis pela razão. Tal como a mostram, ela rompe todas as relações com o presente; desde que se tenha deixado a Terra, a criatura torna-se estranha à Humanidade: nenhuma solidariedade existe entre os mortos e os vivos; o progresso é puramente individual; trabalhando para o futuro, trabalha unicamente para si, só em si pensa e ainda por um objetivo vago, que nada tem de definido, nada de positivo sobre o que o pensamento possa repousar com segurança; enfim, porque é muito mais uma esperança do que uma certeza material. Daí resulta, para uns, a indiferença, para outros, uma exaltação mística que, isolando o homem da Terra, é essencialmente prejudicial ao progresso real da Humanidade, pois negligencia os cuidados do progresso material para o qual a Natureza lhe impõe o dever de contribuir.

Entretanto, por incompletos que sejam os resultados, não deixam por isso de serem reais. Quantos homens foram encorajados e sustentados no caminho do bem por essa vaga esperança! Quantos não se detiveram no declive do mal pelo temor de comprometer o futuro! Quantas virtudes nobres esta crença não desenvolveu! Não desdenhemos as crenças do passado, por mais imperfeitas que sejam, quando conduzem ao bem: elas eram proporcionais ao grau de adiantamento da Humanidade. Mas, tendo progredido, a Humanidade quer crenças em harmonia com as novas ideias. Se os elementos da fé permanecem estacionários, e ficam distanciados pelo espírito, perdem toda influência, e, embora tenham produzido num certo tempo, não pode prosseguir, porque eles não estão mais à altura das circunstâncias.

Para que a Doutrina da vida futura dê, de hoje em diante, os frutos que se deve esperar, é preciso, antes de tudo, que ela satisfaça completamente a razão; que corresponda à ideia que se tem da sabedoria, da justiça e da bondade de Deus; que ela não possa receber qualquer desmentido da Ciência; é preciso que a vida futura não deixe no espírito nem dúvida, nem incerteza; que ela seja tão positiva quanto a vida presente, da qual é a continuação, como o amanhã é a continuação da véspera; é preciso que seja vista, compreendida, e, por assim dizer, tocada com o dedo; é preciso, enfim, que a solidariedade do passado, do presente e do futuro, através das diferentes existências, seja evidente.

Eis a ideia que o Espiritismo dá da vida futura; o que lhe dá força, é que não é absolutamente uma concepção humana que apenas teria o mérito de ser mais racional, sem oferecer, porém, mais certeza do que as outras. É o resultado dos estudos feitos sobre os exemplos oferecidos pelas diferentes categorias de espíritos que se apresentaram nas manifestações, o que permitiu explorar a vida extracorpórea em todas suas fases, desde o extremo superior até o extremo inferior da escala dos seres. As peripécias da vida futura não são mais, portanto, uma teoria, uma hipótese mais ou menos provável, mas o resultado de observações; são os habitantes do mundo invisível que vêm, eles próprios, descrever seus estados e há situações que a imaginação mais fecunda não conceberia, se não fossem patenteadas aos olhos do observador.

Oferecendo a prova material da existência e da imortalidade da alma, iniciando-nos nos mistérios do nascimento, da morte, da vida futura, da vida universal, tornando-nos palpáveis as consequências inevitáveis do bem e do mal, a Doutrina Espírita, melhor do que qualquer outra, faz ressaltar a necessidade da melhoria individual. Através dela, o homem sabe de onde vem, para onde vai, por que está na Terra; o bem tem um objetivo, uma utilidade prática; ela não prepara o homem apenas para o futuro, prepara-o, também, para o presente, para a sociedade; através da melhoria moral, os homens prepararão o reinado da paz e da fraternidade na Terra.

A Doutrina Espírita é, assim, o mais poderoso elemento moralizador, por se dirigir ao mesmo tempo ao coração, à inteligência e ao interesse pessoal bem compreendido.

Pela sua própria essência, o Espiritismo participa de todos os ramos dos conhecimentos físicos, metafísicos e morais; as questões que abarca são inumeráveis; entretanto, elas podem se resumir nos seguintes pontos, que sendo considerados como verdades incontestáveis, constituem o programa das crenças espíritas.

*

* *

Princípios fundamentais da Doutrina Espírita, reconhecidos como verdades incontestáveis

A morte corpórea de Allan Kardec interrompeu as *Obras Póstumas* desse espírito eminente; este volume termina com um ponto de interrogação, e muitos leitores desejariam vê-lo resolvido logicamente, como o sabia fazer o douto professor em matéria de Espiritismo; sem dúvida, assim deveria ser.

No Congresso Espírita e Espiritualista Internacional de 1890, os delegados declararam que, desde 1869, estudos seguidos tinham revelado coisas novas, e que, segundo o ensinamento preconizado por Allan Kardec, alguns dos princípios do Espiritismo, sobre os quais o mestre baseara seu ensino, deviam ser revistos e postos de acordo com os progressos da Ciência em geral, nos últimos 20 anos.

Essa corrente de ideias, comum aos delegados vindos de todas as partes da Terra, provou que um volume novo devia ser feito, para conjugar o ensino de Allan Kardec com aquele que nos dá, constantemente, a pesquisa da verdade.

Essa será *a obra da Comissão de Propaganda*; contamos muito com os bons conselhos de nossas F.E.S[30] que demonstraram, no Congresso, sua competência sobre as mais elevadas questões filosóficas, para secundarem a Comissão nessa composição de um trabalho coletivo, incessantemente progressivo; esse volume deverá, ele próprio, a seu turno, ser revisto, quando um novo Congresso assim o decidir. "A Ciência, disse Allan Kardec, é

---

[30] Embora não haja informação precisa no texto, julgamos tratar-se das *Fondations d'Études Spirites* (Fundações de Estudos Espíritas). **(N.T.)**

chamada para constituir a verdadeira gênese, segundo as leis da Natureza.

"As descobertas da Ciência glorificam Deus ao invés de rebaixá-lo, não destroem senão o que os homens construíram sobre as ideias falsas que fizeram de Deus..."

"O Espiritismo, caminhando com o progresso, jamais será ultrapassado, porque, se novas descobertas lhe demonstrarem que está em erro sobre um ponto, ele se modificaria nesse ponto; se uma nova verdade se revelar, ele a aceitará." (*A Gênese*, p. 39.)[31]

Pierre-Gaëtan Leymarie

---

[31] Ver o cap. I, item 55, Edição CELD. (**N.E.**)

NOTA EXPLICATIVA[32]

Hoje creem e sua fé é inabalável, porque assentada na evidência e na demonstração, e porque satisfaz à razão. [...]. Tal é a fé dos espíritas, e a prova de sua força é que se esforçam por se tornarem melhores, domarem suas inclinações más e porem em prática as máximas do Cristo, olhando todos os homens como irmãos, sem acepção de raças, de castas, nem de seitas, perdoando aos seus inimigos, retribuindo o mal com o bem, a exemplo do divino modelo. (KARDEC, Allan. *Revista Espírita* de 1868. 1.ed. Rio de Janeiro: FEB, 2005. p. 28, janeiro de 1868.)

A investigação rigorosamente racional e científica de fatos que revelavam a comunicação dos homens com os Espíritos, realizada por Allan Kardec, resultou na estruturação da Doutrina Espírita, sistematizada sob os aspectos científico, filosófico e religioso.

A partir de 1854 até seu falecimento, em 1869, seu trabalho foi constituído de cinco obras básicas: *O Livro dos Espíritos* (1857), *O Livro dos Médiuns* (1861), *O Evangelho Segundo o Espiritismo* (1864), *O Céu e o Inferno* (1865), *A Gênese* (1868), além da obra *O Que é o Espiritismo* (1859), de uma série de opúsculos e 136 edições da *Revista Espírita* (de janeiro de 1858 a abril de 1869). Após sua morte, foi editado o livro *Obras Póstumas* (1890).

O estudo meticuloso e isento dessas obras permite-nos extrair conclusões básicas: a) todos os seres humanos são Espíritos imortais criados por Deus em igualdade de condições, sujeitos às mesmas leis naturais de progresso que levam todos, gradativa-mente, à perfeição; b) o progresso ocorre através de sucessivas experiências, em inúmeras reencarnações, vivenciando neces-sariamente todos os segmentos sociais, única forma de o Espírito

---

[32] **Nota da Editora:** Esta "Nota Explicativa", publicada em face de acordo com o Ministério Público Federal, tem por objetivo demonstrar a ausência de qualquer discriminação ou preconceito em alguns trechos das obras de Allan Kardec, caracte-rizadas, todas, pela sustentação dos princípios de fraternidade e solidariedade cristãs, contidos na Doutrina Espírita.

acumular o aprendizado necessário ao seu desenvolvimento; c) no período entre as reencarnações o Espírito permanece no Mundo Espiritual, podendo comunicar-se com os homens; d) o progresso obedece às leis morais ensinadas e vivenciadas por Jesus, nosso guia e modelo, referência para todos os homens que desejam desenvolver-se de forma consciente e voluntária.

Em diversos pontos de sua obra, o Codificador se refere aos Espíritos encarnados em tribos incultas e selvagens, então existentes em algumas regiões do Planeta, e que, em contato com outros polos de civilização, vinham sofrendo inúmeras transformações, muitas com evidente benefício para os seus membros, decorrentes do progresso geral ao qual estão sujeitas todas as etnias, independentemente da coloração da sua pele.

Na época de Allan Kardec, as ideias frenológicas de Gall, e as da fisiognomia de Lavater, eram aceitas por eminentes homens de Ciência, assim como provocou enorme agitação nos meios de comunicação e junto à intelectualidade e à população em geral, a publicação, em 1859 — dois anos depois do lançamento de *O Livro dos Espíritos* — do livro sobre a *Evolução das Espécies*, de Charles Darwin, com as naturais incorreções e incompreenssões que toda ciência nova apresenta. Ademais, a crença de que os traços da fisionomia revelam o caráter da pessoa é muito antiga, pretendendo-se haver aparentes relações entre o físico e o aspecto moral.

O Codificador não concordava com diversos aspectos apresentados por essas assim chamadas ciências. Desse modo, procurou avaliar as conclusões desses eminentes pesquisadores à luz da revelação dos Espíritos, trazendo ao debate o elemento espiritual como fator decisivo no equacionamento das questões da diversidade e desigualdade humanas.

Allan Kardec encontrou, nos princípios da Doutrina Espírita, explicações que apontam para leis sábias e supremas, razão pela qual afirmou que o Espiritismo permite "resolver os milhares de problemas históricos, arqueológicos, antropológicos, teológicos, psicológicos, morais, sociais, etc." (*Revista Espírita*, 1862, p. 401). De fato, as leis universais do amor, da caridade, da imortalidade da alma, da reencarnação, da evolução constituem novos parâmetros para a compreensão do desenvolvimento dos grupos humanos, nas diversas regiões do Orbe.

Essa compreensão das Leis Divinas permite a Allan Kardec afirmar que:

> O corpo deriva do corpo, mas o Espírito, não procede do Espírito. Entre os descendentes das raças apenas há consanguinidade. (*O Livro dos Espíritos*, item 207, p. 176.).

> [...] O Espiritismo, restituindo ao Espírito o seu verdadeiro papel na Criação, constatando a superioridade da inteligência sobre a matéria, faz com que desapareçam, naturalmente, todas as distinções estabelecidas entre os homens, conforme as vantagens corporais e mundanas, sobre as quais só o orgulho fundou as castas e os estúpidos preconceitos de cor. (*Revista Espírita*, 1861, p. 432.)

> Os privilégios de raças têm sua origem na abstração que os homens geralmente fazem do princípio espiritual, para considerar apenas o ser material exterior. Da força ou da fraqueza constitucional de uns, de uma diferença de cor em outros, do nascimento na opulência ou na miséria, da filiação consanguínea nobre ou plebeia, concluíram por uma superioridade ou uma inferioridade natural. Foi sobre esse dado que estabeleceram suas leis sociais e os privilégios de raças. Deste ponto de vista circunscrito, são consequentes consigo mesmos, porquanto, não considerando senão a vida material, certas classes parecem pertencer, e realmente pertencem, a raças diferentes. Mas se se tomar seu ponto de vista do ser espiritual, do ser essencial e progressivo, numa palavra, do Espírito, preexistente e sobrevivente a tudo, cujo corpo não passa de um invólucro temporário, variando, como a roupa, de forma e de cor; se, além disso, do estudo dos seres espirituais ressalta a prova de que esses seres são de natureza e de origem idênticas, que seu destino é o mesmo, que todos partem do mesmo ponto e tendem para o mesmo objetivo; que a vida corporal não passa de um incidente, uma das fases da vida do Espírito, necessária ao seu adiantamento intelectual e moral; que em vista desse avanço o Espírito pode sucessivamente revestir envoltórios diversos, nascer em posições diferentes, chega-se à consequência capital da igualdade de natureza e, a partir daí, à igualdade dos direitos sociais de todas as criaturas humanas e à abolição dos privilégios de raças. Eis o que ensina o Espiritismo. Vós que negais a existência do Espírito para considerar apenas o homem corporal, a perpetuidade do ser inteligente para só encarar a vida presente, repudiais o único princípio sobre o qual é fundada, com razão, a igualdade de direitos que reclamais para vós mesmos e para os vossos semelhantes. (*Revista Espírita*, 1867, p. 231.)

> Com a reencarnação, desaparecem os preconceitos de raças e de castas, pois que o mesmo Espírito pode tornar a nascer rico ou pobre,

capitalista ou proletário, chefe ou subordinado, livre ou escravo, homem ou mulher. De todos os argumentos invocados contra a injustiça da servidão e da escravidão, contra a sujeição da mulher à lei do mais forte, nenhum há que prime em lógica, ao fato material da reencarnação. Se, pois, a reencarnação funda numa lei da Natureza o princípio da fraternidade universal, também funda na mesma lei o da igualdade dos direitos sociais e, por conseguinte, o da liberdade. (*A Gênese*, cap. I, item 36, p. 42-43. Vide também *Revista Espírita*, 1867, p. 373).

Na época, Allan Kardec sabia apenas o que vários autores contavam a respeito dos selvagens africanos, sempre reduzidos ao embrutecimento quase total, quando não escravizados impiedosamente.

É baseado nesses informes "científicos" da época que o Codificador repete, com outras palavras, o que os pesquisadores europeus descreviam quando de volta das viagens que faziam à África negra. Todavia, é peremptório ao abordar a questão do preconceito racial:

> Nós trabalhamos para dar a fé aos que em nada creem; para espalhar uma crença que os torna melhores uns para os outros, que lhes ensina a perdoar aos inimigos, a se olharem como irmãos, sem distinção de raça, casta, seita, cor, opinião política ou religiosa; numa palavra, uma crença que faz nascer o verdadeiro sentimento de caridade, de fraternidade e deveres sociais. (Kardec, Allan. *Revista Espírita* de 1863 – 1.ed. Rio de Janeiro: FEB, 2005. — janeiro de 1863.)

> O homem de bem é bom, humano e benevolente para com todos, sem distinção de raças nem de crenças, porque em todos os homens vê irmãos seus. (*O Evangelho Segundo o Espiritismo*, Cap. XVII, item 3, p. 348.)

É importante compreender, também, que os textos publicados por Allan Kardec na *Revista Espírita* tinham por finalidade submeter à avaliação geral as comunicações recebidas dos Espíritos, bem como aferir a correspondência desses ensinos com teorias e sistemas de pensamento vigentes à época. Em nota ao capítulo XI, item 43, do livro *A Gênese*, o Codificador explica essa metodologia:

> Quando na *Revista Espírita* de janeiro de 1862, publicamos um artigo sobre a "interpretação da doutrina dos anjos decaídos", apresentamos essa teoria como simples hipótese, sem outra autoridade afora a de uma opinião pessoal controversível, porque nos faltavam então elementos bastantes

para uma afirmação peremptória. Expusemo-la a título de ensaio, tendo em vista provocar o exame da questão, decidido, porém, a abandoná-la, se fosse preciso. Presentemente, essa teoria já passou pela prova do controle universal. Não só foi bem aceita pela maioria dos espíritas, como a mais racional e a mais concorde com a soberana justiça de Deus, mas também foi confirmada pela generalidade das instruções que os Espíritos deram sobre o assunto. O mesmo se verificou com a que concerne à origem da raça adâmica. (*A Gênese*, cap. XI, item 43, Nota, p. 292.)

Por fim, urge reconhecer que o escopo principal da Doutrina Espírita reside no aperfeiçoamento moral do ser humano, motivo pelo qual as indagações e perquirições científicas e/ou filosóficas ocupam posição secundária, conquanto importantes, haja vista o seu caráter provisório decorrente do progresso e do aperfeiçoamento geral. Nesse sentido, é justa a advertência do Codificador:

É verdade que esta e outras questões se afastam do ponto de vista moral, que é a meta essencial do Espiritismo. Eis por que seria um equívoco fazê-las objeto de preocupações constantes. Sabemos, aliás, no que respeita ao princípio das coisas, que os Espíritos, por não saberem tudo, só dizem o que sabem ou o que pensam saber. Mas como há pessoas que poderiam tirar da divergência desses sistemas uma indução contra a unidade do Espiritismo, precisamente porque são formulados pelos Espíritos, é útil poder comparar as razões pró e contra, no interesse da própria doutrina, e apoiar no assentimento da maioria o julgamento que se pode fazer do valor de certas comunicações. (*Revista Espírita*, 1862, p. 38.)

Feitas essas considerações, é lícito concluir que na Doutrina Espírita vigora o mais absoluto respeito à diversidade humana, cabendo ao espírita o dever de cooperar para o progresso da Humanidade, exercendo a caridade no seu sentido mais abrangente ("benevolência para com todos, indulgência para as imperfeições dos outros e perdão das ofensas"), tal como a entendia Jesus, nosso Guia e Modelo, sem preconceitos de nenhuma espécie: de cor, etnia, sexo, crença ou condição econômica, social ou moral.

A Editora

Produção Gráfica: Departamento Editorial do
CENTRO ESPÍRITA LÉON DENIS
Rua João Vicente, 1.445, Bento Ribeiro
Rio de Janeiro, RJ. CEP 21810-210
Telefax: (21) 2452-7700
Site: http://www.leondenis.com.br
E-mail: grafica@leondenis.com.br